イギリスの歴史

A HISTORY OF UNITED KINGDOM

君塚直隆 著

河出書房新社

はじめに　―日本人を惹きつける「イギリス」とは―

女王《クイーン》の葬儀を見んとて朝九時ブレット氏と共に出づ。［中略］さすがの大公園も人間にて波を打ちつつあり。園内の樹木皆人の実を結ぶ。漸《ようや》くして通路に至るに到底見るべからず。宿の主人、余を肩車に乗せてくれたり。漸くにして行列の胸以上を見る。柩《ひつぎ》は白に赤を以て掩《おお》われたり。国王《キング》、ドイツ皇帝《ジャーマン・エンペラー》等随う。

これはのちの明治の文豪夏目漱石が、英文学の研究のためロンドン留学中に残した日記の一節である。日付は一九〇一年二月二日。二〇世紀の幕が開けたばかりの一月二二日に亡くなった「女王《クイーン》」こそが、この国の最盛期に君臨したヴィクトリア女王であった。その在位は六三年以上に及び、八一歳での大往生である。九人の子宝に恵まれた女王は、子どもたちと海外王侯らの縁組により、晩年には「ヨーロッパ王室の名付け親《ゴッドマザー》」と呼ばれた。このため、漱石の日記にもあるとおり、孫のドイツ皇帝をはじめ、ヨーロッパ中から王侯貴族らが弔問に駆けつけた。女王の葬儀はまさに「大英帝国」を象徴する儀式となった。

漱石に代表される明治の日本人にとって「英吉利《イギリス》」は文明国の筆頭の位置づけにあった。二〇一八年に日本は「明治維新一五〇年」を迎えたが、維新の時代の立役者ともいうべき福澤諭吉や伊藤博文らが、文明開化や富国強兵のお手本として真っ先に見習おうとしたのが「英吉利」であった。さらに維新後の岩倉使節団（一八七一〜七三年）は、世界で最初に産業革命を牽引したイギリスの経済力や海軍力だけでなく、その長い歴史のなかで築かれた立憲君主制と議会制に基づくイギリスの政治制度にも強い関心を示していった。

二一世紀の今日《こんにち》、正式名称で「グレート・ブリテン及び北アイルランド連合王国」と呼ばれる「イギリス」は、日本人にここまでの影響力を及ぼす国ではないだろう。アメリカや中国こそが大国であり、面積（二四万四八二〇平方キロ）は日本の三分の二、人口（六六四三万人）は日本の半分ほど、さらにGDP（二兆六三八三億ドル）も日本の半分程度に過ぎないイギリスは、現代の日本人の目からは「大国」とは映らないのかもしれない。

殊に、二〇一六年六月におこなわれた国民投票の結果、イギリスがヨーロッパ連合（EU）から離脱することが決まった後の大混乱は読者の記憶にも新しいことだろう。離脱交渉をめぐってEUと衝突するばかりか、議会内でも政府案がたびたび否決され、本当に離脱できるのかそのゆくえがわからなくなったほどだ。またEU離脱派が多数を占めたのはイギリスの中核部分ともいうべきイングランドであり、スコットランドや北アイルランドでは逆に残留派が多数であった。スコットランドはイギリスからの独立を、北アイルランドはアイルランド共和国との合邦までささやかれる状況となってしまった。

さらに二〇二〇年に新型コロナウイルスが世界を席巻《せっけん》した際にも、ボリス・ジョンソン首相自身が感染し、一時は重篤にまで陥り、国民のほうはロンドンをはじめイギリス全土でロックダウンが強行され、これまた混乱した様子が日本にも伝えられた。

このような現代の「イギリス」の姿しか知らない日本人にとっては、この国がかつては「七つの海を支配する大英帝国」と呼ばれ、地球の陸地面積の五分の一、地球の全人口の五分の一を支配下に置いていたことなど想像だにできないかもしれない。その時代のイギリスに君臨したのが冒頭で紹介したヴィクトリア女王だったのである。彼女の時代のイギリスは、政治・経済・社会・文化・軍事において世界最強といっても過言ではなかった。

しかしそのイギリスも最初から大国だったわけではない。一五世紀にフランスとの百年戦争に敗退してからは、ヨーロッパでも最も文化的に遅れた国のひとつとなり、大国からの侵略に戦々恐々とするありさまだった。そもそも「イギリス」とは日本語である。織田信長や豊臣秀吉は、ポルトガルの宣教師や商人たちからこの国の名を「イングレス」と聞かされていた。彼ら日本の天下人にとって、信長よりひとつ年上の「女の殿様」が最西の果ての島国に君臨していることなど関心がなかった。言わずと知れたエリザベス一世である。

さらに江戸時代になり、日本とヨーロッパとを結ぶ交易はオランダによって独占されたが、ここで「イングレス」はオランダ語の「エンゲルシュ」に換わり、そのまま日本語の「エゲレス」へと変化した。それが明治維新とともに「イギリス」（英吉利）となった。

この間にイギリス自体は大きく変貌を遂げていた。のちに「長い一八世紀」（一六八八〜一八一五年）と呼ばれることになる、ヨーロッパ全体を巻き込んだ戦争の世紀の間に、イギリスは最強の国家へと成長していたのである。さらにこれと同時期に、北アメリカ、カリブ海、オセアニア、アジア各地に広大な植民地を獲得し、世界に冠たるイギリス海軍《ロイヤル・ネイヴィー》や数々のイギリス商船が本国とこれら植民地との間を結んでいった。

しかしそのイギリスも二〇世紀の二度の世界大戦を経て再び国力は衰退した。世界中に拡がっていた植民地は次々と独立した。一九六〇年代以降には経済力まで疲弊したため、日本では「英国病」などという造語まで誕生したほどだった。

とはいえ「イギリス」の底力を侮ってはなるまい。国連や国際機関等を舞台とする国際政治の世界において、イギリスはいまだに一定の発言力を有している。これも大英帝国が世界の人口の五分の一を支配していた経緯から、いまや最も有力な国際言語が「英語」になっていることとも関連していよう。

さらに自治領やかつての植民地とイギリスは、それらの独立後に完全に関係が絶たれたわけではなく、「コモンウェルス」(旧英連邦諸国)という新たな組織が立ち上げられた。その面積はかつての大英帝国と同じく地球の五分の一、人口をあわせると地球の総人口の実に三分の一(二四億人強)にも達するのである。

さらにこの国の最盛期(一八〜一九世紀)に生まれ、定着していった文化の数々は世界中に広がりを見せている。アフタヌーンティーやガーデニング、近代競技としてのサッカーやラグビー、ゴルフ、そして紳士の国のファッション。さらに湖水地方のロマン派詩人からシャーロック・ホームズ、ハリー・ポッターに至る文学や、エドワード・エルガーからビートルズにまで至る音楽、シェイクスピアに始まる演劇の数々、そして美術や映画などの分野にも「イギリス」はいまだに世界中に大きな影響力を及ぼし続けているのだ。

このように二一世紀の現代の日本人、さらには世界中の人々の心を惹きつけてやまない「イギリス」とはどのような国なのか。

それを知るためにはまずはこの国の歴史を学ばなければなるまい。本書は、この「イギリス」の歴史を古代から現代までおよそ二〇〇〇年ほどを中心に、みなさんとともに学んでいく物語である。紙幅の関係から、そのすべてを物語っていくのはもちろん不可能であるが、様々な視点からこの「イギリス」の特質を映し出していければと念じている。

二〇二一年一一月　君塚直隆

イギリスの歴史　目次

はじめに　―日本人を惹きつける「イギリス」とは―……1
現代イギリス地図……12

第1章　ブリタニアの創成（太古〜古代）……15
太古のブリテン島／ケルト人の到来　―　ブリタニアの形成／ローマによる征服／ローマ支配下のブリテン／ゲルマン諸族の侵攻　―　イングランドのはじまり／アーサー王伝説の登場　―　ケルト民族の夢／キリスト教の伝道と普及／イングランド諸王国の誕生／マーシアからウェセックスへ　―　統一王国への道／スコットランドの形成／ウェールズの形成／アイルランドの形成

第2章　イングランド王国の形成（古代）……47
ヴァイキングの侵入／アルフレッド大王の登場／アゼルスタンと賢人会議／エドガーと統一王国の成立／カヌートの北海帝国／一一世紀のイングランド社会と経

済／証聖王の後継問題／ウィリアム一世の即位 ― ノルマン王朝の成立／ノルマン征服／征服王の跡目争い ― 海峡をまたいだ王の苦悩／イングランド統治機構の形成／内乱の果てに ― ヘンリ二世の即位へ

第3章 「帝国」から弱小国へ（中世）……79

アンジュー帝国の形成／「帝国」の解体／マグナ・カルタ（大憲章）／議会政治のはじまり／エドワード一世と模範議会／ウェールズ大公の起源／スコットランドの「独立」／二院制議会のはじまり／英仏百年戦争へ／ランカスタ王朝の時代／ヨーク王朝の時代／バラ戦争のはてに ― テューダー王朝へ

第4章 イングランドの攻防 ― テューダー王朝の時代……113

ヘンリ七世とテューダー王権の確立／弱小国イングランドの防衛／ヘンリ八世と国教会の形成／「帝国」の再生 ― 主権国家のはじまり／少年王の短い治世 ― プロテスタント化の促進／カトリックの回帰 ― 血まみれメアリの時代／エリザベスの登場 ― 国教会の復活／大国のはざまで ― 結婚と宗教戦争／エリザベスとメアリの対決／アルマダ海戦の光と影／イングランド・ルネサンスの興隆／「処女女王」の死

第5章 危機の一七世紀 ― ステュアート王朝の時代 …… 145
同君連合のはじまり／王権と議会の衝突／チャールズ一世の登場／清教徒革命から三王国戦争へ／共和政の時代／イングランドの海外進出／王政復古とフランスの野望／トーリとホイッグ ― 王位継承排除危機のなかで／名誉革命の光と影／ヨーロッパ国際政治への参入／大西洋帝国の登場／スコットランド合邦 ― 「イギリス」の誕生

第6章 連合王国の成立 ― ハノーヴァー王朝の時代 …… 177
ハノーヴァー王朝の形成／責任内閣制の定着 ― ウォルポールの時代／ヨーロッパ国際政治のなかで ― 大王と女帝の対決／海外帝国の拡大／「愛国王」の登場 ― ジョージ三世の即位／産業革命のはじまり／アメリカの独立／小ピットによる国家再建／フランス革命からナポレオン戦争へ／財政＝軍事国家の勝利／アイルランド併合 ― 連合王国へ／学芸の興隆

第7章 自由主義の光と影 ― 一九世紀のイギリス …… 209
ウィーン体制下の保守反動化／貴族政治と改革のはじまり／貴族政治と民衆運動の台頭／ヴィクトリア女王の登場／アジアでの帝国の拡大 ― 自由貿易の影で／

ロンドン万博と学芸の振興／クリミア戦争の余波 ― ウィーン体制の崩壊／二大政党制の確立／大衆民主政治の萌芽／イギリス芸術の爛熟期／近代スポーツの誕生／進化論の衝撃

第8章 帝国主義と第一次世界大戦 …… 243

帝国主義の開幕／アイルランド自治問題の紛糾／「光栄ある孤立」の現実／労働党の結成と「人民予算」の余波／第一次世界大戦 ― 総力戦の時代へ／大衆民主政治の確立／自由党の没落と労働党の台頭／アイルランド自由国の成立／インド独立運動の勃興／二〇世紀前半の芸術の興隆／新たなる大戦の予兆 ― 世界恐慌の影響／英連邦の成立

第9章 第二次世界大戦の衝撃 …… 273

ファシズムの台頭と宥和政策／王冠を賭けた恋 ― エドワード八世の退位／第二次世界大戦の勃発／チャーチルの登場／連合国の形成と頂上会談（サミット）／連合軍の勝利とチャーチルの敗北／ゆりかごから墓場まで ― 福祉国家の形成／アトリー政権と戦後復興／インド帝国の解体／アイルランド共和国の成立／パレスチナ問題の深刻化／戦中・戦後のイギリス文化

第10章 米ソ冷戦と大英帝国のたそがれ……303
「鉄のカーテン」と冷戦のはじまり／「三つのサークル」のはざまで／エリザベス二世の即位／スエズ危機 ― 帝国のたそがれ／帝国からコモンウェルスへ／ＥＥＣへの加盟失敗／スエズ以東からの撤退／大英帝国の溶解 ― 脱植民地化のなかで／ブリティッシュ・ロックの衝撃／ＥＣ加盟の光と影／移民問題の余波／北アイルランド紛争の深刻化

第11章 サッチャー革命の時代……333
「不満の冬」と政権交代／サッチャー登場／どん底の時代の王室の慶賀／フォークランド戦争／サッチャー革命の始動／サッチャー外交と冷戦の終結／ヨーロッパ統合とブルージュ演説／サッチャー退陣／メイジャー政権と湾岸戦争 ― まとわりつくサッチャーの影／マーストリヒト条約 ― ＥＵへの参加／通貨危機と欧州懐疑派の台頭／香港返還と帝国の終焉

第12章 ブレグジットへの道……363
ブレア政権の成立 ―「新しい労働党」の登場／ダイアナ事件の衝撃／北アイルランド紛争の終結／ヨーロッパへの歩み寄り／イラク戦争とブレアの孤立／ブレアからブラウンへ ― 労働党政権の終焉／ダイヤモンド・ジュビリーとロンドン・

オリンピック／スコットランド独立の機運／運命の国民投票 — 二〇一六年六月二三日／離脱交渉の難航 — イギリス議会政治の限界？／ＥＵ離脱の実現とコロナ禍の襲来／プラチナ・ジュビリーへ

おわりに —新たなる日英同盟の時代へ？ 393

◉イギリスの歴史 関連年表 402 (xi)

◉主要人物索引 407 (iv)

◉主要参考文献 410 (i)

現代イギリス地図

N
シェトランド諸島
オークニー諸島
ヘブリディーズ諸島
スコットランド
アバディーン
ベンネヴィス
ダンディー
セント・アンドリューズ
エディンバラ
グラスゴウ
ベリック・アポン・トゥイード
大西洋
北アイルランド
デリー
ベルファスト
アーマー
ニューカースル
イングランド
北海
アイリッシュ海
マン島
ヨーク
リーズ
ハル
リヴァプール
シェフィールド
マンチェスタ
ダブリン
アイルランド
アングルシ
ウェールズ
リムリク
ノリッジ
バーミンガム
ケンブリッジ
ウォータフォード
コーク
セント・デイヴィッズ
オクスフォード
カーディフ
ブリストル
ロンドン
カンタベリ
バース
ドーヴァー
カレー
ポーツマス
エクセタ
プリマス
ワイト島
英仏海峡
チャネル諸島
ノルマンディ
0 50 100 150km

イギリスの歴史

第1章

ブリタニアの創成（太古～古代）

太古のブリテン島

いまから四五万年ほど前、アングリア氷期と呼ばれる時代にはイギリスはヨーロッパ大陸と陸続きで結ばれていた。このため石斧を持った狩猟採集民たちがトナカイやマンモスなどを求めて北上することもあった。さらにホクスン間氷期（四〇～三七万年前）には、植物も豊かに生い茂り、象やライオンまで生息していたのである。現在の「イギリス」の姿からは想像もつかないことであろう。

再び氷期に戻って人類がここから姿を消した後、六万年ほど前にネアンデルタール人が、そして三万年ほど前にはホモ・サピエンスが住み着いていく。彼らは剝片《はくへん》石器や細石器を改良し、毛皮や皮をまとって竪穴式住居で生活するようになる。やがて紀元前七〇〇〇～六〇〇〇年紀には地球の温暖化にともない海水面が一気に上昇し、「イギリス」は今日《こんにち》のような島となって、ヨーロッパ大陸から分断された。

紀元前四〇〇〇年紀になると、この島の住民は狩猟や採集といった自然物を直接収奪していく生活から、農耕や牧畜を営む生活へと変化を遂げていったと考えられる。人々の間に協同の作業が生まれ、食糧の貯蔵が可能になると、それまでの半移動式の生活が定住へと変化し、いわゆる新石器時代が始まった。

これがさらに青銅器時代へと進むのが紀元前二六〇〇年頃からのことである。青銅器時代はこれより四〇〇年ほど前にヨーロッパ中央部に登場したビーカー人と称される戦士層がこの島に渡来した時期と一致する。ちょうど鐘をひっくり返したような形状の広口の飲用杯の土器を作ることが特徴とされているため、この名がついている。彼らが持ち込んだと考えられる金属器の使用により、農牧生産は上昇し、交換や流通も盛んとなった。先住民たちもこれに影響を受け、ビーカー文化は紀元前一九〇〇年頃まで続いたとされる。

ソールズベリ平原のストーンヘンジ

こうした金属器の改良技術とも関連してか、紀元前二八世紀あたりから表面が整えられた巨大な石を環状に配した環状列石（ストーン・サークル）と呼ばれる建造物が、この島の各地に見られるようになっていく。

なかでも最も有名なものが、イングランド南部のソールズベリ平原にいまも遺跡として残るストーンヘンジであろう。最近の研究では、紀元前二五〇〇〜二〇〇〇年の間に建設され、周囲に造られた土塁や塀は紀元前三一〇〇年頃にまでさかのぼるとされる。最も内側には二重の立石が北東に開いた馬蹄形状に並べられ、そのうちの外側は五組の硅砂岩の巨大な組石（トリリトン）を形成し、最大のものは高さ七メートルに近い。これが直径一〇〇メートルの円形に三〇個ほど立てられているのである。さらに上には横石も置かれている。内側の立石は火成岩でできており、すべて平均して二メートルくらいのものである。

円の中心部には祭壇石（オールタ・ストーン）と呼ばれる平石が置かれているが、夏至の日にはここととヒール・ストーン（高さ六メートルほどの玄武岩）と呼ばれる立石を結ぶ直線上に太陽が昇る。こうしたことから、太古の太陽崇拝の祭祀場であるとか、古代の暦（天文台）であるとか、あるいはのちにこの島にやってくるケルト人の信仰の祭儀場ではないかとか、様々な説がこれまでに出されている。さらにそもそもこれだけの大きさの石をどこからどのように運んだのかという、技術的な側面でもいまだに多くの謎に包まれている。一九八六年にはユネスコ（国連教育科学文化機関）の世界遺産に登録された。

ケルト人の到来――ブリタニアの形成

青銅器時代の末期にあたる紀元前七世紀頃にこの島に変革がおとずれた。ヨーロッパの中央部（現在のチェコからドナウ川上流域にかけて）に紀元前二〇〇〇年紀末から一〇〇〇年紀前半に登場したとされる、ケルト人が到来してきたのである。彼らは紀元前八世紀頃から鉄器文化を備えるようになり、鉄製武器によってヨーロッパ北西部を中心に勢力を拡大していった。ギリシャ人から「ケルトイ」、ローマ人から「ケルタエ」と総称されるようになった彼らは、やがてこの島にも足を踏み入れ、数百年かけて制覇していく。

ケルト人がこの島にやってくる最後の波は、ベルガエ（現在のベルギーのあたりにいた）と呼ばれるケルト系の人々によるものだった。彼らはより優れた鉄器文化を持つ戦士団であり、この島の東南部に定着していった。ベルガエの人々が持ち込んだ鉄製農具のおかげでこの地域の農牧生産は増大し、多くの人口を抱える集落がいくつも形成されていった。ヨーロッパ大陸には穀物や皮革が輸出され、大陸からは金銀や青銅の貨幣がこの島に流入するようになった。

最初にこの島に渡ってきた人々にせよ、ベルガエ人にせよ、ケルト系の民は文字を残していない。そのため彼らの文化については詳細がわからない。インド・ヨーロッパ語族に含まれる彼らは、のちにブリトン語（キムリ語）と呼ばれる言語を話していたようである。さらに隣島のアイルランドでも同系統のゲール語（ゴイデル語）が使われていたようだ。

のちにローマ人によって記された書物によれば、当時のこの島はエクィテスと呼ばれる戦士的貴族層、プレブスと呼ばれる従属農民、そしてドルイドと呼ばれる聖職者の三つの身分から成り立っていたとされる。特にドルイドが司る宗教は、霊魂の不滅を信じる多神教で、共通の神が存在する一方で、部族に固有の神々もいたようである。大樹や川などの自然物や動物にも神が宿ると信じられ、信仰の対象となりえた。またドルイドは、祭祀を司るだけではなく、預言や占星、裁判や教育にも携わっていたとも考えられている。

こうして紀元前一世紀を迎える頃までには、この島には大陸とは異なった独自の文化が定着するようになっていた。これと同時期に、ヨーロッパ南部の地中海一帯を支配していたのが、ラテン人が築き上げたローマであった。紀元前三世紀に始まるポエニ戦争で宿敵カルタゴを滅ぼし、紀元前二世紀半ばまでには中東にまで勢力を拡げるようになっていた共和政のローマは、その強大な軍事力を背景にさらなる領土の拡張に乗り出した。

そのローマの人々にとってヨーロッパ北西端に位置するケルトの島は、彼らが読み書きに使用するラテン語で「ブリタニア」と呼ばれるようになっていった。この島に鉄器文化を伝えた「ベルガエ人たちが制覇をした島」という意味で使われた言葉である。

これ以前の紀元前六世紀頃に、現在のフランス南部の航海者がこの島へと向かった時、東南岸にそそり立つ岸壁が石灰質でできているため「白い島」（フランス語でアルビオン）と呼び、以後はアルビオンもこの島を意味する言葉になっていた。

しかし、紀元前一世紀以降のこの島の運命を決する人物がここを「ブリタニア」と呼んだため、今日の「ブリテン島」という呼称の起源としてすっかり定着するようになったのである。その人物こそが、紀元前一世紀半ばにこの島に軍団を引き連れて到来し、ここを征服しようとした共和政のローマの将軍ユリウス・カエサル（英語名ではジュリアス・シーザー）にほかならなかった。

ローマによる征服

共和政末期のローマでは三人の将軍たちが領土の拡大に精を出すとともに、いずれ独裁的な力を持つ「皇帝」の座をも視野に入れつつ権力争いの最中でもあった。

そのうちの一人ポンペイウス将軍が東方で大きな戦果を挙げていたのに対抗するため、カエサル将軍が侵攻を開始したのが、ケルト系のガリア（現在のフランスなど）であった。紀元前五八年に開始された遠征は、ほぼ六年にわたる激戦を経てカエサルの勝利に終わった。その過程でガリアを背後から援護したのがブリタニアであった。両者の間にはこのときまでにヒト・モノ・カネの密接な交流があった。紀元前五五年にカエサルはブリタニア制圧へと乗り出す。このときは準備が整っていなかったのと、ブリタニアの頑強な抵抗が見られたため、カエサルは翌五四年に五個軍団（約三万人）を率いて再び上陸し、東南部の諸族がローマに屈することとなった。しかしこのときは「征服」にまでは至らなかった。カエサルの留守中にガリアで不穏な動きが見られ、この動きを制圧した後に、彼はローマへと戻って権力闘争に乗り出さざるを得なかったからである。

ブリタニア遠征から一〇〇年後にカエサルは暗殺され、彼の姪の子どもで養子となっていたオクタヴィアヌスが初代皇帝アウグストゥス（在位紀元前二七～西暦一四年）に即位し、ここにローマ帝国が形成された。その第四代皇帝クラウディウス（在位四一～五四年）のとき、ローマは再びブリタニアへと侵攻を開始した（四三年から）。クラウディウス自身もローマ皇帝として初めてブリタニアに上陸し、四万もの巨大な軍団が織りなす重装歩兵戦術と最新鋭の武器により、東南部の要衝コルチェスタが陥落し、ブリタニアは屈服した。

ローマ帝国支配のブリタニア

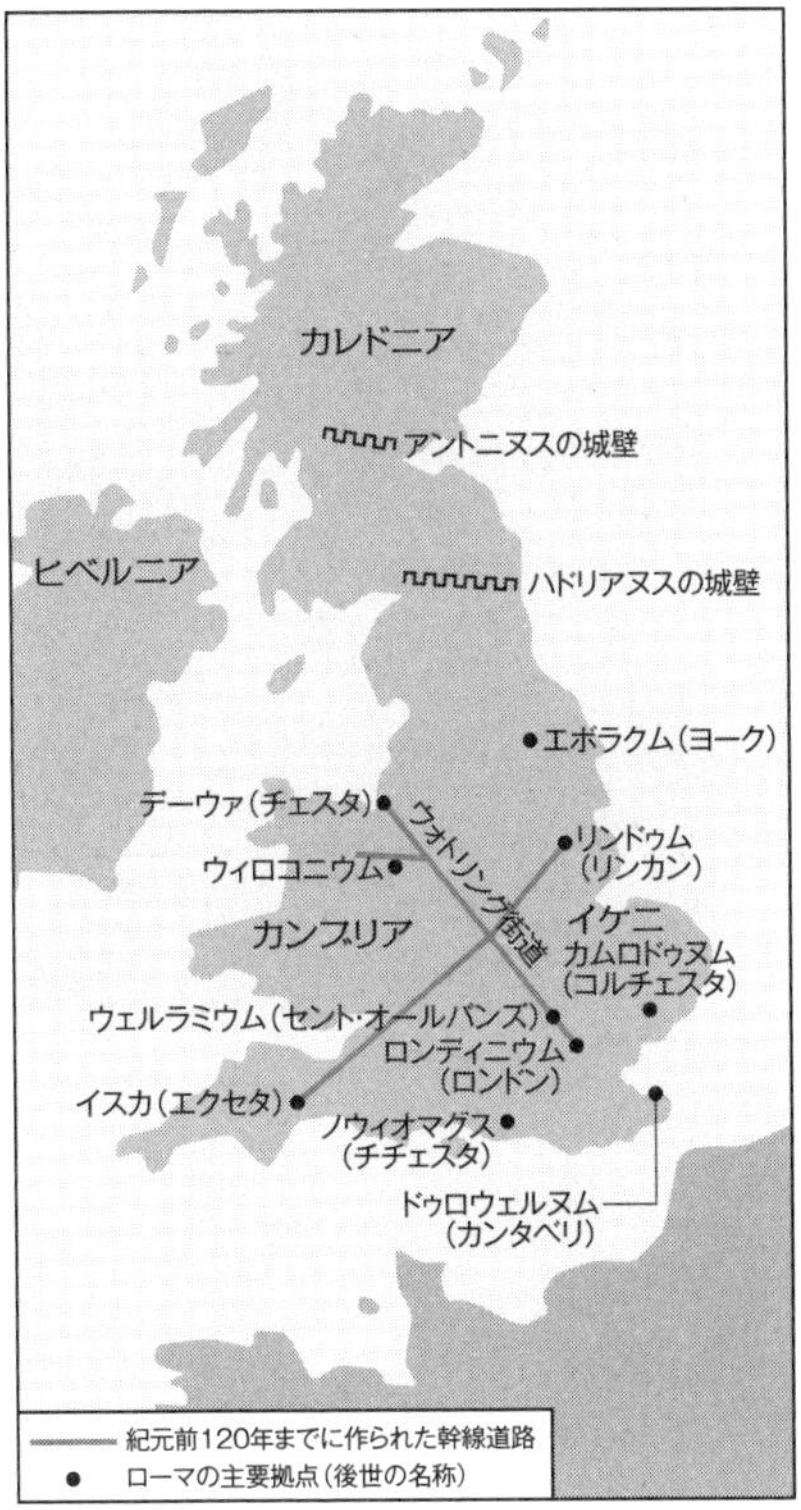

ハドリアヌスの長城

これ以後は、ローマ帝国の拡大にとって重要な補給地として、ブリタニアから穀物、家畜、皮革、鉄などの軍需物資が、次々と大陸へと運ばれていった。もちろんブリテン諸族も起死回生を狙っていた。各地で反乱が生じたが、なかでも有名なものが六〇～六一年に東部で生じたイケニ族の女王ボウディッカによる反乱であろう。多数のローマ人を殺害しながらも、最終的にはこの反乱はローマ軍によりあっけなく鎮圧されている。

次にブリタニアを訪れた皇帝は、帝国最盛期のハドリアヌス（在位一一七～一三八年）である。彼はブリタニア北部に巨大な防塁を築くことで、諸族への支配を盤石たるものにしていく。三個軍団によって一〇年（一二二～一三二年）もの歳月をかけて築かれたのが「ハドリアヌスの長城」だった。高さ五メートル、厚さ三メートルの強固な塁壁は全長で一一六キロにも及ぶ長大なものとなった。それはまさにイギリス版の万里の長城だった。

その一〇年後には次代の皇帝の命で「アントニヌスの長城」がさらに北部に築かれたが、二世紀後半からは、大陸とブリタニアを結ぶ要衝の地位は、コルチェスタからロンディニウムへと移っていく。現在のイギリスの首都ロンドンのことである。一八〇年頃までにはブリタニアの南の要衝はロンドン、北の要衝はヨークに定められていった。

三世紀に入ると、ブリタニアを訪れた三人目の皇帝としてセウェルス（在位一九三〜二一一年）が登場する。このときまでにブリタニア諸族は、ローマ帝国自体の内乱に乗じて各地で反乱を起こし、ハドリアヌスの長城もかなりの被害を受けていたが、セウェルスの下で修復がなされた。そのセウェルスが北部遠征の途上、ヨークで没すると、ローマ帝国とブリタニアは「同盟者」（フォエデラティ）の関係で結ばれ、これ以後の三世紀後半までは、島の東南部にも平和の時代がおとずれることになる。

ローマ支配下のブリテン

東は中東から始まり、地中海沿岸のすべて、ドナウ川やライン川にまで及び、西はイベリア半島にまで至った広大なローマ帝国の領土にとっての最西北辺が、ハドリアヌスの長城であった。これだけの大帝国をローマは「属州」に分けて支配し、ブリタニアは皇帝直属の属州として、総督とそれを支える軍団により統治された。さらに皇帝から任命された財務長官は、貨幣の管理や各種税金の徴集と支出、農園や鉱山などの運営管理にあたった。

属州ブリタニアはさながら「小《ミニ》ローマ」のような様相を呈していった。参政権を有するローマ市民団とその家族からなる「コロニア」、先住民に特権を与えて成立した「ムニキピウム」、そして各部族の中心的な集落を都市化させた「キウィタス」といった都市国家が建設され、それぞれの単位ごとに徴税や法廷の開設、公共施設の管理などを請け負った。

ローマ支配下のブリタニアには、これら三種類の都市が全国に八〇以上も築かれ、格子状の街路により住宅地は区画され、神殿や役所、公共浴場や円形競技場、各種記念碑や石像などが配置され、家々には暖房や水道まで完備されていた。ローマ帝国の全土で流通する皇帝の横顔が刻み込まれた貨幣がブリタニアの市場にも浸透し、都市と都市の間、さらに都市と農村部との間は、この時代に建設された網の目のような道路によって結ばれた。

この道路建設の中心を担ったのが、ブリタニアに派遣されてきたローマの軍団であった。ブリタニア侵攻時には四個軍団が置かれていたが、征服が完了すると三個軍団により防衛が担われていった。軍団は、総督または軍団長の指揮下に置かれ、一個軍団あたりおよそ六〇〇〇人で構成されていた。それがまたローマに固有の「一〇〇人隊」などに分けられ、全国を隈なく支配していった。それぞれの軍団の置かれた場所にも、軍事関係施設とともに神殿や浴場、競技場が建設され、駐屯地ものちには多くが都市へと発展した。

そのローマの軍団兵士たちが、進軍の際に道路を敷き、橋を架けてブリタニア全土を結んでいったのである。ローマによる征服が進むと、彼らローマ兵たちは現地人をも動員して、全国的な道路網の建設にあたらせた。現在でもイギリス各地に残る壮大な石造りの都市や水道、建造物などは、ローマ支配下のブリタニア時代の名残りである。

そのような代表的な都市のひとつがイングランド西部にあるバースであろう。その名のとおり、ローマ帝国にとっての浴場施設として栄えた温泉街であり、いまでもローマ時代に築かれた城壁が街を優雅に取り囲んでいる。

ブリタニア侵攻時には現地のドルイド信仰を弾圧したローマ帝国ではあったが、支配が定着すると、土俗の宗教にも寛容な姿勢を示した。ローマ帝国自体は、ユピテルやネプチューンなどの神話や皇帝崇拝など元々が多神教であったが、こうした神々を祀る神殿が各地に建てられる一方で、ブリタニアに特有の多神教も混在した。さらに四世紀に入って、ローマ帝国内でキリスト教が容認されるようになると、ブリタニアにも本格的に伝道の機運が開かれていく。この時代の代表的な研究者が述べるとおり、ローマ支配下のブリテンは「宗教の万華鏡」のような世界であった。

しかしローマ帝国はあまりにも広大すぎた。各地を治める官僚機構と軍団を支えるだけの財政的な負担は、ローマ本国や属州民からの不満となってあらわれた。四一〇年に皇帝は諸都市に対して自衛を要請し、ここにブリタニアはローマ支配下の時代の幕を閉じた。これと時を同じくして、大陸からまたもや新たな脅威がブリタニアに迫ってきていたのである。

バースのローマ式浴場

ゲルマン人の移動

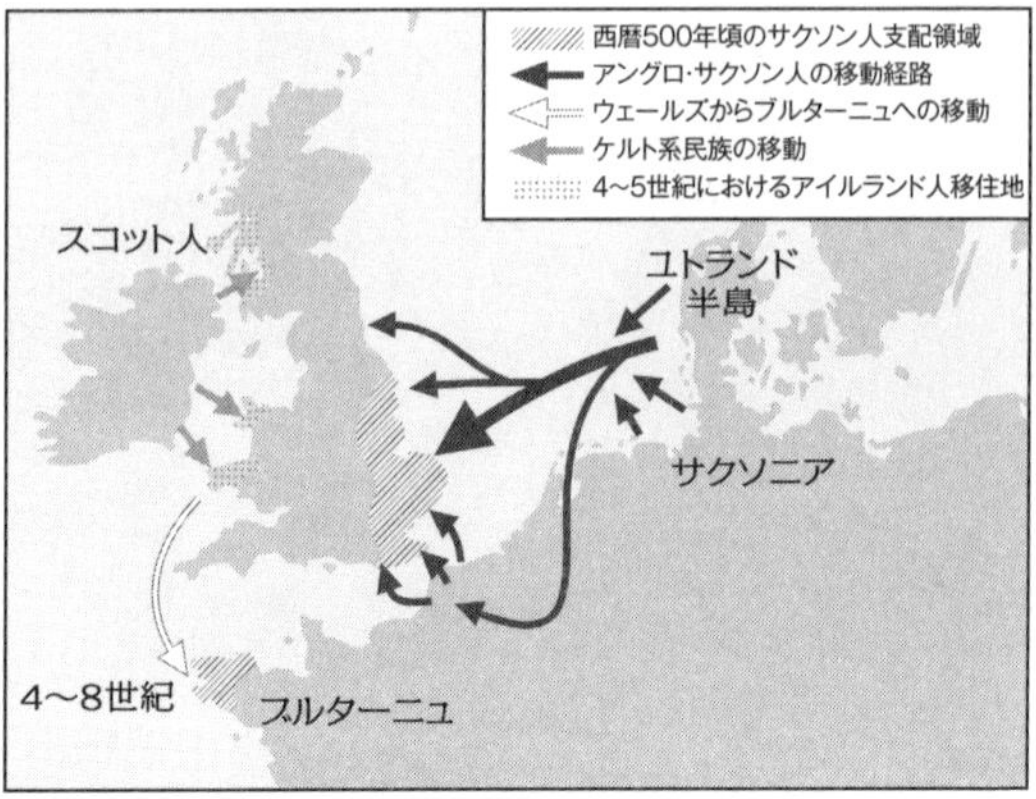

ゲルマン諸族の侵攻 ― イングランドのはじまり

五世紀の前半にブリタニアにおいてローマによる支配が終焉を迎えると、北部でピクト人やアイルランドから襲来したスコット人らがブリトン人（ローマ支配以来のケルト系）を襲撃するようになっていった。そこでブリトン人はローマに助けを求め、それに応じてブリタニアにやってきたのがアングル人やサクソン人といったゲルマン系諸族であった。

これらゲルマン系の人々の中には、すでにローマ帝国の末期から傭兵としてブリタニアに駐屯していたものもいたが、新たにブリトン人を援護するために来島した彼らはやがてこの島の豊かさに気づくようになり、ピクト人やスコット人を蹴散らしたばかりか、ついにはブリトン人をも支配下に収めることにしてしまった。彼らの多くは西北ドイツやユトランド半島（デンマーク）から五世紀前半にこの島に来て、七世紀前半までにはブリタニアの東部、中部、南部を制圧し、これ以後この島の主要な部分は、アングル人の土地を意味する「イングランド」と呼ばれるようになっていったのである。何とも皮肉な結末である。

五世紀前半のこの時期は、地球の寒冷化とも関わり、ヨーロッパ全土で人口の過剰増加や農牧地の不足が生じ、世界史上では「ゲルマン民族の大移動」などと呼ばれるが、これらの動きがローマ帝国の東西分裂や、西ローマ帝国の滅亡（四七六年）にもつながった。

こうしてゲルマン諸族の支配下に置かれるようになったイングランドではあるが、残念ながら六世紀以前の出来事については史料が残っていないこともあって、よくわからない。考古学的な史料によれば、「ゲルマン」とひと口にいってもスカンジナビア、ドイツ各地、フランス北部など、様々な文化的影響が残っている。彼らの言語であり、のちに「英語」の起源となるものも、インド・ヨーロッパ語のうちの西ゲルマン語と呼ばれるもので、低地ドイツ語の方言でオランダ語などの影響も見られる。それがブリタニアでの支配が定着するうちに、ラテン語やケルト語、スカンジナビア諸言語とも融合していった。

五世紀以後になるとその影響は地名にもあらわれた。「〜に住む人々」という意味を示す「イング（-ing）」は、ヘイスティングズ（ハエスタに住む人々）やレディング（レアダに住む人々）という地名となり、「〜の人々の農園」を示す「インガム（-ingham）」もウォキンガム（ウォカの人々の農園）といった地名へと転じていった。近代以降に有名となった大都市「バーミンガム」にもその名残りが見られる。

また、ゲルマン諸族は、ブリトン人とは異なる独特の自然崇拝に基づく多神教の宗教も持ち込んだ。その多くはドイツ北部やスカンジナビアの神話からの影響を受けていたようである。それはやがて軍神ティウ（Tiw）、主神ウォードゥン（Woden）、雷神トール（Thor）が、その後のキリスト教信仰の浸透とも混ざり、火曜（Tuesday）、水曜（Wednesday）、木曜（Thursday）という曜日の名前に転じただけではなく、テューズリやサーズリ（いずれもサリー）、ウェンズベリ（スタフォードシャ）などの地名にもなっていった。

なお、アングロ＝サクソン系がブリタニア中央部にイングランドを築くとともに、ケルト系のブリトン人たちは西や北へと逃れていった。西部はゲルマン系がもともとブリトン人を指す「ウェアルフ（隷属民あるいは異邦人の意味）」から、「ウェールズ」と呼ばれるようになった。また北部は、アイルランド語で「荒らす」「掠奪する」という意味をもつ「スコット」人たちが住む土地という意味から、「スコットランド」と呼ばれることになる。こうして今日《こんにち》のブリテン島における区分が徐々に姿を現していくのである。

アーサー王伝説の登場 ― ケルト民族の夢

そのアングル人やサクソン人がイングランドを支配下に置く過程においては、島全体を舞台にブリトン人たちとの熾烈な闘争がおよそ二〇〇年は繰り広げられたと考えられる。最終的にはブリトン人を制圧したゲルマン諸族ではあったが、なかにはブリトン人により壊滅的な大敗を喫したこともあった。そのうちのひとつが、五世紀末または六世紀初に戦われたとされる「バドニクスの丘（ベイドン山）の戦い」である。

残念ながら、この丘（山）が現在のどこにあたるのかはいまだに不明である。それにもかかわらず、この戦いが現代でも有名なのは、このときアングロ＝サクソンに対して大勝利を収めたとされる軍事指導者こそが、伝説の王アーサーだったからである。

ゲルマン諸族を打ち破った「アーサー王伝説」は、その後のケルト系の土地、とりわけウェールズに広まったばかりか、アーサーに打ち破られた側のゲルマン系のイングランドでも語り継がれる物語として今日に至っている。

アーサーの伝説は、単にブリタニアでゲルマン諸族を倒しただけではなく、その後には北欧や西欧まで支配下に収め、東方の帝国まで滅ぼしたという壮大な物語へと発展した。さらに一二世紀頃からは、これに男女の恋愛物語まで加わると同時に、キリスト教信仰とも融合して、かの有名な「アーサー王と円卓の騎士」伝説に結実した。

イエス・キリストが最後の晩餐で一二使徒に自らの血であるとして回した、葡萄酒の入った伝説の「聖杯」を一二人の騎士たちとともに探し求める冒険譚は、中世の騎士道精神とも相まって不滅の物語となっていった。それはまた、英仏百年戦争（第３章を参照）が始まった頃に家臣らの士気を高めようと、ときのイングランド国王エドワード三世が結成したガーター騎士団にも深く関わる伝説でもあった。現在でもイギリスで最高位の栄誉とされるガーター勲章のはじまりでもある。

しかしその後の詳細な歴史学研究などにより、「アーサー王」は実在の人物ではなく、彼の伝説はすべて虚構であるとして、学問の世界では脇に追いやられてしまった。

とはいえ、アーサーは特にウェールズではいまだに実在の英雄として、ブリトン人の血を引く人々の夢なのである。一五世紀末にバラ戦争（第３章を参照）が終結し、ウェールズの豪族の出であるヘンリ七世が国王に即位した。このときウェールズの人々は、イングランドに虐げられてきた自分たちを救ってくれる英雄がウェールズから必ずあらわれるという夢がついに実現したと、ヘンリの即位にあたり喝采にわいた。こうした動きを受けて、ヘンリ七世は最初に生まれた男子に「アーサー」の名を冠したのである。

さらに現在でも、ウェールズの紋章とされる赤いドラゴンも、元はといえばアーサー王がかぶる兜につけられるクレスト（兜飾り）がまさに赤いドラゴンであったという伝承から由来しているという説もある。

アーサーが実在の人物であったかはわからない。しかし彼が、実際に歴史のなかでその名を残したアレクサンドロス（アレクサンダー）大王やフランク王国のカール大帝（シャルルマーニュ）のような存在として、ブリトン人の範疇《はんちゅう》をはるかに超越した時間と空間において、中世から現代に至るまでの人々の記憶に深く刻み続けられていったことは事実である。それはまた、アングロ＝サクソン人との熾烈な闘争の末に敗れ去ったブリトン人らの、「兵《つわもの》どもが夢のあと」を表象する存在であるのかもしれない。

キリスト教の伝道と普及

さて、その「アーサー王伝説」とも関わりを持つが、中東（現在のイスラエル）に登場したキリスト教という宗教が、イングランドに根づくようになったのも、ゲルマン諸族による支配が定着する七世紀以降になってからのことだった。

ローマ帝国下では当初禁止されていたキリスト教信仰であったが、三〜四世紀にはこのブリタニアに駐屯する兵士のなかに「隠れ信者」がいたともされる。彼らは自身の信仰が見つかると、ローマ本国と同様に弾圧の対象とされた。しかし、四世紀半ばに帝国でキリスト教が容認され、ヨーロッパ北西端のこの地にも布教の道が開かれていった。

最も早くから広まったのは隣島アイルランドであった。今でも同地の守護聖人とされているパトリックにより、四三五年頃から伝道が始まった。さらに六世紀になるとアイルランドからスコットランドへとキリスト教が伝わり、修道院も建設されていく。すでにスコットランドには、パトリックと同時代にニニアンがキリスト教を伝えていたが、本格的な布教は六世になってからのことだった。またこれと同時期にウェールズにも伝わった。

ブリテン島のなかでキリスト教が最後に定着していったのは、実はイングランドだった。ゲルマン諸族による支配が進むとともに、前述したような彼ら固有の多神教がこの地へと伝えられ、しばらくは主流を占めた。これを変えようとしたのが、改革派のローマ教皇として知られる、グレゴリウス一世であった。数々の教会改革や「グレゴリオ聖歌」の編纂を命じたことでも知られる教皇は、ベネディクト派の修道士アウグスティヌスをイングランドへと派遣し、大陸からほど近いカンタベリに拠点を置かせた。五九七年のことである。日本では聖徳太子が推古天皇の摂政として政治に携わっていた頃のこととなる。

このあとカンタベリに司教座が置かれ、アウグスティヌス死後の六一〇年に大司教座へと格上げされ、現在にまで続くイングランドのキリスト教会の首座大司教の地位となる。アウグスティヌスらの尽力により、イングランドに登場するようになった諸族の諸王らも、次第にキリスト教に改宗するようになった。しかし当初は、まだ信仰が根づくというにはほど遠い状態で、王が替わればその地の信仰が変わる可能性も高かった。

これが七世紀のあいだにイングランド各地に王権が確立され、社会の階層化が進むようになると、もともとピラミッド構造をもつ階層的な宗教であるキリスト教の構造とも合致し、ようやく根づいていくことになる。またヨーロッパ大陸の進んだ文明を伝える修道士の活動もあり、諸王らは文明化されたキリスト教に仲間入りしたいと望むようになった。

一時期は各地でキリスト教が衰退を見せたが、六六〇年代になると小アジア出身のテオドロスがカンタベリ大司教に任じられ、修道院改革などもおこないながら全国に次々と小さな教会が建てられていった。八世紀の半ばまでにはイングランド中に数百の教会が造られ、それらはのちの教区制の起源となっていった。教区司祭には収穫の一〇分の一が税として支払われ、キリスト教は各地の住民生活に深く浸透していく。

また諸王たちにとっても、所領の法制化を進め、治安維持、裁判の実施にあたり、公式言語のラテン語ができる聖職者たちの存在は貴重になっていく。八世紀までには王たちも軍事的征服だけではなく、罰金や裁判を通じて法的な支配を進めるようになっていった。さらにギリシャ語やラテン語を操る聖職者たちによって、この地にもアルファベットが導入されるとともに、ブリテン島は文字社会となり、法典や歴史書も編纂されていった。

イングランド諸王国の誕生

このようにイングランドの支配者たちがキリスト教を受容するようになった七世紀初頭から、イングランドは七つの大きな王国をはじめとするいくつかの共同体に分かれていく。その七つとは、ケント、サセックス、ウェセックス、イースト・アングリア、エセックス、マーシア、ノーサンブリアの各王国である。ただしこの境界は曖昧なものであり、中央部にもミドルセックスという中部サクソン人の広大な領域が拡がっていたし、サリーやリンジなどより小さな国まで含めれば二〇以上にも及んでいたのである。

アングロ・サクソン七王国

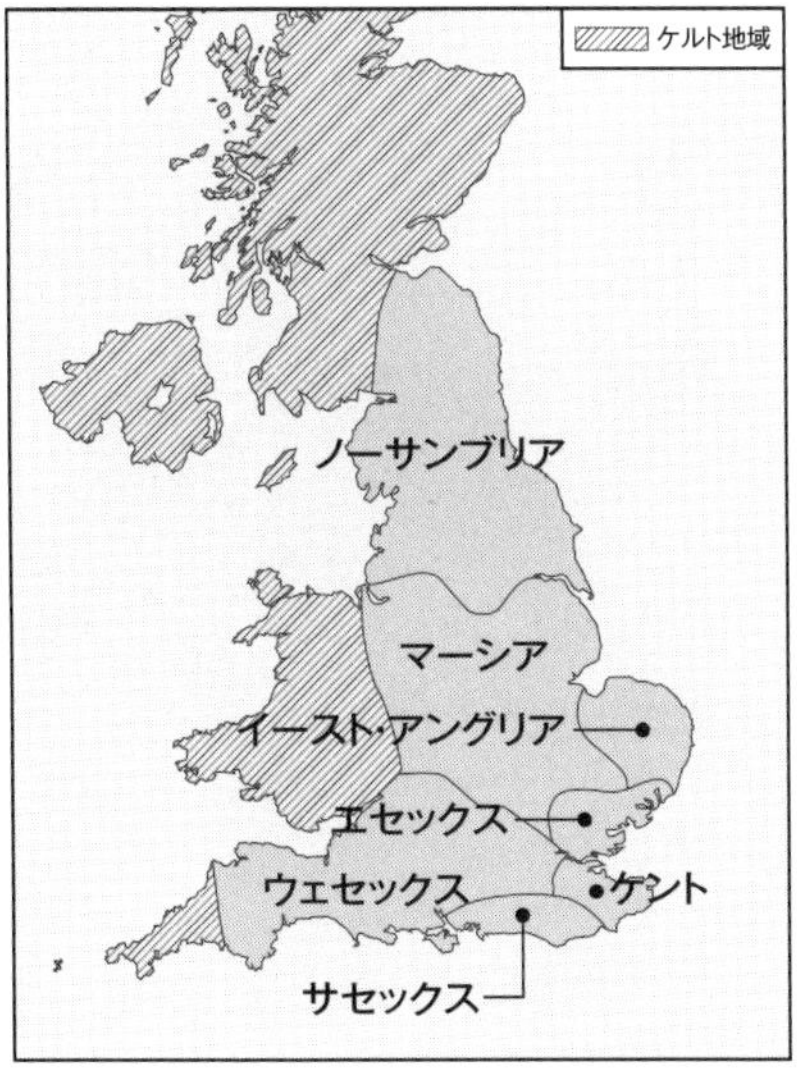

やがてこれらの王国の間で覇権争いが生じていった。五世紀末ぐらいからは、他の王国に対しても宗主権を握る「覇王」(over-king) と呼ばれる存在があらわれ、サセックスのアェレ王やケントのエゼルベルフト王などがそれにあたる。

七世紀前半のイースト・アングリアの王のものとされる船葬墓（船に遺体や副葬品を埋葬した墓）「サットン・フー」が一九三九年に発見されたが、北欧製の黄金や宝石でできた装飾品などが多数見つかり、当時のイングランドでは社会の階層化が進み、領域支配をともなった軍事的貴族政が内包

サットン・フーから出土した兜

されていたことを示している。それと同時に、諸王の間ではこうした豪奢な宝飾品などがお互いに贈与され、勢力の均衡も図られていたようである。豪華な贈り物を用意するためには豊かな富が必要となり、豊かな富を得るためには権力と征服とが必要な時代であった。

その七世紀前半に覇王として頭角を現したのが北部のノーサンブリアの王エドウィン（在位六一六～六三二年）であった。彼はノーサンブリアで初めてキリスト教に改宗した王でもあり、南のマーシアやウェセックスにも勢力を振るった。さらに次の覇王でノーサンブリアのオズワルド（在位六三三～六四二年）は元来がキリスト教徒であったので、彼の時代にイングランド北部にキリスト教が一気に広まっていったとされている。

しかしこの当時はまだ、一人の王の死によって勢力の均衡に変化が見られる状況だった。オズワルドの死後、ノーサンブリアは内部分裂に見舞われる。七世紀半ばを過ぎたあたりからは、マーシアがノーサンブリアに戦いで勝利を収め、ノーサンブリアの拡張を抑える役割を果たしていく。さらにこのマーシアの勢いを抑えたのが南のウェセックスであった。特にカドワラ王（在位六八五～六八八年）の治世では、ウェセックスはケントとサセックスに攻め込み、両国に及ぼしていたマーシアの宗主権をウェセックスに切り替えさせることに成功を収めた。

そして次代のイネ王（在位六八八〜七二六年）の治世では、ウェセックスに法典が発布され、軍事的支配だけではなく法的支配によっても王の実力が示されていく。

七世紀以降のイングランドにこのような「覇王」が登場できたのは、各地方がそれぞれ小領主によってすでに治められており、彼らは覇王にとって「下王」（under-king）の役割を果たし、覇王が彼らを吸収合併することで、急速に大きな権力をつかむことができたからである。こうした下王はだいたい五〇〜一〇〇平方マイルほどの領土を治める領主であり、ノーサンブリアやマーシア、ウェセックス、さらにはサセックスやケント、サリーなど、イングランド各地に見られる存在であった。

やがて八世紀後半には、イングランドの大半の地域に影響力を及ぼす覇王のなかの覇王がマーシアから登場することになった。

銅貨に刻まれたオファ王の肖像

マーシアからウェセックスへ ― 統一王国への道

もともとは「辺境の人々」が住む場所という意味で使われていたマーシアは、イングランド中央部の下王たちを次々と支配し、オファ王（在位七五七〜七九六年）の治世に至り、ついにその勢力はノーサンブリアとウェセックスを除いたイングランドのすべての王国に及ぶこととなった。さらにウェセックスでは王位候補者のエグバードがオファに追われて大陸（フランク王国）へと亡命したことによりオファの宗主権を認めることになる。

ついにオファの圧力はウェールズにも及ぶこととなった。イングランドを彼らから護るため、ディー河口とワイ河口とを結んだ総延長一九三キロにも及ぶ「オファの防塁《ダイク》」が、ウェールズとの国境線として建設されたのである。

オファの名声は海外にまで及んだ。当時西ヨーロッパ世界で最大の実力者はフランク王国のカール一世（のちのカール大帝）であった。そのカールはオファへの親書の出だしを「わが親愛なる兄弟」で始めていた。これは両者が対等の関係で結ばれていることを意味する外交儀礼であった。オファとカールは通商関係でも密接に結ばれていた。八世紀に入った頃から、イングランド南部・東部とヨーロッパ大陸北西部（フランク王国）とが、国際交易の一大拠点としての地位を確立するようになっていたのだ。

イングランド国内では、ローマ帝国による支配が終結して以来絶えて久しかった「単独通貨」が登場するようになっていた。通貨は銀貨で、かつてのローマ皇帝さながら、オファの肖像が刻み込まれていた。さらにオファは法典も整備し、マーシアの都市リッチフィールドを、カンタベリに替わる大司教座に据えようと、ローマ教皇庁とも折衝にあたった。八世紀後半のこの時期、オファは首長による軍事的勝利に左右される軍事王権の時代から、課税や貢納、軍事的賦課などを通じて領土と住民を組織的に把握していく統治王権の時代へと、イングランドを転換していくうえできわめて重要な役割を果たしていった。

とはいえ、オファによって統治王権が確立されたわけではなかった。オファの死後に、マーシアでは長期間王位に在位できるものがいなくなり、このすきにかつてオファに追い出され、フランクでカールにかくまわれていたエグバードがウェセックスに舞い戻ってきたのである。ここに晴れてウェセックス王に即《つ》いたエグバード（在位八〇二〜八三九年）は、そののち二〇年かけて財力と軍事力とを蓄積していった。

八二五年にエグバードはイングランド各地を遠征して廻った。各国が次々とエグバードの軍門に降り、最後にはノーサンブリアが和平を求めてきた。エグバードが取った見事な戦略とは、まず鉱物資源が豊かなイングランド西南部のコーンウォールを攻略し、その資源を最大限に利用したことと、戦闘よりもむしろ話し合いによって、エグバードとその一族が各地の王位継承権を獲得する方針に出たことであった。

エグバードはここに覇王として認められた。ただし彼が築いた各国への宗主権は脆弱なものであった。ノーサンブリアもマーシアもやがてその勢力を回復し、ウェセックスから独立した動きを見せるようになっていく。

ところがエグバードにとってより厄介な存在となっていったのが、これらブリテン島内のアングロ＝サクソン系の諸王国ではなく、ヨーロッパ北部で国際交易の拠点のひとつとなっていた、イングランドにとって大切な通商相手であり、陸軍・海軍ともに強大な力をつけるようになってきた北方の海外勢力だったのである（第2章を参照）。

スコットランドの形成

さてここで、ブリテン島内でイングランド以外の地域がたどった歴史についても一三世紀半ばぐらいまで見ておこう。まずは北部のスコットランドである。

現在のスコットランドは七万八七七二平方キロほどの広さを持つ。日本でいえば東北六県と新潟県を併せたぐらいの大きさとなる。北西部は山がちのハイランド（高地地方）、南東部は平野部の多いローランド（低地地方）と呼ばれるようになった。

ローマ軍がブリタニアに侵攻してきたときには、ハイランドを拠点にピクト人と呼ばれるケルト語を話す人々が生活していた。やがて六世紀の初頭には海峡を渡ってアイルランド東北部からスコット人が到来し、西海岸にダルリアダ王国を創設した。その後の過程はよくわからないが、九世紀半ばにダルリアダの王ケネス・マカルピン（在位八四三〜八五八年）がピクト人とアルバ王国を建国し、面積的にも今のスコットランドに徐々に近づく。

スコットランドでは、九世紀から一一世紀までは、このマカルピンの流れを汲む二つの主要な家系の年長者が相互に王位を継いでいくという独特の継承方法をとった。このため、次期王位を約束された傍系の首長が早く王位に即こうと現国王の暗殺をたくらむような事態も増えていく。事実この間に六名の王が後継者に暗殺され、四名が係争のなかで殺害された。

こうしたなかで、国王マルカム二世（在位一〇〇五〜三四年）が傍系首長を排除して、孫のダンカン（在位一〇三四〜四〇年）を強引に王位に即けるといった事態も生じてしまった。それは二〇〇年来のスコットランド王家の伝統を打ち破った瞬間であった。しかしそれはまた同時に、王家の人々のなかに深い遺恨を残す結果ともなった。

ここに登場したのが傍系の首長のひとりマクベス（在位一〇四〇〜五七年）であった。彼はダンカン王の暗殺に成功し、強力な王となりおおせた。ところがその彼もダンカンの息子マルカム三世（在位一〇五八〜九三年）に討たれた。これより五〇〇年ほどのちに、文豪シェイクスピアによって四大悲劇のひとつ『マクベス』として著される有名な物語である。なおダンカン王の時代に、アルバは「スコットランド王国」と改称されていく。

マルカム三世の時代にスコットランド王国は、現在のスコットランドの領域をほぼ支配下に収めることになる。そして彼の治世に、イングランドでは「ノルマン征服」が生じた（第２章を参照）。マルカムの王妃はイングランド王家の血筋にあたっていたため、ノルマン人に追い出されたサクソン系の貴族たちが大量にスコットランドへと亡命してきた。マルカムはイングランドの動乱につけ込み、五度にわたって南進を繰り返したが、遠征はいずれも失敗に終わった。そして五度目の侵攻の際に王自身も戦死してしまった。

こののちもイングランドとスコットランドの間では紛争が絶えなかった。一二世紀前半にイングランドで王位をめぐる内乱が勃発すると（第２章を参照）、国王デヴィッド一世（在位一一二四〜五三年）はイングランド北部を占領していく。しかしそのあとに一一歳の少年王がスコットランドに登場するや、イングランド側の圧力で占領地はすべて返還させられ、さらにその次代の王は長らくノルマンディに捕虜として幽閉までされた。

それも一三世紀前半になると、スコットランドの青年王アレクサンダー二世（在位一二一四〜四九年）が、ときのイングランド国王（ヘンリ三世）の妹と結婚し、一二三七年に両王の間で結ばれたヨーク条約によって、両国の国境紛争はひとまず終結した。おかげでこののち六〇年近くにわたって両国に平和の時代がおとずれることになるのである。

ウェールズの形成

次にブリテン島西部のウェールズに話を移そう。二万七六一平方キロの面積を持つウェールズは、日本でいえば四国より少し大きいくらいとなる。イングランドに比べても山岳地帯が多く、定住に適した平地は山々や河川によって少しずつ分散されている。このため、中世まではウェールズはひとつの国というより、ひとつの川の流域を生活単位とするブロと呼ばれる区画によって人々は結ばれ、同じブロの人間という意味の「カムロ」が重要視されていた。

六世紀までは、イングランドやアイルランドと同じケルト系住民で占められていたが、アングロ＝サクソン諸部族との抗争のなかで、七世紀頃からイングランドとは異なる民族意識を強く有することとなる。とはいえ、当時のウェールズは前述した地理的な条件も関わり、小部族王国が乱立する状態にあった。このように統一した動きを取りにくい状態が、九世紀半ば以降のヴァイキング襲来（第2章を参照）にあたって、ウェールズ各地に壊滅的な打撃を与えた。ここにウェールズの諸王はイングランド王に助けを求め、以後はイングランド王の宗主権を認めざるを得なくなっていく。

一〇世紀前半にハウェル王（在位九〇四〜九五〇年）が登場すると、のちに「ウェールズ法」と呼ばれる法典が編纂され、ウェールズは一定の政治的安定期をむかえた。しかし、彼の死後にウェールズは再び動乱期に突入する。ハウェルの玄孫にあたるグリフィズ・アプ・サウェリン（在位一〇三九～六三年）のときには、南東部を除いたウェールズ全域が統一されたばかりか、イングランド軍にまで勝利を収め、グリフィズの支配領域はイングランド南西部にまで及ぶこととなった。

ところがグリフィズが家臣の裏切りにあって殺害されるや、再びウェールズは大混乱に陥った。グリフィズ殺害の三年後、イングランドでは「ノルマン征服」が始まり、強力な王朝が築かれることになった。しばらくは両者のあいだに抗争は見られなかったが、一一世紀末からイングランドによるウェールズ介入が始まっていく。

特にヘンリ一世がイングランド王位に即くや（一一〇〇年）、ウェールズに国王直轄領がもうけられ、すでにウェールズに定住していたイングランド人領主や新たにウェールズに所領や聖職禄（教会財産から一定の収益を得る権利）を与えた腹心たちを通じて、ウェールズへの支配を浸透させていったのである。ところがヘンリの死後にイングランドには内乱が勃発し（一一三五年）、ウェールズの諸王らは独自の動きを示せるようになった。

こののちウェールズ内部で主導権争いが生じたが、最終的に勢力を握ったのが北西部のグウィネッズであった。特にその王にサウェリン・アプ・イオルウェルス（在位一一九五～一二四〇年）が即《つ》くと、彼は早々に「全北ウェールズの公」を名乗り、イングランド王（ジョン）にも認めさせた。その後、サウェリンは各国との戦闘の末に、東南部を除いたウェールズ全土を支配下に置くこととなった。ここでイングランドとの戦争が再開されたが、サウェリンによりウェールズにおけるグウィネッズの優位は確立された。

サウェリンの発する「ウェールズ法」はそのままウェールズの全支配者に対する命令ともなった。ただし彼は各国を直接統治はせず、グウィネッズの宗主権下に置く方法にとどめておいた。サウェリンの死後しばらくは、イングランドからの侵攻も息を潜めるようになり、ウェールズに平和で統一的な時代を築いた彼は、人々から「大サウェリン」と称されるようになっていった。

アイルランドの形成

最後にブリテン島の隣アイルランド島についてもその歴史を見ておこう。アイルランド島が海面の上昇によりブリテン島から切り離されたのは紀元前一万二〇〇〇年頃とされる。現在のアイルランド島は八万四四一二平方キロで、日本でいえば北海道とほぼ同じ大きさにあたる。ブリテン島と同様に青銅器時代にはストーン・サークルが形成されたようだ。

かつては紀元前三～一世紀に二度にわたって大規模な「ケルト人の侵攻」が見られたと言われてきたが、近年ではこの説は否定され、アイルランドに渡ってきたケルト人はごく少数だったようである。「アイルランド」の語源は、紀元前六世紀の古代ギリシャの書物に「エーリウの種族が住む島」として言及されていることに由来するという説がある。

ブリテンとは異なり、ローマ帝国からの直接的な支配は受けなかったものの、交易などを通じてアイルランドはローマの文化から大きな影響を受けた。西暦四世紀頃から独特のオガム文字もあらわれた。そして前述のように、五世紀には大陸からキリスト教も伝わる。この当時のアイルランド

アイルランド北部キャロウモアに残るストーン・サークル

には統一王権がなく、トゥアス（人々という意味）と呼ばれる小王国が数多く分立していた。キリスト教の布教もトゥアスごとに造られた教会修道院によって担われていく。こうして七世紀末までにはキリスト教が全島に広まっていった。

ブリテン島でも見られたとおり、アイルランドでは王権が各地にあらわれてくると、その権威づけや法制度の整備のために、王権が教会を必要とし、教会側はその財産や権利、安全を保障してもらうために王権を必要とするようになっていった。中世初期にはアイルランド全土に一〇〇から一五〇のトゥアスが存在し、それぞれに数千から一万人の人々が属していた。王はトゥアスのために対外交渉（外交）をおこない、軍を指導し、紛争を解決した。やがて、より強大な「地方の王」（上王）と呼ばれる存在もあらわれるようになっていく。

七世紀頃からは、北部のイー・ネール、西北部のコナハト、西南部のマンスタ、南東部のレンスタといった地方に分かれ、それぞれに上王が登場する。

九世紀末からはヴァイキングの襲撃を受けるようになり、彼らは定住し、在地の王族と結婚して政治に深く関わっていく。定住地はやがて都市へと発展し、遠隔地貿易が盛んになるとともに、貨幣経済も導入された。特に東海岸中央部のダブリンは有数の貿易拠点として活況を呈していくことになる。一一世紀までにはそれぞれの地方で王権の勢力再編が進み、前記の四つの地方の王たちが「アイルランド王位」をめぐり衝突する。

これに「ノルマン征服」後のイングランドが関わっていく。地方の王たちの勢力争いは、野心家のイングランド王にとっては格好の侵略要因となった。特に「アンジュー帝国」(第3章を参照)を築いたヘンリ二世は、ノルマン系の諸侯や騎士らにアイルランド入植を勧め、やがて島の東半分が彼らによって浸食されていった。さらにヘンリは末子ジョンを「アイルランド君主」に据え、以後はイングランドで発展を遂げた統治機構(諸侯の評議会)や官職(財務府長官など)がアイルランドへと移入されることになった。

一三世紀初頭にジョンが来島してからは、イングランド王でアイルランドを訪れたのは一三世紀末のリチャード二世だけだった。この間にイングランドから入植したド・バーグ家やジェラルド一族などが勢力を築き、各地で生じたアイルランド人たちの反乱を鎮めながら、同時に彼らノルマン系諸侯間の抗争を激化させていった。また一四世紀にはイングランドからの完全独立を果たしたスコットランド王国もアイルランドへと侵攻し、この島をも舞台にイングランドとの勢力争いに乗り出していくのである。

第2章

イングランド王国の形成（古代）

ヴァイキングの侵入

ウェセックス王エグバード（在位八〇二～八三九年）がイングランドの覇王として勢力を拡張しつつあったとき、北方から新たな脅威がブリテン島に姿をあらわしてきた。俗にヴァイキングと呼ばれるスカンジナビアの戦士である。寒冷地帯でフィヨルド（入江）が入り組む地形的な制約もあり、早い時期から北海、バルト海、さらには地中海地域とも海運を通じて交易関係にあった彼らは、古代アイスランド語の「入江」（vik）と、イングランドでおなじみの「～に住む人々（-ing）」から、「ヴァイキング」と呼ばれるようになっていた。

当初は交易相手として結ばれていた北西ヨーロッパ世界も、やがて卓越した造船技術と軍事力により、ヴァイキングから次第に侵略を受けていくことになった。七九〇年代にはイングランドではノーサンブリアの修道院が襲われ、カロリング帝国（フランク）も侵攻され、アイルランドにまで上陸してきた。ノース人（ノルウェー）たちは、北回りでスコットランド北西岸やアイルランドを経由し、イングランド南西部に襲来した。デーン人（現在のデンマークにいた人々）たちは、フランス北部やイングランド東南部へと直接襲いかかってきた。

特にイングランドに衝撃を与えたのがデーン人であった。エグバードら各地の諸王らは、三〇艘以上の最新式の船で襲来する彼らに太刀打ちできず、ロンドン、カンタベリ、サウサンプトン、ウィンチェスタといった主要都市はデーン軍の掠奪の対象となった。特に、沿岸地域に建つ修道院が次々と襲われていった。そもそもが戦いに慣れていない修道院は格好の標的となり、巨万の富がデ

ウェセックス王家系図

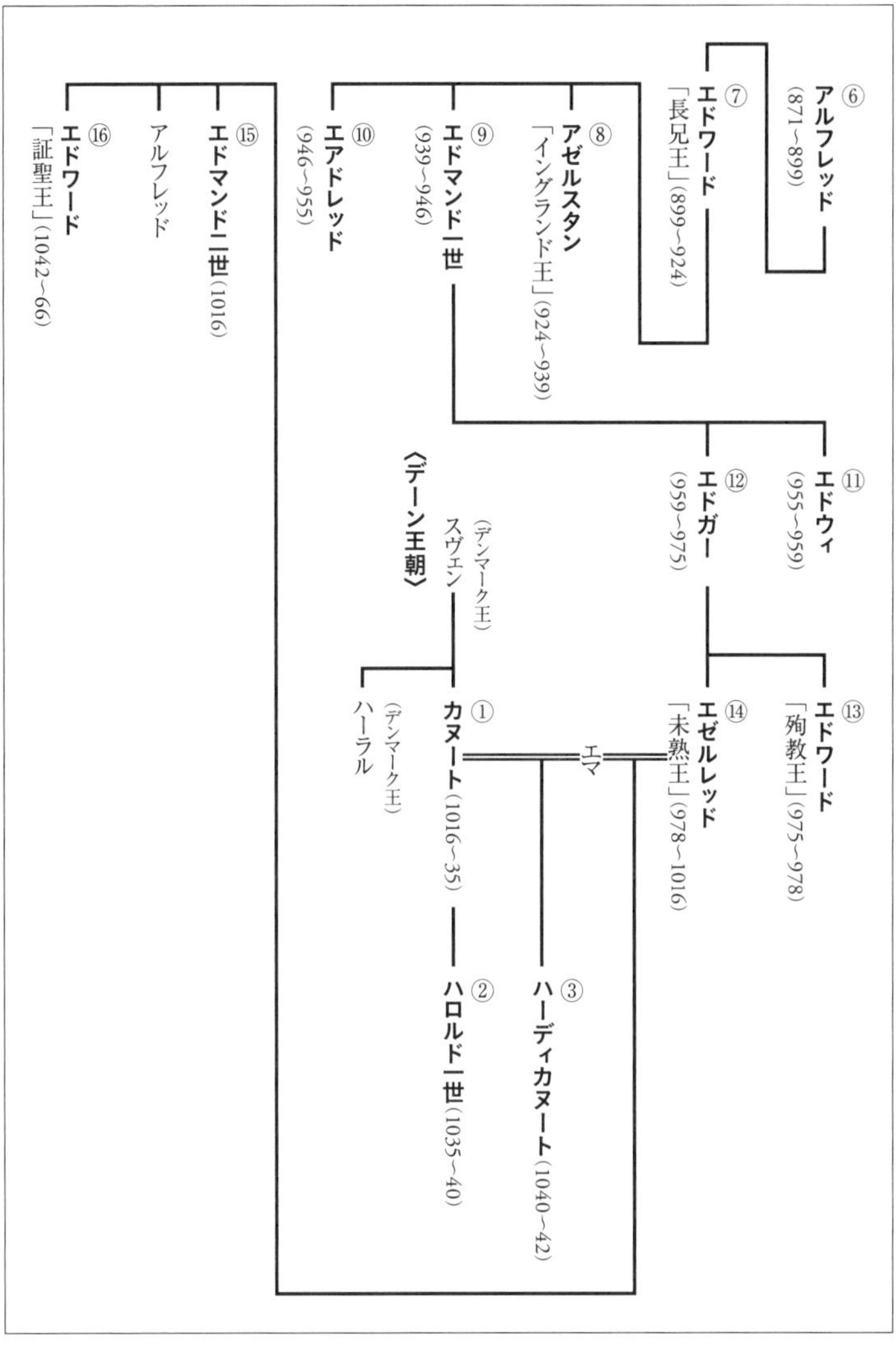
⑥アルフレッド（871～899）
⑦エドワード「長兄王」（899～924）
⑧アゼルスタン「イングランド王」（924～939）
⑨エドマンド一世（939～946）
⑩エアドレッド（946～955）
⑮エドマンド二世（1016）
アルフレッド
⑯エドワード「証聖王」（1042～66）
⑪エドウィ（955～959）
⑫エドガー（959～975）
〈デーン王朝〉
スヴェン（デンマーク王）
⑬エドワード「殉教王」（975～978）
⑭エゼルレッド「未熟王」（978～1016）
エマ
①カヌート（1016～35）
ハーラル（デンマーク王）
②ハロルド一世（1035～40）
③ハーディカヌート（1040～42）

ーン人に持ち去られていった。襲われた修道士にとって「ヴァイキング」は憎むべき異教徒として長く記録に残されていった。

イングランドに限らずフランク諸都市もヴァイキングに攻撃され、八四五年にはパリが襲われ、莫大な金額の「平和金（銀貨で支払われた）」とひき換えに攻撃の手を緩めてもらう以外に方策がなかった。現在でもノルウェーやデンマークで膨大な量の銀貨や銀塊が見つかっており、それは今《こん》日《にち》の金額で数十億円以上にも達するといわれている。

しかしデーン人らは平和金を受け取ったからといって、必ずしも攻撃を緩めるとは限らなかった。八六〇年代半ば頃から、彼らはイングランドに定住地を築き、騎乗して各地を素早く廻る術《すべ》を身につけていった。デーン人は平和金を与えられていながら約束を破り、各地を荒らし回った。これによってイースト・アングリアはほぼ全滅させられ、ケントやノーサンブリアも彼らの軍門に降った。

その後、デーン人らはマーシアも支配下に収め、エグバード以降の歴代ウェセックス王との死闘を繰り広げていった。時として彼らを撃退することに成功した王たちであったが、やはり平和金を支払って一定の休戦期間をもうけなければ、息つく暇が与えられなかった。八七〇年代半ばまでにはイングランド東北地方の大半がデーン人の占領地となった。

デーン人はアングロ＝サクソン諸族とは同じ地域（ユトランド半島など）から派生したにもかかわらず、彼らの言語、法、習慣、統治体系や村落の作り方などはイングランドのそれとはまったく異なっていた。占領により地名もデーン風に改められ、入江に由来する「by」が末尾につく地名が、現在でもヨークシャとリンカンシャにそれぞれ二〇〇以上も残っている。こうして九世紀が終わろうとする頃までには、イングランドではアングロ＝サクソン諸侯が治める地域はウェセックスだけとなってしまったのである。

アルフレッド大王の登場

ここにウェセックス王に即《つ》いたのがアルフレッド（在位八七一～八九九年）であった。即位当初はデーン人の圧力に屈し、平和金を支払って一定期間の猶予を与えられたアルフレッドであったが、その間に彼は陸軍と海軍の大幅な改造へと着手していく。まずはデーン人に倣い国内を馬で移動し始めた。そのためには道幅の大きな道路網を各地に築かねばならない。さらに戦況が不利になった場合には、これまたデーン人に学んで、砦に籠もる戦術を採るようになっていった。

こうしてアルフレッドの時代に、ウェセックスにはおよそ三〇もの防壁《ブルフ》が築かれ、ここに常駐軍を置いておくために軍隊は二分され、ひとつは戦場に、もうひとつは個々の在地へと、半年交替で勤務させることにした。このような防壁の間を結ぶ道路は整備され、騎乗した戦士たちが各地の防衛にあたった。こうした過程で、軍馬を飼育できる富裕層と歩兵の層との間に階層も生まれるようになっていった。また、ウェセックスはもとよりマーシアにも築かれた防塁（Burh）は、やがて「バラ」（borough）という英語に変化し、末尾にこの語がついた地名がイングランド各地に増えていったのである。

さらにアルフレッドは、デーン人たちの大艦隊に対抗すべく、独自の水軍も作り上げた。こうした陸海軍の改革とともに、アルフレッドは「外交」にもその実力を発揮した。長女エゼルフレダをマーシアの有力者エゼルレッドに嫁がせ、マーシアと共同戦線を張って、デーン人を撃退していったのである。こうしてアルフレッドが没する頃（八九九年）までには、デーン人の脅威はイングランドで急速に弱まっていった。

とはいえアルフレッドには問題が山積していた。まずは国内の改革である。彼は各地を「州《シャイア》」という単位に分け、ここを代官に統治させて支配の一元化を図った。各地の王侯や豪族らは一族が領有していた土地を認めてもらおうと、アルフレッドから領地権利証書を授かることになった。ウェセックス王の発行するこの証書は、いまや全国的な威力を発揮できるようになっていた。この州制は、現代のイングランドにまで至る「shire」（シャ）という地名と単位にもつながっている。さらにアルフレッドが取り組んだのが「法典」の編纂である。かつてのイネ王やオファ王のように、先王の諸法を踏襲しながらも、アルフレッド独自の法もきちんと明文化されていった。

それと深く関わったのがイングランドの「文芸復興」であった。デーン人から襲撃を受けた土地では、司教座が壊滅し、修道院は廃墟と化していた。イングランド文化の担い手でもあった彼ら修道士らが雲散霧消してしまったため、学問の言語でもあるラテン語を解する聖職者さえいない状況だった。そこでアルフレッドは国内外から優れた学者を招き、ラテン語やキリスト教文化の教育に尽力した。王自らも「四〇の手習い」でラテン語を学ぶことになった。王と一緒に王侯らの子弟もラテン語や学問を修めるようになった。

また王は「英語」教育にも力を注いだ。ラテン語で書かれたあまたの名著が英訳され、自国史ともいうべき『アングロ＝サクソン年代記』も編纂される。国内に読み書き能力や教養が再び普及するようになり、英語は通商、行政、法、文学へと導入されていった。

このようにアルフレッドは、イングランドをデーン人の破壊行為から復興させただけではなく、将来の統一王権への道を開き、政治・経済・社会・文化のあらゆる側面からこの国の基盤を築いたのである。人々から「大王《ザ・グレート》」と呼ばれることになったゆえんである。

アゼルスタンと賢人会議

この「アルフレッド大王」の遺訓を受け継いだのが孫のアゼルスタン王（在位九二四〜九三九年）だった。彼はアルフレッドの長子エドワードの継承者であるばかりか、父の姉でマーシアに嫁いだエゼルフレダからも幼少時から薫陶を受けていた。この姉弟の連携により、大王没後のイングランドではデーン人の勢力がさらに駆逐されていったのである。エドワード（長兄王）が亡くなると、その子アゼルスタンはウェセックス・マーシア両国から正統な後継者として認められ、さらにデーン人とスコットランド人を相次いで戦闘で打ち破り、いまや「イングランド王」として自他共に認められる存在となっていた。

アゼルスタンは、祖父が築き上げた「州制」をさらに発展させた。州の下には「郡《ハンドレッド》」（一〇〇世帯からなる単位）、さらにその下に「十人組《タイジング》」が編成された。こうした各地を治める有力諸侯（伯《エアルル》）と国王直属の代官は次第に融合し、王による一元的支配がさらに強化されていった。またアゼルスタンは、これまた祖父に倣って法典の編纂に乗り出すとともに、かつてのオファ王と同じく、単独の通貨である銀ペニー貨を鋳造し、イングランド全土へと流通させていったのである。やがてウェールズの首長たちも定期的にアゼルスタンの宮廷に出仕するようになり、彼に倣って法典を編纂し、貨幣も発行した。

さらにアゼルスタンは「外交」の側面でも大きな成果をあげることに成功を収めている。自身の姉妹を、当時のヨーロッパを代表する神聖ローマ皇帝オットー一世や、フランス王にしてカペー王朝の開祖でもあるユーグ・カペーへと嫁がせ、これら主要国と同盟関係を結んで、「ヨーロッパ国際政治」におけるイングランドの立場を盤石なものにした。

そしてアゼルスタンにとっての最大の功績が、のちの「議会」の起源ともいうべき組織を本格的に立ち上げた点にあろう。法典の編纂からも理解できるとおり、アゼルスタンは立法を重視した。その際に、彼は独断で法を作るようなことはせず、有力な聖俗諸侯らと相談のうえで新たな立法に乗り出した。こうした慣例はイングランドでは七世紀からすでに見られていたが、相談する相手の範囲を広くし、しかも定期的な会合を開くようになったのは、アゼルスタンが初めてのことであった。

それが「賢人会議」（ウィテナイェモート）と呼ばれる集まりだった。アゼルスタンはこれをキリスト教の重要な祭りである、クリスマス（一二月）、イースター（四月頃）、聖霊降臨祭《ペンテコステ》（イエスの復活昇天後に信徒たちに聖霊が降り注いだ日：五月から六月頃）に定期的に開催するようになった。集められたのは、イングランドの主だった聖職諸侯（大司教・司教・大修道院長など）と、世俗諸侯（伯や豪族《セイン》）らおよそ一〇〇人ほどであった。

彼ら「ウィタン」（witan ＝ wise man）たちは、イングランド内外に関わる重要事項や、立法と徴税、有力者たちへの土地権利の付与、さらには宗教上の決定などについて王から諮問を受け、これに応えた。まさにのちのイギリス政治の代名詞ともいうべき「議会政治」の始まりであろう。ただし近現代の議会と異なるのは、賢人会議は「次期国王選出」にも深く関わっていた点にある。イングランドでは、王位継承をめぐる有力者間の衝突が絶えず、そのたびごとに賢人会議の承認が必要とされていた。アゼルスタンのように継承がスムーズに進んだのは、実は例外的な事例だったのである。

こうしてアゼルスタンの下で、イングランドの王権がさらに統一的なまとまりを見せるようになったとともに、立法や行政、司法に関わる組織も定着しつつあった。

エドガーと統一王国の成立

そしてイングランドが名実ともに統一されていくのが、アゼルスタンの甥にあたるエドガー王（在位九五九～九七五年）の時代においてであった。この頃までに、イングランド各国は代官となった伯により統治され、かつての覇王にあたるような存在として「国王」が君臨するようになっていた。エドガーも伯父のアゼルスタンに倣い、重要事項は賢人会議に諮って行政や立法を進め、法典も編纂し、新たな銀貨の鋳造までおこなった。さらにエドガーの治世までには海軍も強化され、沿岸警備にあたるようになっていた。

そのエドガーが特に心血を注いだのが教会・修道院改革であった。デーン人により破壊された宗教施設は、この時代に大きな教会（聖堂）へと統廃合された。また質の低い修道僧を追放する一方

バース修道院のステンドグラス。エドガー王の戴冠式を描いている

で、優れた聖職者を国内外から招聘した。こうした諸改革は、カンタベリ大司教ダンスタンとエドガー王の二人三脚で進められていった。

このダンスタンの手によって、エドガーはイングランド史上初めての「戴冠式」を挙行している。熱心なキリスト教徒であったエドガーは、聖職者が一人前と認められる三〇歳に達するまで待ち、九七三年にバース修道院で厳かに式を挙げた。戴冠の前には、古代の中東世界や旧約聖書のダビデ王やソロモン王の時代から見られた「塗油《とゆ》」（額などに聖油を塗る）の儀式を受け、ダンスタンによって頭上に置かれた王冠は神聖性と永続性が象徴されることになった。

ところがそのわずか二年後にエドガー王が急逝すると、イングランドは再び混乱期へと突入する。エドガーの長男と次男の間で派閥抗争が生じ、長男が暗殺されると、次男エゼルレッド（在位九七八～一〇一六年）が王に即位した。しかし彼はまだ一〇歳の少年で、あまり賢くもなく、「未熟王《アンレディ》」と呼ばれるような凡人だった。

そのようなときに再びデーン人がイングランドへと襲来してきたのである。アルフレッド大王の後継者たちにより、イースト・アングリアやマーシア東部など「デーンロウ」と呼ばれた地方（デーン人の法《ロウ》により支配される）は次第にアングロ＝サクソン系によって統轄されていったが、ここに無能な王の登場によってデーン人たちが独立の機運を見せたのである。それに加勢するかのように、デンマークからより強力な戦士軍団が上陸する。

こうしたなかでエゼルレッドは対岸（フランス北西部）の新興国ノルマンディの領主と手を結び、ハーラル王率いるデーン軍と衝突するが、職業的傭兵戦士団となっていたデーン軍を前になす術がなかった。エゼルレッドは戦いのたびにデーン人に平和金を支払って、休戦期間をもうけていった。平和金は「デーンゲルド」と呼ばれ、諸侯らに課した土地税（地租）から支払われていった。エゼルレッドの治世だけでも実に二〇万ポンド前後もの銀貨が、平和金としてスカンジナビアに渡っていったとされている。

ハーラルの後を継いだスヴェンはデンマークとノルウェーの王も兼ねる実力者であり、エゼルレッドと全面対決した。未熟者のエゼルレッドは、賢人会議に諮ることもなしに、イングランドのデーン人を皆殺しにする命を出したため、スヴェンから怒りを買い、一〇一三年にはスヴェンが直々にイングランドに乗り込んできた。エゼルレッドの無能ぶりに愛想を尽かしたイングランド諸侯（賢人会議の構成員）らは、ついにエゼルレッドから王位を取り上げ、スヴェンに差し出すことに決した。エゼルレッドはノルマンディへと亡命した。しかし翌一四年にスヴェンが急死し、このすきにエゼルレッドが復位を果たし、イングランドへと舞い戻ってくる。ここに再び戦乱が始まることになった。

カヌートの北海帝国

スヴェンの死後にデーン人を率いてイングランドに乗り込んだのは、彼の次男カヌートであった。その後、エゼルレッドとその長子が相次いで亡くなり、賢人会議の承認を得て、ここにカヌートがイングランド王（在位一〇一六～三五年：なお英語名ではクヌート）に即位した。カヌートは侵略者・征服者としてではなく、正統なイングランド王として受け入れられ、エドガーの法典を守ると宣誓したばかりではなく、エゼルレッドの未亡人エマと結婚し、諸侯とも協調した政策をとった。ただし王位継承にあたり何人か殺害はしたが。

これにより未熟王エゼルレッド時代に見られた不安定な状況はひとまず終了し、イングランド諸侯はこの有能なカヌート王に忠誠を誓う。ところが事態は思わぬ方向に向かった。カヌートがイングランド王となった三年後、兄ハーラルが急逝し、カヌートがデンマーク王を兼ねることになった。これに脅威を感じたスウェーデンとノルウェーの王が共同戦線を張ったが、機先を制したカヌートにより両軍は粉砕され、カヌートはノルウェー王まで兼ねると同時に、スウェーデンの南部をも支配下に置いた。

ここにカヌートは北海をぐるりと囲んだ領土の大半を制し、「北海帝国」の盟主となった。いつしか人々は彼を「大王」と呼ぶようになっていた。

イングランドはこの北海帝国のなかで最も豊かな土地として、北海経済圏の要衝となる。諸侯らは進んでカヌート大王の統治下に入り、彼の強力な軍隊を維持するため進んで税を貢納した。かつてはデーン人をイングランドから遠ざけるために、必死に「デーンゲルド」と呼ばれる平和金で一時的に彼らを追い払っていた諸侯たちが、今度はデーン人の常備軍をイングランドに駐留させるために「ヘレゲルド」と改名された税を必死に捻出するありさまとなった。まさに歴史の皮肉と言えようか。

北海帝国

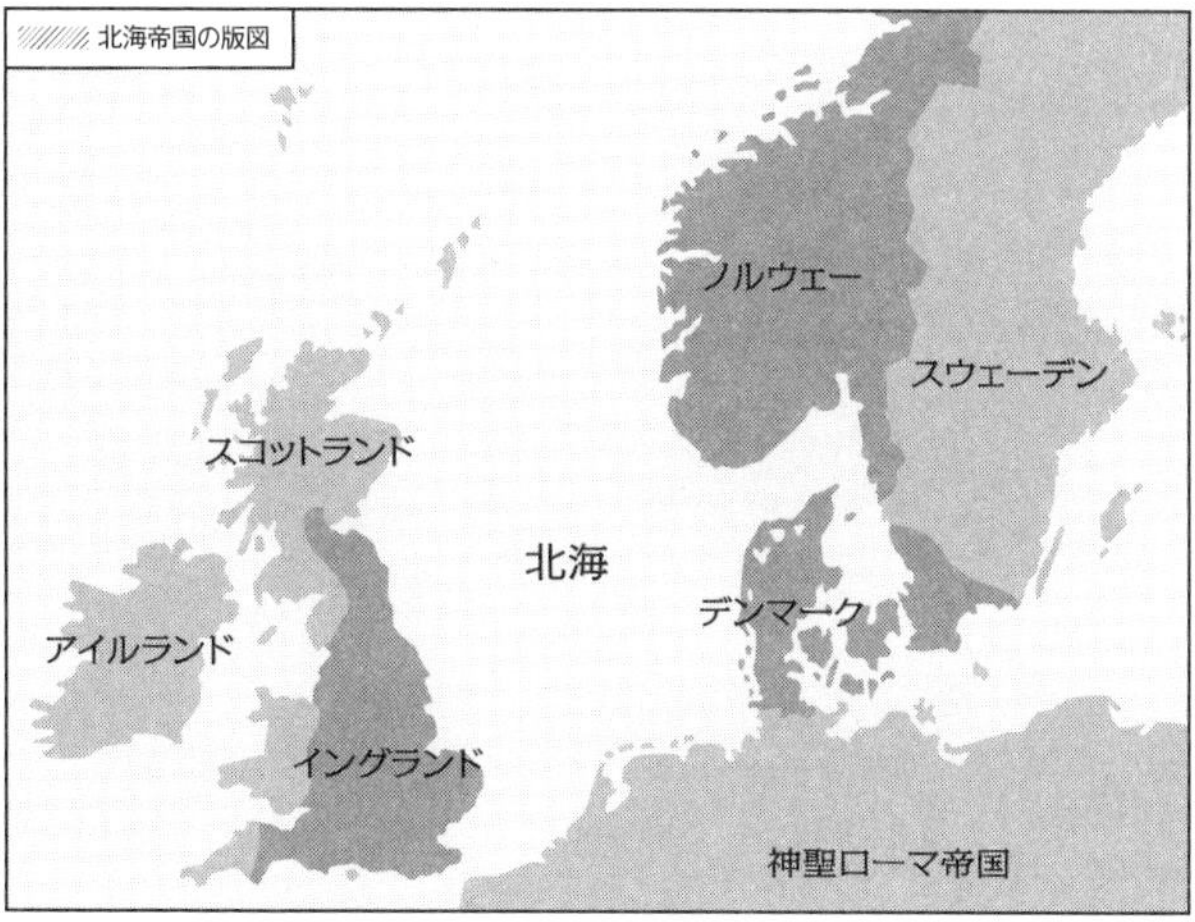

カヌートは有能な君主であり、自身が支配するそれぞれの国と地域の法や慣習、宗教を重んじたおかげで、イングランドをはじめ、北海帝国はいずれも政治・経済的に安定した。しかし大王も所詮は人の子である。この当時の兵站学《ロジスティックス》をもってしては、支配する領土が大きいだけ統治も防衛もままならない。しかも元々の本拠地はデンマークなのである。

そこでカヌートは自身が不在の間の行政機構を確立しておく必要があった。イングランド王に即位した翌年、彼は早くも支配地をノーサンブリア、イースト・アングリア、マーシア、ウェセックスの四つの地域に分け、それぞれの伯にこれらの統治を託すことにした。このうちノーサンブリアとイースト・アングリアの伯はデーン人だったことで、地元民との間に軋轢《あつれき》が生じていったが、マーシアとウェセックスはイングランド人の伯により安定した体制が築かれた。ちなみにこのときのマーシア伯レオフリックの妃が、現在ベルギーの有名なチョコレート会社の登録商標になっている「レディ・ゴディバ」である。

しかしより有力な伯となったのはウェセックスを託されていたゴドウィンであった。彼はカヌートからの信頼を背景に、諸侯のなかでも最も富裕で勢力を誇る大物になっていた。俗に「強すぎる家臣たち」(over-mighty subjects) と呼ばれる典型的な伯のひとりであった。一〇三五年にカヌート大王が死去すると、皇太子ハーディカヌートが後を継いだが、七年後にわずか二三歳の若さで急死した。彼には世継ぎが残されていなかったため、カヌートの寡婦エマとエゼルレッド未熟王との間に生まれたエドワード(証聖王。在位一〇四二~六六年)が王となり、ここに再びアングロ＝サクソン系の王家が登場することとなった。

一一世紀のイングランド社会と経済

ここで当時のイングランドの社会構造と経済状況を見ておくことにしよう。古代末期には、ヨーロッパ各地と同様に奴隷制が存在したイングランドであったが、一〇世紀頃からは農奴や小作農を耕作者とする、古典的な荘園が各地に登場するようになっていく。伯や諸侯より規模の小さい「豪族」たちは、荘園領主として村の中心部に館を持ち、村に教会を建てるようになっていった。現在でもイングランドの田舎に残る原風景である。

聖職諸侯は巨大な荘園を形成し、領民に対しても大きな権限を振るっていたようだが、世俗の中小諸侯らの領主権はそれほど強くもなかった。アルフレッド大王の時代以降に「州制」が拡がると、一一世紀頃までには「州長官」(sheriff)により監督され、国王所領の収入や司法収入（裁判費）の徴収がおこなわれた。州長官らはまた地方豪族の共同体にも属するようになる。この頃には、前述のヘレゲルドの徴収も大切な役目となった。

カヌートの時代までに王は、非常時などに「国王令状」(royal-wit) で課税を要求できるようになってはいたが、実際の徴収には顧問官（主に高位聖職者）たちとの事前の相談が必要で、その筆頭として尚書部長官 (Chancellor) という役職がやがて登場する。

ここまで見てきたとおり、九世紀にヴァイキングが到来するようになると、イングランドは北欧商業圏の中心地として、大陸各地との交易がさらに拡がった。この頃にはフランドル（現ベルギー）で毛織物産業が勃興するようになっており、その原料となる羊毛がイングランドからの主力輸出品となっていく。他方で北欧には穀物が送られ、逆に北欧からは木材や毛皮、魚類などが輸入され、西欧からは葡萄酒や銀が運び込まれた。

その銀で鋳造される銀貨は、すでに述べたとおり、マーシアのオファ王の時代にイングランドに単一通貨として登場するようになっており、アゼルスタン王によりウェセックスに引き継がれた。カンタベリやロンドンに造幣所が置かれ、その数はエゼルレッド未熟王の時代までには、イングランド全土に八〇を超えるまでに至った。当時の西欧世界のなかでもこれだけの数の造幣所を備えていた国はなかった。ここで造られた銀貨は、デーン人に支払われる平和金としてスカンジナビアに消えていったものも多いが、その大半は広範な交易のためにイングランドで使われていた。

古代末期のイングランドは、農業社会であったが、一一世紀前半までには都市に住むものたちも増え、商業や工業に従事していった。アルフレッド大王以降の王たちがデーン人を撃退するために築いた城壁《ブルフ》が、そのまま都市へと発展する事例もあった。さらに地方に巨大な領地を持つ聖俗双方の諸侯たちも、交通の便などから、次第に都市にも邸宅を構えるようになっていった。

一一世紀半ばの時点で、南部イングランドの中心地ロンドンにはおよそ二万五〇〇〇人、北部イングランドの拠点ヨークには八〇〇〇人ほどの人々が生活していたと推測される。とはいえ人口五〇〇〇人を超えるような都市はいまだ六つほどしかなく、大司教座のあるカンタベリでさえ二五〇〇人程度しか住んでいなかった。

しかしこうして徐々に成長しつつあった都市と都市の間、都市と農村の間を結ぶ交通路や港湾、市場を統轄し、通貨や度量衡を統一し、イングランドでは王権が貨幣とともに商品の流通を法的にも実質的にも統御していったのである。それはまた関税や通行税、取引税の賦課にもつながり、その後の中世における経済発展へと向かっていく。

証聖王の後継問題

さて話を政治のほうに戻そう。デーン人による王位継承が三〇年ほどで終焉をむかえ、ここにアングロ＝サクソン系の王位を復活させたのがエドワードであった。しかし彼は、父エゼルレッドがスヴェンに国を追われ、母エマの実家があるノルマンディに一家で亡命して以来、実に四半世紀にわたって同地で生活してきた。このため二五年ぶりに故国に戻ってきたとはいっても、日常生活ではフランス語を話し、ノルマンディの慣習を重んじたばかりか、側近はすべてノルマンディから連れてきた貴族たちで固められていった。

これに腹を立てたのがもちろんイングランド貴族たちであった。こののちイングランド（さらにはイギリス）の歴史にしばしば登場することになる、国王と外国出身の「悪しき取り巻きたち」と敵対するイングランド人の家臣たちという構図が既に見られる。なかでもエドワード王の態度に怒りを感じていたのが、カヌート時代から「強すぎる家臣」のひとりとして台頭していた、ウェセックス伯ゴドウィンだった。

しかもゴドウィンは、帰国したエドワードの妃に、自らの娘エディスをあてがっていた。ところがエドワード王はゴドウィンを真底憎んでいた。実はゴドウィンはカヌート大王没後の政争の過程で、エドワードの弟アルフレッドを謀殺していたのである。王はこの折のゴドウィンの所業を終生許せなかったとされている。それもあってか、王は周辺の要職をノルマン貴族で固め、ゴドウィン率いるイングランド貴族と衝突する構えを見せた。

それは実際に、闘争に発展した。一時期ゴドウィンは失脚したものの、四半世紀もノルマンディでぬくぬく育ってきたエドワードなど所詮敵ではなかった。復権を果たしたゴドウィンはまもなく急死したが、ウェセックス伯として跡を継いだ息子のハロルドが、こののちイングランドで最有力の貴族としてその勢力を拡大していく。

他方でエドワードは元々熱心なキリスト教徒であったがさらに、宗教の世界へとのめり込んでいく。それはテムズ河畔にウェストミンスタ修道院（Westminster Abbey）を建立するという事業にまで結実した。今日《こんにち》でも歴代国王の戴冠式が執りおこなわれる王室にゆかりの聖堂である。こうした敬虔な宗教的姿勢から、やがて彼は「エドワード証聖王《コンフェッサー》」と呼ばれるようになっていった。

ところが証聖王には最大の悩みがあった。肝心の世継ぎに恵まれていなかったのである。エディスと結婚はしたものの、修道士のような生活を送ったエドワード王は彼女との間に子どもをもうけなかった。義父ゴドウィンに対する「あてつけ」もあったのかもしれない。いずれにせよ、エドワードの後のイングランド王位をどうするのか。エドワード自身は、亡命中に長年世話になったノルマンディに敬意を表して、その領主ギヨームに王位継承を約束していたともいわれている。ただしこれには確証はなかった。

イングランド諸侯のなかでは、ウェセックス伯ハロルドの評判がダントツで高かった。彼は隠者のような世界に入り込んだエドワードを尻目に、グリフィズ・アプ・サウェリン（第1章四一頁参照）率いるウェールズ軍の侵攻から、イングランド全体を救うことに成功を収めていた。しかも血統的にも王妃エディスの兄にあたり、再びイングランドに触手を伸ばしてきた北方からの侵略にもハロルドは充分に対抗できる存在であった。

一〇六六年一月に証聖王は息を引き取った。すぐに賢人会議が招集され、諸侯らの承認によりハロルド二世（在位一〇六六年一～一〇月）がイングランド王に即くこととなった。ところがここに二人の人物が王位継承者として名乗りを上げてきたのである。

ウィリアム一世の即位――ノルマン王朝の成立

まずはノルウェー王ハーラル三世である。若い頃にキエフ大公や東ローマ皇帝の軍隊に加わった武闘派であり、甥のマグヌスを追放してノルウェー王位を奪った野心家であった。デンマークに侵攻しここを征した後、かつてのカヌート大王のような北海帝国を建設しようとさらなる野心を抱いていた。そのハーラルが、かつて兄と敵対して亡命したハロルド二世の弟を引き連れて、イングランドに侵攻してきたのである。

一〇六六年九月二五日、イングランド北部の要衝ヨークの近郊にあるスタンフォード・ブリッジで、ハロルドはハーラル軍を打ち破り、ハーラルは戦死した。

王位を狙ってイングランドに来襲してきたもうひとりが、先にも示したノルマンディ伯ギヨームであった。なお、わが国でもイギリス本国でも、彼の爵位を「ノルマンディ公」と表記するのが通例である。しかし厳密には、当時のノルマンディの領主は「伯」（Comte）にすぎず、歴代の領主たちがより格の高い「公」（Duc）を自称していただけだった。

ギヨームは、エドワードの母エディスの血筋からも、さらにエドワードから継承を託されたとする理由からも、イングランド王位の正統な継承者を国内外に喧伝していた。特にときのローマ教皇アレクサンデル二世からの支援は心強いものとなった。かつて教皇庁はカンタベリ大司教の人選をめぐり、ハロルドの父ゴドウィンと真っ向から衝突したことがあり、ハロルドの継承にも懸念を抱いていたのだ。そこでギヨームは教皇庁の有力者たちに取り入り、ついにイングランド侵攻にあた

ノルマン王朝系図

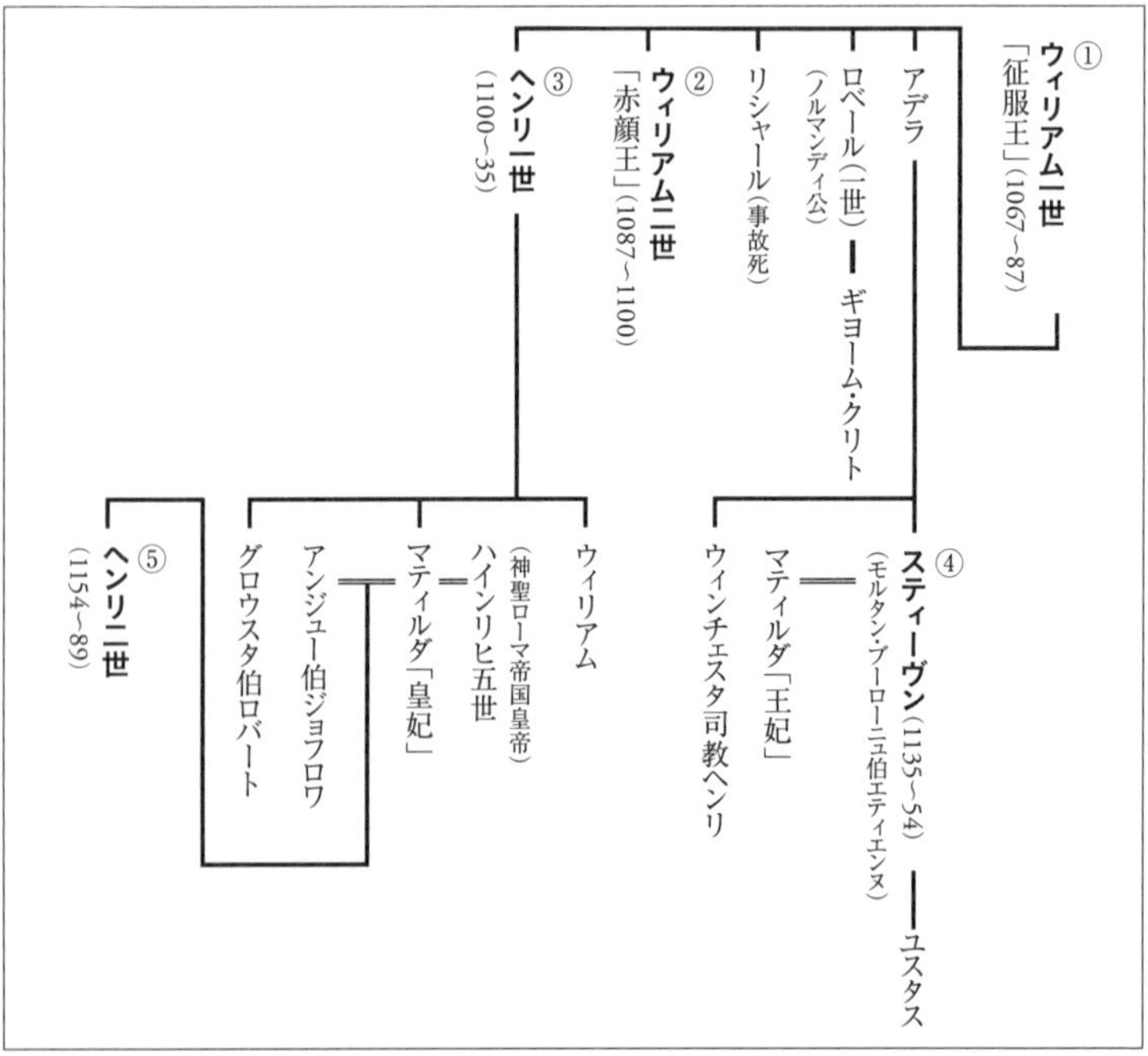

って教皇旗を掲げる特権まで手に入れた。

　実はイングランド侵攻を早くから計画していたのは、ハーラルではなくギヨームのほうだった。ところがノルマンディから北上する際に逆風が吹き、ノルマン軍はなかなか侵攻できないでいた。そのすきにハーラル軍がイングランド北部に上陸し、ハロルドは先にノルウェー軍と一戦を交え、これに勝利を収めたのであった。その直後にようやく英仏海峡の風向きが変わり、ギヨーム軍が九月二八日にイングランドへと上陸を果たした。

　慎重なギヨームは血気にはやらず、イースト・サセックス南岸のヘイスティングズに城を築き、橋頭堡を確保した。焦ったのはハロルドのほうだった。ギヨーム上陸の第一報に接したハロルドは、すぐさまヨークを出発してロンドンを経由し、一〇月一三日にはヘイスティングズ北郊センラックの丘に布陣した。しかしこの焦りが仇となった。ヨークからの四〇〇キロあまりをわずか二週間ほどで進軍してきたのである。多くの兵が途中で脱落し、ヘイスティングズに着いたときには七〇〇〇人程度の疲れきった軍勢にすぎなかった。

ギヨームとハロルドの誓約

翌一四日の早朝、ついに戦闘が始まった。激戦の末に、ギヨーム率いるノルマン軍が勝利をつかんだ。ハロルドは流れ矢を受けたところに刀で止めを刺されて戦死した。すぐさまギヨームはドーヴァやカンタベリといった要衝をおさえ、いまだノルマン軍に抵抗を続けるロンドンのイングランド諸侯らを孤立させた。その結果、翌月までには彼らもギヨームの軍門に降った。

一〇六六年一二月二五日、ギヨームはウェストミンスタ修道院で「ウィリアム（ギヨームの英語名）一世」として戴冠式を挙行した。これまでのイングランド王は、賢人会議で選出されてから一年ほど経って戴冠式をおこなうのが慣例であったが、力ずくで王位に即いたウィリアムは早急

ノルマン王家の４人の王。左上：ウィリアム１世、右上：ウィリアム２世、左下：ヘンリー１世、右下：スティーブン王

に式を挙行して、既成事実を作り上げる必要があったのかもしれない。ここにアングロ＝サクソン系の王に代わり、新たにフランス系の「ノルマン王朝」がイングランドに形成されることとなったのである。

ノルマン征服《コンクエスト》

ウィリアム一世（在位一〇六六～八七年）の即位は、ローマ教皇をはじめヨーロッパの王侯らからは認められたものの、いまだ彼の王位を承服しない諸侯らがイングランド北部や西部に多数存在していた。即位から二年後、ウィリアム王率いるノルマン軍はこうした諸侯らを制圧するため各地を遠征して廻っていく。当初は彼に従っていたアングロ＝サクソン系の諸侯らの多くが寝返り、これにスコットランド王、デンマーク王、ウェールズ諸侯らまで加勢するありさまで、最終的には一〇七一年頃まで遠征は続いた。

こうした過程で、教皇アレクサンデル二世はノルマン人による遠征は「聖戦」とは認められないが、「責務」であり「公正なもの」であったと宣言した。こうした教皇からのお墨付きもあり、ウィリアム一世はアングロ＝サクソン系の諸侯から容赦なく領地を没収し、ノルマン系の諸侯らに分け与えていった。これにより四〇〇〇人以上の領主が土地を失い、わずか二〇〇人以下のノルマン

11世紀当時のイングランドとノルマンディ

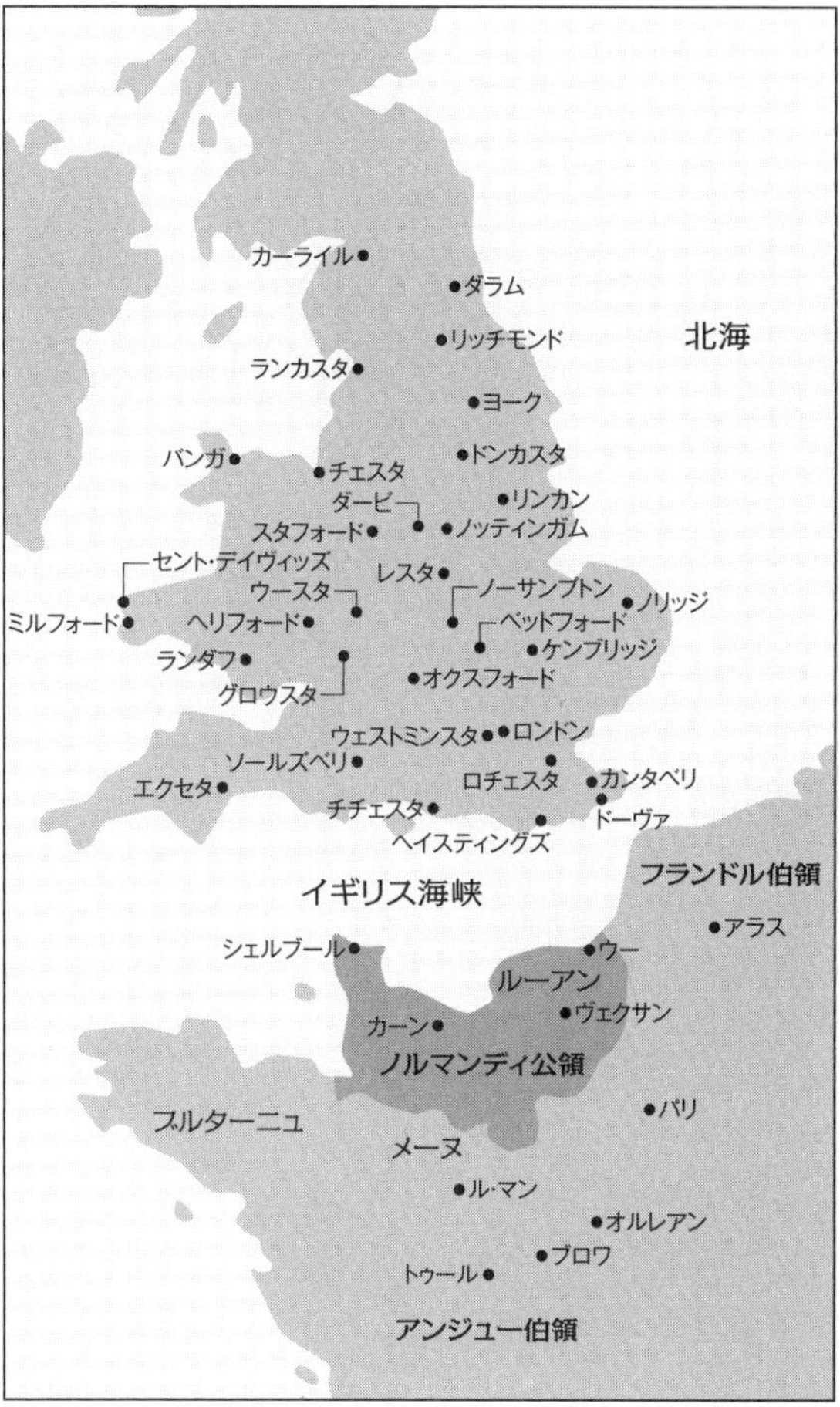

人領主たちがそれに取って代わった。彼らは国王から直接土地を付与され、諸侯（Barons）と呼ばれて、封建的な主従関係を王と結んでいった。

大きく変わったのは土地の所有者たちだけではなかった。ノルマン王朝下のイングランドでは、支配者層が使う言語はフランス語に変わり、英語は下層階級や農民の言語として蔑まれていった。さらに行政・立法とともに文化の担い手でもあった教会や修道院の高位聖職者はすべてノルマン系で占められていった。王自身はもとより、イングランドに土地を与えられたノルマン諸侯にとっても、本拠地はあくまでもノルマンディであり、彼らはイングランドで得た財を大陸の所領を守り、拡大するために利用していった。

これほどまでに巨大な暴力を伴った侵攻は他に例がなく、イギリス史上最も素早く冷酷に長期的な変革を成し遂げたと評する歴史家もいる。まさに「ノルマンによる征服」(Norman Conquest) と呼ばれるゆえんである。王自身も「征服王」(Conqueror) と呼ばれた。

さらにウィリアム一世は、イングランドにおける支配を徹底したものにするため、イングランド南部ウィルトシャのソールズベリに「すべての土地保有者」を集めて王への忠誠を誓わせた。それは王から直接土地を付与された家臣だけではなく、陪臣(家臣の家臣)まで招かれた諸侯会議であった。ヨーロッパ大陸では、家臣はその直接の主君にしか忠誠を示さないが、ウィリアムは陪臣といえども君主と直接の関係を築こうと考えたのである。

このソールズベリの諸侯会議(一〇八六年)と同じ年に、ウィリアム一世はすでに前年から命じていた全国的な検地に基づき、『ドゥームズデイ・ブック』と呼ばれる土地台帳も作成させている。王領地を受領している人物の名前や場所、価値、荘園などについては、イングランドでは一一世紀前半からすでに記録に残されていた。ウィリアムが短期間内で土地台帳を作ることができたのはそのおかげであったが、他方で彼は征服後の土地に関する権利関係を明確に著した資料として、ここに正式に大々的に残したわけである。

ちなみに『ドゥームズデイ・ブック』に記載された数百人の領主のうち、アングロ＝サクソン時代からの支配者はわずか三〜四名にまで激減していたとされている。

しかしウィリアム一世は、即位当初からエドワード証聖王の法を守り、その統治のあり方も継承していくことを誓っていた。彼は、重要な政策決定の際には、聖俗諸侯からなる賢人会議に諮ってから決めていくという、それ以前のイングランドの歴代王と同じ手法で、行政も立法も進めていったのである。

征服王の跡目争い――海峡をまたいだ王の苦悩

こうしてイングランドに強力な権力基盤を築いたウィリアム征服王ではあったが、彼にも多くの悩みがあった。そのひとつが息子による反乱だった。ウィリアムには四人の息子があったが、若くして事故死した次男を除き、長男ロベールにはノルマンディなど大陸の領土を、三男ウィリアムにはイングランドをそれぞれ相続させることにした。しかし百戦錬磨の征服王からすれば、息子たちはまだまだ青二才に見えたのであろう。

いつまで経ってもノルマンディでの主導権を譲ろうとしない父親に、フランス王からの誘いを受けたロベールがついに反旗を翻した。ウィリアムの晩年は、こうした反乱を収めながら、海を隔てたイングランドとノルマンディの双方を必死に守ることに終始していった。そのウィリアムが一〇八七年に亡くなり、ロベールとウィリアム二世（在位一〇八七〜一一〇〇年）がそれぞれの領土を継承した。しかしここに問題が生じた。

　すでに述べたが、ノルマン征服以来、家臣たちは王自身と同じく大陸と島の双方に所領を持っていた。しかしノルマンディ伯（公）とイングランド王が同一人物ではなく、しかも両者が仮に敵対した場合にはいったいどちらにつけばよいのか。家臣の立場からすれば、征服王のときと同様に、両者が同じ人物であるほうが都合がよい。十字軍遠征に出かけた兄ロベールの留守中にあわよくばノルマンディをいただこうとしたウィリアム二世だったが、一一〇〇年八月に狩猟中の事故で突然あっけなくこの世を去ってしまった。

ヘンリⅠ世

　ここで動いたのが末の息子のヘンリであった。彼は元々父から相続する位も領土もなく、いずれかの兄の家臣になるつもりであった。ところが千載一遇のチャンスがここにおとずれたのである。世継ぎのいなかったウィリアム二世の死後、ヘンリはすぐさま王家の宝物が納められたウィンチェスタの国庫と首都ロンドンをおさえ、諸侯らの賛同を得てここにイングランド王ヘンリ一世（在位一一〇〇～三五年）として即位した。そして兄の死のわずか三日後には、ウェストミンスタ修道院で戴冠式まで済ませてしまったのである。
　ウィリアム二世の生前に、両者の間で不測の事態が生じた場合にはそれぞれの領土を継承する約束を済ませていた長兄ロベールは、これに激怒した。十字軍遠征から帰国後に、ロベールとヘンリはちょっとした小競り合いの後に手打ちをおこなったが、やはり二つの領土が別々の君主によって治められているという問題がしこりとして残り続けた。

実際に、ノルマンディでもイングランドでも、双方の君主が異なるときに限って各地で諸侯らの反乱が頻発していた。「二君に仕える」のを嫌う風潮は、古今東西変わらないのかもしれない。

そこで用意万端軍備を整えた後、ヘンリ一世が兄ロベールに戦争を仕掛けた。一一〇六年の戦いでヘンリは勝利を収め、ノルマンディの領主にも収まることになった。ロベールはこののち弟により生涯幽閉され、ヘンリが亡くなる前の年に八〇年の一生を閉じている。

このように、ノルマンディとイングランドの君主をほとんど「簒奪《さんだつ》」に近いかたちで手に入れたヘンリではあったが、父に似て用意周到で有能な君主であった。イングランド王位に即いた直後には、エドワード証聖王の姪と結婚し、彼女との間に生まれた長男ウィリアムはノルマンディ伯の宿敵であるアンジュー伯家から妻を娶り、さらに長女のマティルダは神聖ローマ皇帝ハインリヒ五世と、次女シビラはスコットランド王アレグザンダー一世とそれぞれ結婚させ、強力な同盟網を形成していったのである。

イングランド統治機構の形成

とはいえヘンリ一世にとっても、ノルマンディとイングランドを「海峡をまたいで」統治するのは至難の業であった。父ウィリアム征服王と同じく、ヘンリにとっても主要な領地はノルマンディであり、イングランドはあくまでも従属的な領土であった。征服王もそのイングランド王としての治世二〇年の間に、英仏海峡を実に一八度も渡ったとされている。

そこでヘンリはイングランドの統治はできるだけ重臣たちに任せ、自身はノルマンディに長逗留できるように、イングランドに確固たる統治機構を形作っていくことにした。

すでに一一世紀前半までに、イングランドには王の家政を取り仕切る部署や役職は形成されつつあったが、それが確立されていくのがこのヘンリ一世の時代となる。まずは君主の寝室を意味し、王の支出を管理する宮廷財務室（Chamber）。次に君主の私的礼拝堂を意味し、王の重要決定事項の企画・立案をおこなう尚書部（Chancery）。王の宝物・貨幣・重要文書を保管する宝蔵室（Treasury）。そして王の収入を管理する財務府（Exchequer）である。それぞれが長官や室長によって監督された。

ちなみにこれらの名称は二一世紀の今もかたちを少し変えて残っている。のちに最高裁長官の役割を果たした大法官（Lord Charncellor）。一八世紀からは首相が兼任するようになった第一大蔵卿（First Lord of the Treasury：第6章を参照）。そして現在でも宮内長官（Lord Chamberlain）や財務大臣（Chancellor of the Exchequer）が宮廷と政府を支えている。

ヘンリ一世がイングランドに不在であったときには、年に二回これらの長官や室長らが財務府に集まって会議を開き、行政や立法に関わる重要な話し合いをもった。また司法についても、このときまでに各地方を王の信頼する家臣が廻る巡回裁判が始まっていた。

こうしてヘンリ一世は、有能な重臣たちにイングランドの統治を任せ、自身は安心してノルマンディで統治をおこない、フランス王をはじめとする周囲の強敵たちから国を護ることができたのである。おかげで一一〇六年にノルマンディの領主を兼ねるようになってから、ヘンリはその治世の半分以上はノルマンディにいることができたとされている。

ところがうまくいかないものである。ヘンリが「海峡をまたいだ」統治を巧みに軌道に乗せた矢先に、後継者のウィリアムが英仏海峡での海難事故で命を落としてしまったのである（一一二〇年）。悲嘆に暮れたヘンリは、以後人前では二度と笑わなかったという。

とはいえ悲しんでばかりもいられない。王妃に先立たれたヘンリは若い妻をめとったが二人の間に子どもはできなかった。そこで白羽の矢が立ったのが長女マティルダだった。神聖ローマ帝国に嫁いでいた彼女は皇帝との間に子を宿すことなく、夫に先立たれていた。マティルダをイングランドに呼び戻したヘンリ一世は、家臣たちの前で彼女を王位継承者として宣言し、家臣らに忠誠を誓わせた。さらに大陸での宿敵アンジュー伯家の跡継ぎとマティルダを結婚させ、二人の間には待望の男子が誕生する（一一三三年）。偉大な祖父にあやかりこの王子も「ヘンリ」と名づけられた。

このように自らの没後のイングランドとノルマンディの統治に道筋をつけたヘンリ一世ではあったが、その死は意外にも早くおとずれた。孫のヘンリが生まれてからわずか二年後、一一三五年の一二月に、ヘンリ一世はノルマンディで崩御《ほうぎょ》した。六七年の生涯であった。ヘンリ一世はイングランドでもノルマンディでも家臣たちから慕われていた名君だった。首都ルーアンで執りおこなわれた葬儀には、二万人以上の人々が参列したといわれている。

内乱の果てに――ヘンリ二世の即位へ

ところが名君ヘンリ一世の死の直後、思わぬ展開が待ち受けていた。ドーヴァ海峡に面したブーローニュの所領でヘンリの訃報に接した甥（妹の子）のスティーヴンが、突如、イングランド上陸を決意したのである。彼は伯父ヘンリ一世の生前からたびたびイングランドの宮廷を訪れ、諸侯たちとも顔なじみであった。イングランドにほど近いブーローニュという地の利をいかし、スティーヴンはわずか一日でイングランド南東岸に到着した。

そこで彼はすぐさま財務府の置かれていたウィンチェスタに向かいここをおさえた。この町の司教はなんとスティーヴン自身の実弟（ヘンリ）であり、この弟の援護によりカンタベリ大司教をはじめイングランド宗教界のスティーヴン即位の支持を取りつけた。そして一二月二二日にスティーヴンは、ウェストミンスタ修道院で盛大に戴冠式を挙行したのである。

この知らせをマティルダはアンジューで聞くことになった。従弟《いとこ》の裏切りにはらわたの煮えくり返る思いをしたマティルダにとって、父の訃報に接したにもかかわらず、いつまでもアンジューでもたもたしていたのが災いした。父ヘンリ一世が先王ウィリアム二世の没後すぐに動いたのを見習ったのは、娘マティルダではなく、甥のスティーヴンだった。

とはいえ、マティルダはイングランドに里帰りしてから一〇年ほど経っており、その間にたびたびおこなわれた祝祭時に父ヘンリ一世の面前で、家臣たちはみな「次期女王」としてマティルダに忠誠を誓ったはずである。そのなかにはスティーヴン自身の姿もあったのだ。どうやら彼女は当時の資料などからも、かなり「高慢な」女性であり、父王の目の前では忠誠を誓ったイングランド諸侯ではあったが、内心彼女のことをかなり嫌っていたようである。しかもアンジュー伯に嫁いでからは、イングランドにめったに姿を現さなくなり、むしろスティーヴンのほうがイングランドの宮廷では人気が高かった。

さらにここに「海峡をまたいだ」王国イングランドの特性があらわれた。「二君に仕える」ことを嫌ったノルマンディの諸侯たちもスティーヴンを主君として容認することになったのである。ノルマンディでは元々が南隣の宿敵アンジュー伯家とたびたび軍事的に衝突を繰り返してきたという歴史的な経緯も手伝った。マティルダを主君に迎えたら、その夫のアンジュー伯が実質的には自分たちの君主になってしまう。

ここにイングランドとノルマンディの君主に即いたスティーヴンの一派とマティルダをあくまでも支持する一派との間で壮絶な内乱（一一三五～五三年）が始まった。当初は、スティーヴンの側が優勢を保っていたが、やがてマティルダの側が巻き返していく。スティーヴンは有能な司令官ではあったが、伯父ヘンリ一世に代表されるようなノルマン王朝の王に特徴的な図太さを備えていなかったようだ。しかも領主になったはずのノルマンディには、一九年の在位期間中（一一三五～五四年）に一度（一一三七年）しか訪れたことはなく、ノルマンディ諸侯らの忠誠心もこれでは雲霧消してしまっていた。

マティルダは一一四一年から優勢に転じたが、夫がノルマンディの支配権を得たにもかかわらずこの勝利を巧みに維持できず、その後一二年も内乱を長引かせてしまったのである。これ以後、イングランドには「女性では君主はつとまらないのではないか」という疑念が生じたともいわれる（第4章一二一頁を参照）。

スティーヴンは王にとどまり、彼の死後にマティルダの長男ヘンリが継承することで内乱は幕を閉じた。スティーヴンは内乱終結の翌年に死去した。ヘンリが王となったイングランドは広大な所領を獲得しているものの、この後さらなる試練が降りかかるのである。

第3章

「帝国」から弱小国へ（中世）

アンジュー帝国の形成

スティーヴン派とマティルダ派による長い抗争ののち、一一五四年一二月にマティルダの長男ヘンリ二世（在位一一五四～八九年）が、ここにイングランド王としてウェストミンスタ修道院で華やかな戴冠式を挙行した。第1～2章でも見てきたとおり、イングランドでは王位継承争いが絶えなかったが、ヘンリの即位はここ一世紀の間でも最も平穏に実現できた。内乱で疲れきった諸侯らの事情とともに他に強力な競合相手もおらず、母方からはアルフレッド大王以来の血筋を引くその正統性も揺るぎないものだったからである。

しかもヘンリ二世は単なるイングランドの支配者ではなかった。即位する三年前に父が亡くなり、彼はすでにアンジュー伯にしてノルマンディ伯（公）の称号をフランス王ルイ七世から認められていた。さらにそのルイと離縁したアリエノールと一一五二年に結婚し、彼女が相続したフランス南西部に拡がる広大なアキテーヌ公領もヘンリのものになっていた。そしてフランス北西端のブルターニュも支配下に収め、いまやフランス王国の西半分がヘンリ二世の領土となっていたのである。

イングランド王に即位するや、ヘンリ二世の最初の課題は内乱中に失われた領土を回復することとなった。スティーヴン派とマティルダ派が闘争に明け暮れているさなか、周辺の王侯らがイングランド領を次々とかすめ取っていたのだ。まずは北部のカンバーランド、ウェストモーランド、ノーサンブリアである。内乱中にスコットランド王に奪われたこれらの土地は、一一歳で王となった幼いマルカム四世に圧力をかけて返還させた。

続いてウェールズの諸侯らにゆさぶりをかけるため、ヘンリ二世は遠征（一一五七～六五年）に乗り出した。しかし山がちの地形をいかしたゲリラ戦法と夏の豪雨に慣れておらず、さすがのヘンリもかなり手こずった。むしろ遠征後には、ウェールズ諸侯に対して穏健な政策を示すことで影響力を強めていった。さらに一一六九年からは隣島アイルランドへの遠征が開始され、ヘンリ自身も七一～七二年に海を渡って自ら軍を指揮した。

アンジュー帝国地図

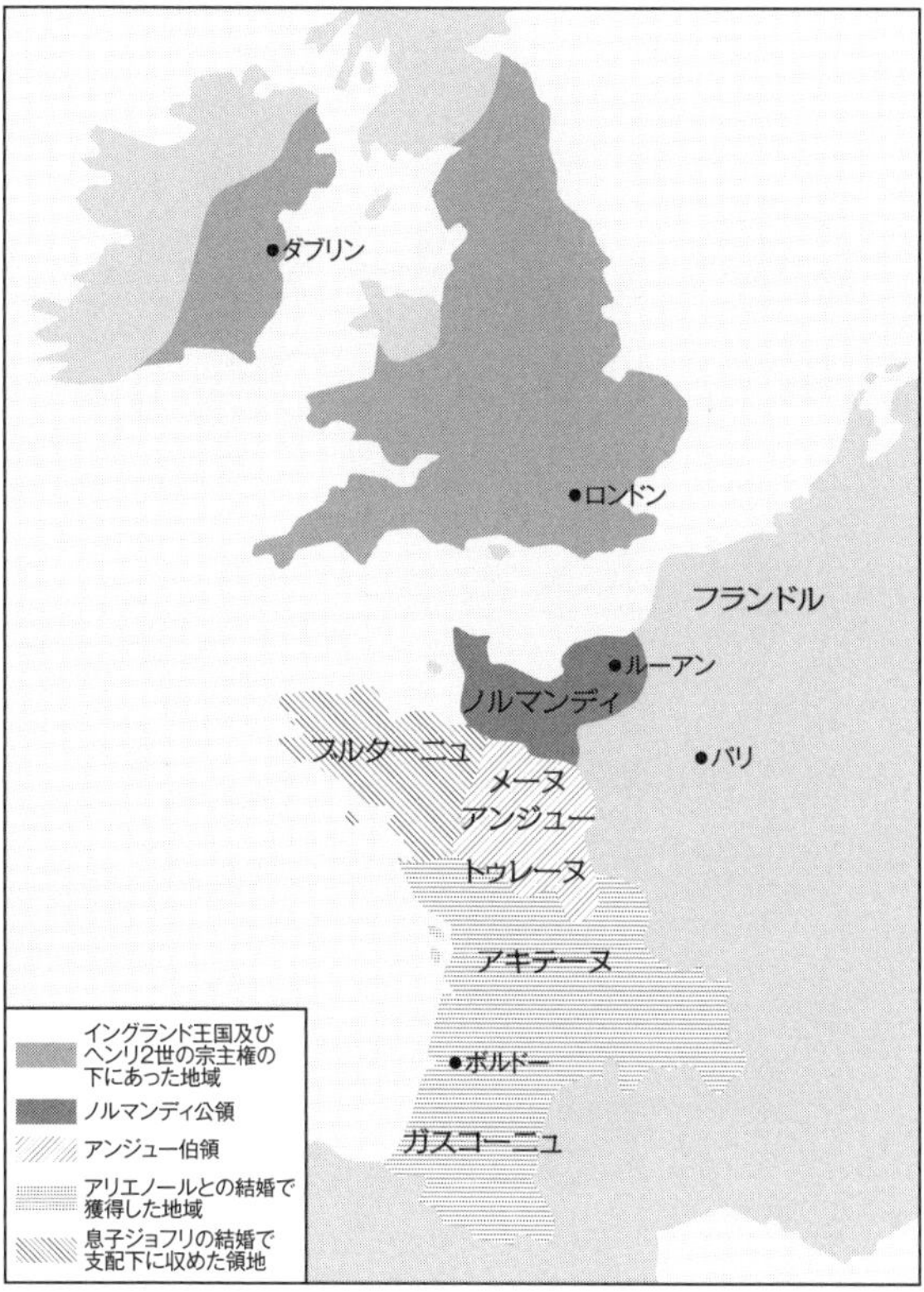

　こうしてヘンリ二世は、北はスコットランドとの国境地帯から南はピレネー山脈にまで至る広大な土地をその影響下に置くこととなった。それは神聖ローマ皇帝をも凌ぐ財力を

生みだし、パリ近郊のわずかな土地しか支配していなかったフランス王の存在を霞ませてしまうほどの勢力であり、のちの世に「アンジュー帝国」と呼ばれるまでに至った。

その名のとおり、ヘンリ二世が拠点に据えたのは父から引き継いだアンジュー伯領であり、シノン城から帝国全体を支配しようと試みた。このため祖父ヘンリ一世が残してくれた統治機構をフルに活用するとともに、このときまでに司法・行政・財政に関する中心機関となっていた財務府を行政長官(Chief Justiciar)に任せ、内乱中に諸侯に奪われた国王裁判権も復活させた。そしてこれだけの広大な帝国である。この頃大陸で近隣の諸侯たちと戦争中だったがイングランドの諸侯を大陸に動員するのは契約では四〇日までと定められており、これではまともな遠征などできない。そこで元々は殺し合いを避けたい聖職諸侯のために設けられていた「軍役代納金」(scutage)を世俗諸侯にも適用し、これを大規模に集めて傭兵を募っていった。

さらに諸侯らに課税を要求する際には、古来からの賢人会議に相談し、それはフランス語で「パルルマン」(Parlement)と呼ばれるようになった。ヘンリ二世はその三四年の治世のうち、実に二一年以上もの期間を大陸で統治や遠征に充てることができたのである。

「帝国」の解体

アンジュー帝国はその広大さもさることながら、様々な意味で豊かな帝国でもあった。アキテーヌの農作物やワイン、アンジューの塩、そしてイングランドの毛織物などが幾多の川や海を渡って帝国全土で取引された。川を伝って繁栄をもたらしたのは経済だけではない。当時最先端の学問や芸術、文学や建築、音楽なども帝国全土へと拡がった。

とはいえ「帝国」とは名ばかりのもので、ヘンリ二世がこの広大な領土をひとつにまとめていたわけではなかった。それぞれの王国や公領、伯領は各地の慣習や法によって治められ、ヘンリもそれに従って各地の諸侯らに対応しなければならなかった。こうした分権的な性格が、やがて「帝国」の弱さを露呈することになっていく。その原因を作ったのが、曾祖父ウィリアム征服王も味わわされた、息子たちによる反乱だった。

曾祖父と同じように、ヘンリ二世も長男ウィリアムが早世した後に、次男ヘンリにアンジュー、ノルマンディ、イングランドを、三男リチャードにアキテーヌを、四男ジェフリにブルターニュをそれぞれ分割相続させることに決めた。ところがこれまた曾祖父と同様に、ヘンリ二世はまだ若い息子たちにそう簡単に主導権を渡すつもりは

プランタジネット朝系図①

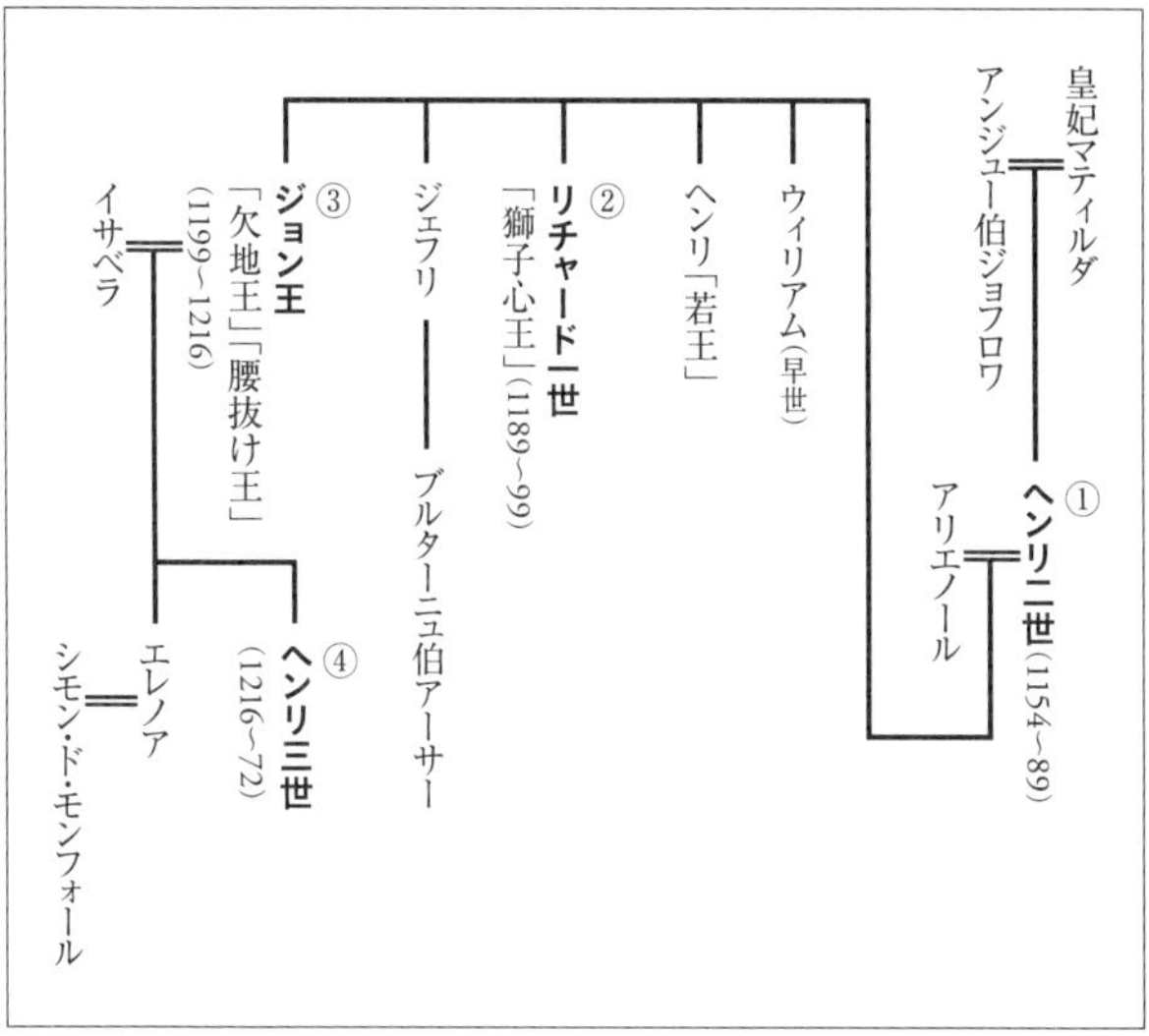

なかったのである。ここに再びフランス王が介入してくる。しかもこのたびは一五歳という若さで即位したのに似合わず、老獪《ろうかい》な策略家として知られたフィリップ二世であった。

フィリップはそもそも自身がカペー王家の長でありながら、広大な領土を背景にまるでフランス王のようにふるまうヘンリ二世に我慢がならなかった。対するヘンリのほうも、フィリップがちっぽけな領土しか持たぬ若造（ヘンリの息子たちと同世代）のくせに、大陸にいるときには常に臣従礼でひざまずかされる「屈辱」に嫌気がさしていた。

ここにフィリップの誘いに乗り、「自立」を図った次男ヘンリ（若王《ヤング・キング》と呼ばれた）が他の兄弟やなんと母アリエノールなども誘って父ヘンリ二世に反乱をしかけてきたのだ。さらに若王が一一八三年に急逝すると、相続する所領がなく「土地なし」（Lackland）の子と呼ばれていた末男ジョンにアキテーヌを相続させようとしたヘンリ二世と三男リチャードが衝突する。このような妻や子らの反乱に悩まされながら、一一八九年に老王ヘンリ二世はシノン城で寂しくこの世を去った。

後を襲ったのがリチャード一世（在位一一八九～九九年）である。しかし彼は厳密には「イングランド王」になりきれなかった。英語の本場ともいうべきオクスフォードで生まれながら、彼は日常ではフランス語を話した。さらに一五歳でアキテーヌ公爵に叙されてからは南西フランスの同地に滞在し続け、イングランド王に即《つ》いた直後には第三回十字軍に従軍し、一路イェルサレムへと向かってしまう。そしてこのときドイツ系の諸侯と対立し、帰路にリチャードは神聖ローマ皇帝によって捕虜とされた。しかもその莫大な身代金をイングランドの諸侯らに支払わさせたのである。

この間に狡猾《こうかつ》なフランス王フィリップ二世がノルマンディを占領するなどの事態に発展したが、

釈放されて短期間イングランドへと戻ったリチャード一世は、すぐさま大陸に遠征に出かけ、その卓越した軍事力と巧みな外交により、一一九八年までにはすべての領地を奪回した。その武勇から「獅子心王」（仏語でCœur de Lion）と呼ばれたリチャードではあったが、相次ぐ遠征や莫大な身代金の支払いなどで、その実「帝国」の崩壊を早めてしまったのだ。一一九九年四月に戦闘での怪我がもとで獅子心王はあっけなく急死した。

鹿狩りを楽しむジョン王

マグナ・カルタ（大憲章）

嫡子のいなかったリチャードの後継者には、本来であれば亡き次弟ジェフリの遺児アーサーが即くところであったが、一二歳と幼い彼ではなく、アーサーの叔父にあたる末男のジョン（在位一一九九～一二一六年）が、パルルマンの推挙によりここに王位を継いだ。「土地なし」の末男ジョンがいきなり「帝国」を継承したのである。すぐに彼は世継ぎを残そうと、子どものできなかった先妻を離縁し、アングレーム伯家のイサベラと再婚する。しかしこの結婚問題に加え、甥ジェフリの謎の死（一二〇三年）の真相を究明しようと、またもや乗り出してき

ヘンリ2世（左）とベケット（中央）

たのがフランス王フィリップ二世であった。
　フィリップから国王法廷に再三呼び出しを受けたジョンはこれを拒絶し、一二〇三年にフィリップはついにノルマンディ、アンジュー、メーヌ、トゥレーヌ、ポワトゥーなどに侵攻し、あっという間にこれらを占領してしまった。ジョンはすぐさま軍を率いて奪回に乗り出すがあえなく失敗してしまう。
　しかも運の悪いことに、このときジョンが対峙しなければならなかったのは、「尊厳王《オーギュスト》」と呼ばれるまでになったフィリップだけではなかったのだ。カンタベリ大司教という高位聖職者の叙任権をめぐり、ローマ教皇インノケンティウス三世とも衝突し、ジョンは一時破門された。父ヘンリ二世も教皇庁とは敵対し、ベケット暗殺事件（一一七〇年）も引き起こしているが、当時のヨーロッパでは教皇を敵に回すと厄介なことが多かった。最終的にはジョンも教皇と和解し、満を持してフランスへの遠征に乗り出した（一二一四年）。
　ところがまたもやジョンはフィリップに敗退してしまう。そこでジョンはさらなる遠征費を捻出しようと、パルルマンの諸侯らに軍役代納金の支払いや課税まで要求した。ここでついに諸侯《バロン》たちの怒りが爆発した。ジョンはこれまでも、過重な軍役代納金を諸侯らに要求し、諸侯らに相談のない重税を課してきていたのである。事態は内乱に発展した。

ジョンにとって不運だったのは、ウィリアム征服王の来島から一五〇年もの歳月が経つうちに「海峡をまたいだ」支配にも変化がおとずれていたのである。確かに当初は歴代の王とともに同じく海峡をまたいで英仏の所領を守っていた諸侯らであったが、一世紀以上経つうちに諸侯も島と大陸とで「在地化」してしまい、ノルマンディとイングランドそれぞれが本家と分家のようなかたちで枝分かれしていたのだ。イングランドの諸侯らは、もはや自身たちの領地ではなくなったノルマンディの土地を「奪回」するために、王に従うことも、また金を出す気もなかった。

さらに北西部の所領がフィリップにより奪われた後、同地からイングランドに亡命してきた「フランス人」諸侯がジョンの取り巻きとなっていたことも、イングランドの諸侯には目障りだった。もはやジョンの時代には、英語を話し、イングランドのために政治をおこなうのがイングランド王や諸侯の責務と考えられるようになっていたのである。

こうして一二一五年六月に諸侯らはのちに「大憲章」（Magna Carta）と呼ばれる王への要求を突きつけることになった。その内容は、諸侯に相談のない課税や軍役代納金を禁じ、諸侯や都市の権利を守り、重要な決定をおこなう際にはパルルマンの召集を義務づけるというものだった。もちろんフランス人の「悪しき取り巻きたち」の追放もそこには盛り込まれていた。

のちにイギリス憲法の源流とも呼ばれるこの文書の要求を、軍事的に劣勢に立っていたジョンは一時は認めたのだが、すぐにこれを破棄し、イングランドは再び内乱に突入した。そのさなかの一二一六年一〇月にジョン王は突然この世を去ることとなる。

議会政治のはじまり

ジョンの後を継いだのは、まだ九歳になったばかりの長男ヘンリ三世（在位一二一六〜七二年）だった。即位の翌年夏までに内乱は国王側の勝利で終わったが、父とは異なり、よき側近たちに恵まれたヘンリは、諸侯との協調路線を採ることとなった。パルルマンも、この頃までには「諸侯大会議」と呼ばれ、一二三〇年代半ばまでには英語で「Parliament」（パーラメント）と表されることになる。今日の「議会」という言葉の語源である。

マグナ・カルタ

即位から最初の一〇年間で二五回の諸侯大会議が開かれ、マグナ・カルタなどが再確認される見返りとして、諸侯は王の遠征費や借財返済のための課税を認めることになった。また一二三五〜五七年の間には計四六回の大会議が開かれ、ヘンリ三世はイングランド王としての自覚を強めていく。父ジョンのときに喪失したフランス北西部を奪回する夢はまだ持ち続けていたが、結果的に彼は五六年に及ぶ治世の間、いまだ領有していたフランス南西部

（アキテーヌ）などの海外に滞在したのはわずか四年ほど（治世の八％）にすぎず、同じヘンリでも祖父のヘンリ二世（治世の六〇％は海外にいた）とはまったく違っていた。

またこれまではノルマンディに行きやすいウィンチェスタが政治の要衝とされていたが、フランス北西部を失ってからはむしろロンドン対岸のウェストミンスタが重視される。熱心なキリスト教徒であったヘンリは修道院の再建を進める一方、隣接するウェストミンスタ宮殿を諸侯大会議の開催場所に選び、これが現在の国会議事堂の起源となるのである。

このように治世の前半までは議会（諸侯大会議）と協調しながら政治や外交を進めてきたヘンリであったが、一二五〇年代に入り急に風向きが変わり始めた。きっかけは次男エドマンドの処遇であった。ヘンリには王妃との間に二人の息子がいたが、自分の後は長男のエドワードが引き継ぐとして、次男のエドマンドには何も残してやれない。ヘンリ二世が築いた「アンジュー帝国」はもはや幻想のかなたに消えてしまっているのだ。

ここでエドマンドをシチリア国王に推したいと打診してきたのが、ときのローマ教皇であった。叙任権闘争を繰り広げた父とは異なり、教皇に従順だったヘンリはこの話に飛びついた。しかし当時のシチリアは神聖ローマ皇帝の私生児が支配していた。シチリアをめぐる争いは、この当時の教皇派と皇帝派の対立の一環に過ぎなかった。このような対立に巻き込まれることに対して、イングランド諸侯はもちろん大反対であった。

ここでヘンリ三世はそれまでの政策を覆し、議会に相談することなくいくつかの政策を進めたり、父王のように外国人の取り巻きと勝手に統治を進めたりと、諸侯らと真っ向から衝突することになった。そこへこのシチリア遠征のための課税要求である。一二五八年六月、オクスフォードで開かれた議会では国王の義弟（妹の夫）レスタ伯シモン・ド・モンフォールら改革派の諸侯により、ひとつの覚書が作成された。諸侯が重要な政策決定に関与でき、公正な裁判をおこなうことなどが盛り込まれた「オクスフォード条款《じょうかん》」がそれである。

この条款には、議会を毎年最低三回は開き、重臣からなる国王評議会と連動して、この二つの組織を公共政策決定の会合として定着させる意図が見られた。こののち彼ら改革派と国王派との間で抗争が生じたが、一二六五年に俗にいう「シモン・ド・モンフォールの議会」が召集され、聖俗諸侯や各州・各都市から代表二名ずつが参加し、自らの権利を訴えた。モンフォールはその後戦死したが、彼の遺志は国王の政策にも反映され、ヘンリ三世治世末期には再び議会に課税の承認を請うという場面が見られるようになるのである。

エドワード一世と模範議会

中世で最長の五六年に及ぶ治世を終え、ヘンリ三世は一二七二年に亡くなった。後継のエドワード一世（在位一二七二〜一三〇七年）が父の訃報に接したのは、第八回十字軍の遠征からの帰路に立ち寄ったシチリアでのことだった。こののちエドワードはパリのフランス王に臣従礼をおこない、ガスコーニュ（アキテーヌ）で政務を執った後にイングランドに帰国した。彼は一二八六〜八九年に再びガスコーニュに宮廷を構えたが、イングランド王がここで執務をおこなったのはこのときのエドワード一世が最後の事例となる。

エドワードは、父ヘンリの時代に開設された「国王評議会」（King's Council）を重用し、尚書部長官や財務府長官といった国家の重臣や高位聖職者をメンバーにした。彼らの多くが議会の主要メンバーでもあり、以後は議会と評議会を連動させながら重要な政策が決められていった。エドワード自身が戦闘で討ったシモン・ド・モンフォールの精神が、皮肉にもエドワード一世の統治に引き継がれたわけである。

　エドワードが議会を重視しければならなかったのには理由があった。ノルマン征服以来、国王の土地は聖俗諸侯に徐々に与えられており、王領地はわずかしか残っていなかった。ヘンリ一世の時代には、国王収入に占める王領地や巡回裁判費など封建的な収入は実に八五％を占めていたのだが、エドワード一世のときにそれは四〇％以下にまで減少していた。裏を返せば、ヘンリ一世の時代には税収は全体の一三％程度で済んでいたが、エドワードは国王収入の半分以上を税収に頼らざるを得なくなっていたのである。

エドワードⅠ世による議会

　軍役代納金や特別賦課税などを集めるのは、本章でも見たとおり、歴代国王たちも苦労している。エドワードは羊毛関税や教会課税を担保に、当時のヨーロッパ経済を牽引していたイタリア商人から多額の借り入れをおこないもした。しかし羊毛関税導入には議会の、教会課税にはローマ教皇庁の許可がそれぞれ必要だった。

このあと詳述するとおり、エドワード一世はその治世の後半をフランス、ウェールズ、スコットランドとの戦争に充て、イングランドの勢力拡大に腐心した王である。こうした遠征費は税に頼る以外になく、そのために王は議会を召集した。こうした各地域での戦争が相次いだ一二九四～九八年には、エドワードの要した軍事費は七五万ポンドにまで膨れ上がっていたとされている。それは当時の国王財政（年間六万ポンド）の一二年分以上の額に相当する。これではとても封建的な諸課税や羊毛関税だけでは足りない。

こうして一二九五年一一月に召集されたのが、のちの世に「模範議会」（Model Parliament）と呼ばれる議会である。このときまで議会のメンバーとして固定化されていた、聖職諸侯（大司教・司教・大小修道院長）と世俗諸侯（伯・諸侯）、さらにマグナ・カルタに取り決められた「課税と地方の代表権」に従って、各州から二名ずつの騎士（Knight）、各都市から二名ずつの市民（Burgess）が参加し、これに各教区の代表による聖職者会議が合同するかたちで、イングランドの各界を代表する人々が一堂に会したのである。

こうしてその後のイングランド（イギリス）議会の「議員《メンバー》」として定着していく代表が、この模範議会のときまでに明確になった。特に騎士や市民らは、実際に王のために各地で税を集める張本人たちであり、これ以後彼らはほぼ毎回議会に招かれていくことになる。とはいえ模範議会は王との間で諸事にわたりもめることになったが、エドワードは祖父や父とは異なり、外国人の取り巻きに翻弄されることなく、議会と正面から向き合った。

ウェールズ大公の起源

当時のイングランド人の平均身長を大きく上回り、一説には一九〇センチほどあったため「長脛王」（Longshanks）の異名を取ったエドワード一世は、好戦的な王でもあった。さらに彼が王位に即《つ》いていた一三世紀末の段階では、イングランドには五〇〇～七〇〇万の人口がいたとされ、同じブリテン島内のスコットランド（五〇～一〇〇万人）とウェールズ（二五万人）の人口を大きく上回っていたと考えられる。長脛王はその力を背景にブリテン島での支配権を拡げようと計画する。

まずは西端のウェールズである。第1章（四一頁）で見たとおり、ウェールズは複数の部族が群雄割拠していたなかで、一三世紀半ばまでには北西部に拠点を置くグウィネッズが最有力となり、「大サウェリン」の孫にあたるサウェリン・アプ・グリフィズが一二六七年にイングランド王ヘンリ三世から「ウェールズ大公」（Prince of Wales）の称号を認められるに至った。しかしこのときヘンリは、フランスとの条約で大陸における領土の大半を失った直後のことであり、島内でも問題を起こしたくないとの配慮からこの称号を与えたのであろう。

ヘンリの息子である長脛王は違った。フランスとの関係が平穏なうちに、エドワードはウェールズ討伐に乗り出すことになる。特にサウェリンが父ヘンリ三世には臣従を誓ったのに、エドワードの代になると王の召集を二度も無視し、イングランドから自立するような構えを見せたことが決定打となった。

ウィリアム征服王の時代以来、歴代のイングランド王たちはウェールズに対する宗主権を主張したものの、軍事的にも行政的にも持続的な統御をおこなえるような状況にはなかった。王たちはウェールズの近辺を任せる辺境伯に侵攻を託し、直接的にはウェールズの支配に関わっていなかったのである。

ところが長脛王は、一二七六年にサウェリンを公式に反逆者と宣言し、翌七七年夏から一万五〇〇〇人以上の兵を引き連れて自ら遠征にあたった。さすがのサウェリンも後退し、ウェールズにイングランド王領が次々と作られ、数多くの砦も建設された。こののち王による遠征は数度にわたり、その過程で長脛王はイングランドと同じく「州制」をウェールズに導入するとともに、イングランド流の行政・司法・軍事組織を築いていったのである。

こうしたイングランドによる「直轄支配」にウェールズの諸侯らは怒り、サウェリンを担いで反乱を起こした。しかしそのサウェリンが一二八二年暮れに戦死するや、ウェールズ諸侯らの勢いも急速に衰えを見せていった。その後も長脛王は、たびたび生じた比較的小規模な反乱を鎮圧する一方で、ウェールズの至る所に城砦を築かせ、兵士だけではなく、建築家、職人、労働者たちをもイングランド中から集めて向かわせた。

そして一三〇一年、長脛王は長男エドワードを「ウェールズ大公」に公式に叙した。彼は生まれた直後にこの称号を贈られていたが、一七歳になったこの年に正式に大公に即いたのである。こののち歴代イングランド王の長子（皇太子）はウェールズ大公に叙せられるのが慣例となり、現在のチャールズ皇太子まで二一人の大公が存在し、そのうち一五人がのちに王となっている。

エドワード一世はこうしてウェールズでも「ノルマン征服」を実現したといえようか。ただし遠征を開始してから長男を大公に叙すまでの間（一二七七〜一三〇一年）だけで、城砦建設費などが七万ポンド以上かかっており、議会に増税の承認を仰がねばならなかった。

スコットランドの「独立」

次はスコットランドの番である。ウェールズとは異なり、スコットランドにはすでに正式な王がいた（第1章三八頁参照）。ところが長脛王にとってここに僥倖《ぎょうこう》ともいうべき事態が生じたのだ。ダンカン王以来の血筋を引くスコットランド王家の直系が断絶したのである（一二九〇年）。そこでスコットランドの聖俗諸侯らは、イングランド王エドワード一世に助けを求めてきた。一二九一年夏に長脛王を司会者とする「大訴訟《グレート・コーズ》」といわれる法廷が開かれ、ここで最終的に王家の血を引く者のなかからジョン・ベイリアルが王に選ばれた。

この騒動のなかで、長脛王は自らを「上級領主」と宣言し、スコットランドの宗主権も強引に認めさせた。このの後ち長脛王はスコットランドの内政に干渉し始め、一二九四年には対仏遠征に協力するよう要請してきた。これに反発したスコットランド王ジョンは、逆にフランスと同盟を築き、長脛王を牽制した。その後一五六〇年まで、二六五年の長きにわたって続くことになる両国の「古き同盟」（Auld Alliaunce）のはじまりである。

激怒した長脛王は一二九六年にスコットランドに侵攻し、瞬く間に制圧した。ジョンは強制的に退位させられ、王冠など王の表象はすべて奪われた。なかでも衝撃的だったのは、歴代のスコットランド王が戴冠の折に使用してきた「スクーンの石」までイングランドに持ち去られ、ウェストミンスタ修道院のエドワード王の椅子にはめ込まれたことであろう。

これに激昂《げきこう》したのがスコットランドの人々であった。平民出身のウィリアム・ウォレスの巧みな戦術により、一二九七年九月にはスコットランド中央部のスターリングの戦いでウォレス軍はイングランド軍を敗退させた。フランス遠征中にこの敗戦を聞いた長脛王は急いでブリテン島に戻り、翌九八年七月には自ら兵を率い、ウォレス軍に壊滅的な打撃を与えた。一三〇五年にウォレスはロンドンで処刑されるが、ここで立ち上がったのが王家の血を引くロバート・ブルースであった。翌〇六年三月に、彼は「ロバート一世」としてスクーンでスコットランド王として戴冠式を挙行した。

長脛王はロバート討伐のため北上したが、一三〇七年三月イングランド北部カーライル近郊で赤痢のため急逝した。六八年に及ぶ波乱の人生であった。

武勇に優れた長脛王を継いだのは、優柔不断なエドワード二世（在位一三〇七～二七年）だった。彼は父がこれまで築いたスコットランドへの足がかりをすべて放棄し、軍に引き上げを命じた。長脛王とともに戦った諸侯らがこれに反発したのはいうまでもない。逆にロバートの側はスコットランド南部を取り戻し、イングランドへの侵攻をうかがうまでに立場を逆転させていった。

エドワード二世は内政でも父とは逆の方向に向かった。ガスコーニュ出身の寵臣を重用し、国王評議会や議会を蔑《ないがし》ろにしたのである。諸侯らは議会に武装して集まり、寵臣の追放を王に迫るまでに事態は深刻化した。

こうした内紛に乗じて、スコットランド軍はロバートの下に結集した。国内での不人気を解消する目的からも、エドワード二世は自ら二万の大軍を率いて北上したが、一三一四年六月バノックバーン（スターリング近郊）で一万にも満たないロバート軍と激突し、大敗を喫してしまう。こうしてロバート一世（在位一三〇六～二九年）はスコットランドをイングランドのくびきから解き放った。イングランドが正式に彼をスコットランド王と認めるのは一三二八年のことであるが、その頃までエドワード二世は苛酷な運命の下にあった。

二院制議会のはじまり

バノックバーンで大敗を喫したエドワード二世の人気は、その後も下降線をたどり続けていった。本章で記したこれまでの歴史を眺めてもおわかりのとおり、国王評議会と議会という二つの組織が確立されていたにもかかわらず、王はあまりに頑なに寵臣政治にこだわっていたのである。そのツケは、フランス王家から嫁いだ王妃イサベルとその愛人らを中心とする宮廷クーデタとなってあらわれた。一三二七年一月、王は廃位させられ、その後秘かに処刑されてしまう。

ここに新たに王位に即いたのが長男のエドワード三世（在位一三二七～七七年）である。まだ一四歳という若さではあったが、父よりずっとしっかりしており、頭脳明晰で度胸にも長けた人物だった。三年後には母イサベルと愛人を追放・処刑し、王は親政を開始した。

若きエドワードが反面教師としたのはもちろん父王だった。彼は国王評議会と議会を尊重したので、議会はエドワード三世時代に王による課税への同意と国民からの請願活動とに大きな役割を果

エドワード3世

プランタジネット朝系図②

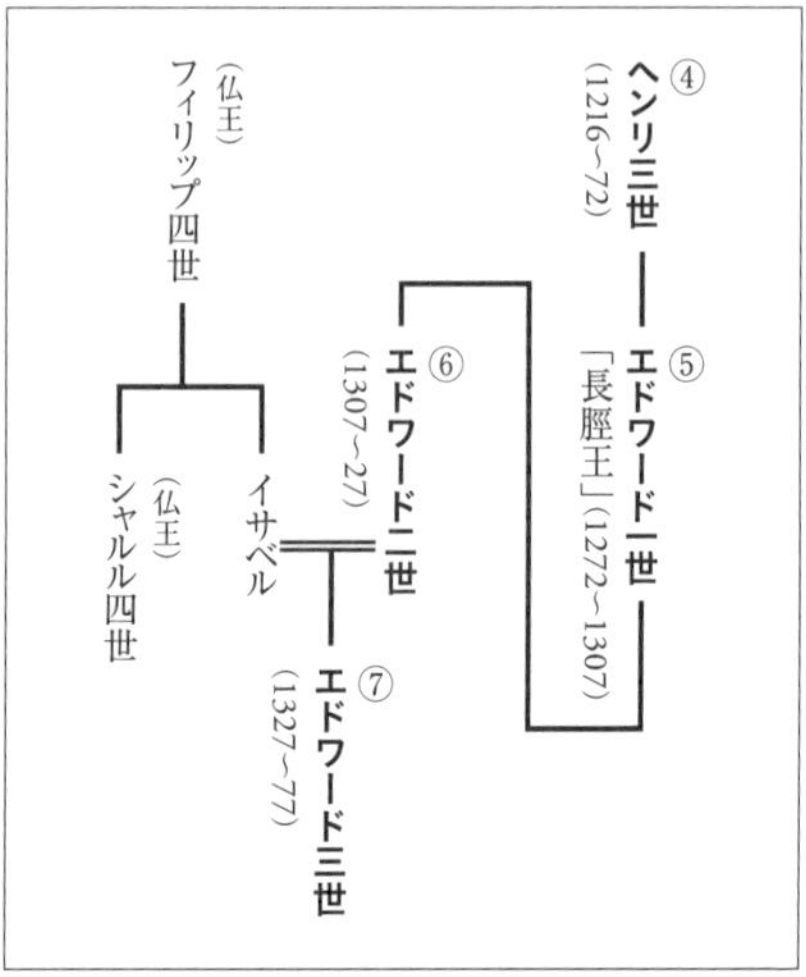

たし、今後もイングランド政治になくてはならない機関となっていく。この時代には王も大臣たちもロンドンとウェストミンスタに完全に拠点を置いた。エドワード三世の治世の大半の時期（一三三九〜七一年）に召集された計三一回の議会すべてがウェストミンスタ宮殿で開催され、尚書部、財務府、法廷のすべてがロンドンに移された。

いまやロンドンは行政、司法、商業、社会、文化の中心地となり、テムズ川対岸のウェストミンスタは立法の殿堂となっていた。このウェストミンスタの議会は、この時代から二院制に移行する。議会は王からの課税要求を審議するだけではなく、各州や各都市からの請願を届け、それを審議する役割も果たしていた。そして主に請願を審議するのは上層の人々からなる「貴族院」（House of Lords）、各地を代表して請願を議会に届ける役目は「庶民院」（House of Commons）がそれぞれ担うようになっていったわけである。

それまでは伯《アール》と諸侯《バロン》に分かれるのみであった貴族も、エドワード三世時代には五つの爵位に固定化し、それは上から公爵（Duke）、侯爵（Marquess）、伯爵（Earl）、子爵（Viscount）、男爵（Baron）となった。これに大司教や司教、大修道院長ら高位聖職者が加わり、貴族院を構成した。彼らの多くが大土地所有者であった。

これに対して、元々は「諸共同体《コモンズ》」という言葉に由来する庶民院のほうは、各州を代表する中小地主の騎士や、各都市を代表する商工業階級によって構成されていく。一三七六年には庶民院を統轄する「議長」（Speaker）も選出されるようになった。

さらに、ジョン王がノルマンディなどフランス北西部の所領を喪失してからは、すでに述べてきたように、「英語」がこの国の支配階級にとって公式の言語へと徐々に変わっていった。イングランドに生まれ育った者の多い庶民院はもとより、フランスとゆかりの深い諸侯がいる貴族院でも英語が日常語となり、一三六三年から議会で使われる言語は英語へと定着していく。

これまでの章でも見てきたとおり、イングランドでは王位継承争いが絶えず、そのたびに賢人会議が重要な役割を演じてきた。また「海峡をまたいで」所領を守る王の時代が続き、そのぶん遠征費も大陸の王より余計にかかっていた。そのための課税の同意を取り付ける機関として議会が大きな発言力を有するようになっていた。一〇世紀末から一四世紀初頭まで王位継承でもめることのなかったフランスと比較して、イングランドは王権に対し、議会の力が相対的に大きくなっていた理由がここにある。

英仏百年戦争へ

しかし「カペー家の奇跡」とも呼ばれたそのフランス王家でもついに直系の男子が絶え、一三二八年にカペー家の分家がヴァロワ王朝を形成する。

この時代は地球全体の寒冷化にともない、各地で飢饉、貧困、疫病などが蔓延し、それが戦争や反乱へとつながっていった。ユーラシア大陸の東端でも元から明へと王朝が交代し、日本では鎌倉に替わり室町に幕府が開かれた。これらはみな「一四世紀の危機」の時代の出来事だった。ユーラシア大陸西端のイングランドやフランスでも一四世紀前半から不作が続き、飢饉と伝染病とで農業労働者が減少し、穀物価格の高騰が続いた。

こうしたなかでヴァロワ王家が目をつけたのが、イングランド王家が領有している南西部のアキテーヌ公領だった。特にボルドー産のワインがもたらす関税は、一四世紀初頭には半世紀前の二〇倍（六〇〇〇ポンド）にまで膨れ上がっており、これをめぐってエドワード一世時代には英仏戦争が生じていた。ヴァロワ家の王もこれに目をつけたのだ。さらに英仏両王家はネーデルラントでの商取引に関わる関税問題でももめていた。

ついにカペー家直系（母イサベルがカペー家の王女）を自認するエドワード三世が、自分こそがフランス王にふさわしいと宣言し、ここに英仏間に新たな戦争が勃発した。それは幾度もの戦いと停戦を繰り返し、最終的には一五世紀後半まで続くことになる。のちの世に「英仏百年戦争」と呼ばれる大戦争である。

1360年当時のフランス内イギリス領

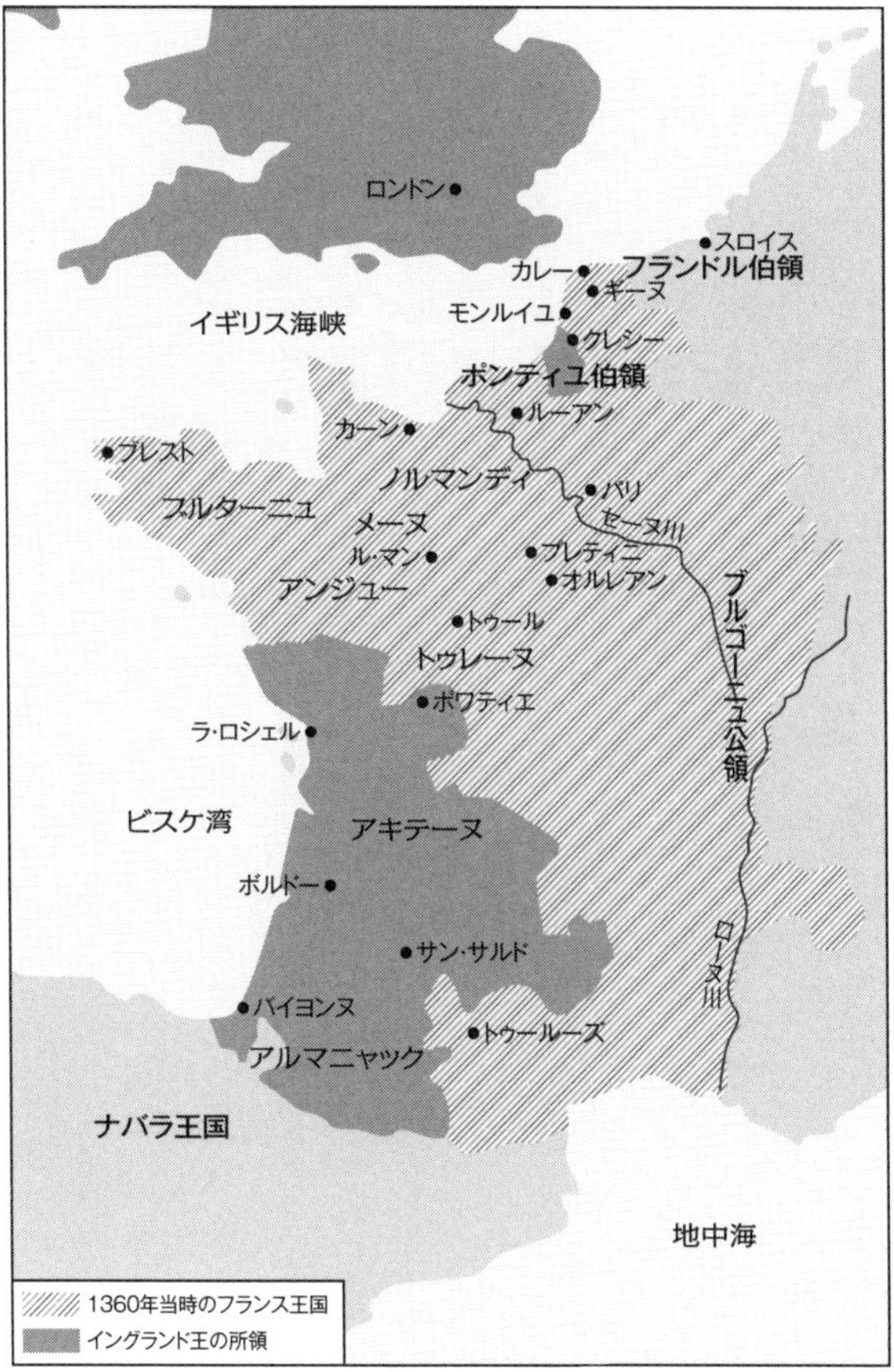

当初は戦場はフランス北部に限られ、エドワード三世もフランスの王位を要求したのはあくまで名目上のものにすぎず、アキテーヌの支配権が確保されればそれで充分だった。緒戦からイングランド側は優位に立ち、途中でヨーロッパ全土を襲ったペスト（黒死病）のため休戦期間がもうけら

れたが、戦闘再開後にポワティエ（一三五五〜五六年）で皇太子エドワードが、ランス（五九年）で国王自身が率いるイングランド軍がそれぞれ大勝利をつかみ、一三六〇年の条約でイングランドはアキテーヌの広大な土地を確保した。

数では劣勢だったイングランド側が相次いで勝利をつかんだ背景には、長弓兵と騎士の連携に秀でていた戦術面ももちろん挙げられるが、フランスがいまだに封建的な徴募で兵を集めていたのに対し、イングランド側は契約で雇用した兵士や隊長が小分隊ごとで柔軟性のある作戦を展開し、戦《いくさ》に慣れていない王侯が率いる動きの緩慢なフランスの大隊に次々と攻撃を仕掛けられたということがある。

イングランドがアキテーヌの領有を確保するや、英仏戦争は一時休止する。歴戦の英雄で黒い甲冑を身につけ「黒太子」（Black Prince）の異名を取ったエドワード皇太子が一三七六年に赤痢で急死し、その翌年に父王エドワード三世が崩御すると、王位は一〇歳の孫リチャード二世（在位一三七七〜九九年）に引き継がれた。この新王の代になり再び戦端が開かれたが、イングランド側は何の戦果も得られず、莫大な借金だけが残った。

このために課せられることになった一三八一年の人頭税は、ただでさえ飢饉やペストに苦しむ農民らの生活に重くのしかかった。イングランド南東部のケントでは反乱が生じた。世にいう「ワット・タイラーの乱」である。反乱は鎮静化されたが、農民たちがここまでの態度を示したのはイングランド史上でも初めてのことであった。

このののちリチャード二世はフランス王女と結婚し、英仏は平和の時代に入るが、曾祖父エドワー

プランタジネット朝系図③

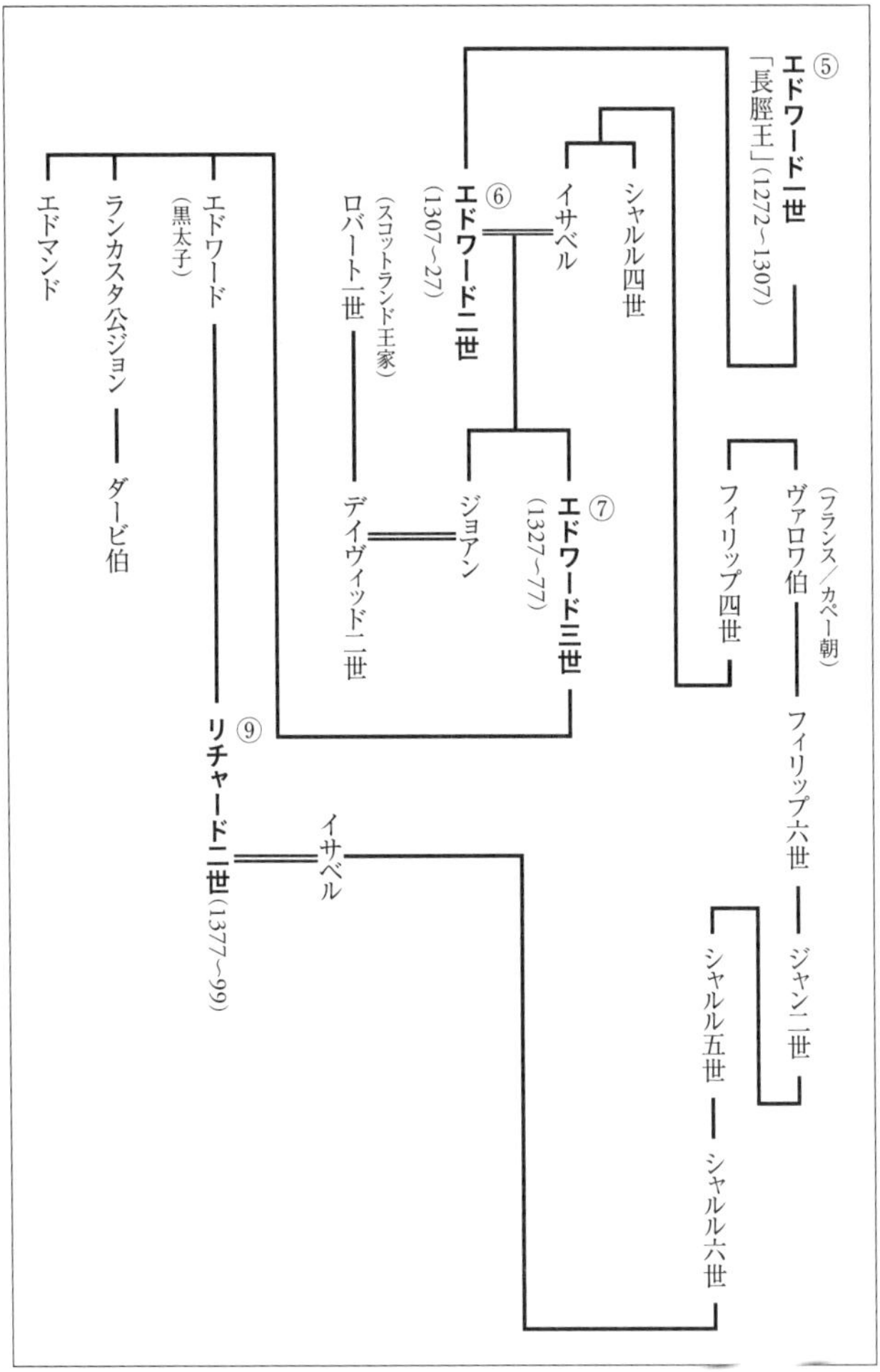

ド二世の血を引いたこの王がイングランド政治を混乱の渦へと巻き込んでいく。

ロンドン市長(左下)により刺殺されるワット・タイラー

ランカスタ王朝の時代

わずか一〇歳で王位に即いたリチャードは早くも事実上の親政を開始した。亡き父の弟らが構成する国王評議会と対立し、戦況の不振を彼らのせいにして失脚させた。曾祖父と同じく寵臣政治に乗り出したリチャードは議会の有力者と敵対した。専制君主と化したリチャードに代わり、彼のいとこにあたるランカスタ公爵家のヘンリが有力者らによって擁立されていく。一三九九年九月にリチャード二世は退位させられ、翌年病死した。

ここにエドワード三世の四男ジョンの長子がヘンリ四世(在位一三九九〜一四一三年)として国王に即位した。ランカスタ王家の誕生である。ヘンリはリチャード追い落としの中心となった有力貴族と議会からの支持を背景に、比較的安定した時代を築いた。ただし有力貴族への論功行賞で多額の年金を要したため、財政的に逼迫した状況が続いた。

またイングランドの内紛に乗じて、ウェールズではオウェン・グリンドゥルが自ら大公を名乗って反乱を率い、スコットランド王ジェームズ一世と手を結び、これにフランス王までもが荷担するなど、ヘンリの統治初期には危機的な状況が生じていた。こうした状況を打開する際に華々しい活躍を見せたのが、皇太子ヘンリであった。曾祖父エドワード三世に似て血気にはやるヘンリは、ウェールズ遠征でもその手腕を発揮し、父の死によりヘンリ五世（在位一四一三〜二二年）に即位するや、今度はフランス遠征へと乗り出していく。

しかし当初はヘンリに付き従う貴族は少なく、議会もあまり資金を調達してくれなかった。ところがわずか六〇〇〇の兵を率いて、四万とも五万ともいわれたフランス軍をアジャンクールで撃破するや（一四一五年一〇月）、議会は諸手を挙げて王を支援することになる。そして一四二〇年にフランスと結んだトロワ条約により、ヘンリはフランスの王女と結婚するとともに、二人の子が将来フランス王位も引き継げるとの保証まで得る。いつしかヘンリは曾祖父エドワード三世が確保した以上の勢力をフランスに築いていた。

ところがうまくいかないものである。それからわずか二年後の一四二二年八月、フランスに遠征中のヘンリは赤痢であっけなく命を落としてしまう。ここに生後八ヶ月のヘンリ六世（在位一四二二〜六一、七〇〜七一年）がイングランド王に即いた。さらに二ヶ月後には母方の祖父が亡くなり、ヘンリはフランス王「アンリ二世」をも兼ねることとなる。

即位当初は亡父の弟（叔父）たちが「護国卿」（Lord Protector）として英仏双方で統治にあたったが、一四二九年にかの有名なジャンヌ・ダルクが登場し、母の弟シャルル七世がランスのノートルダム大聖堂で戴冠式を挙行するや、フランス諸侯らの起死回生が始まった。イングランド軍は各地で敗退し、一四五三年にはアキテーヌの拠点ボルドーが陥落した。その直前から精神に異常をきたしていたヘンリ六世は執務が不可能な状態となり、ここに台頭してきたのがエドワード三世の

トロワ条約当時のフランス（1421年）

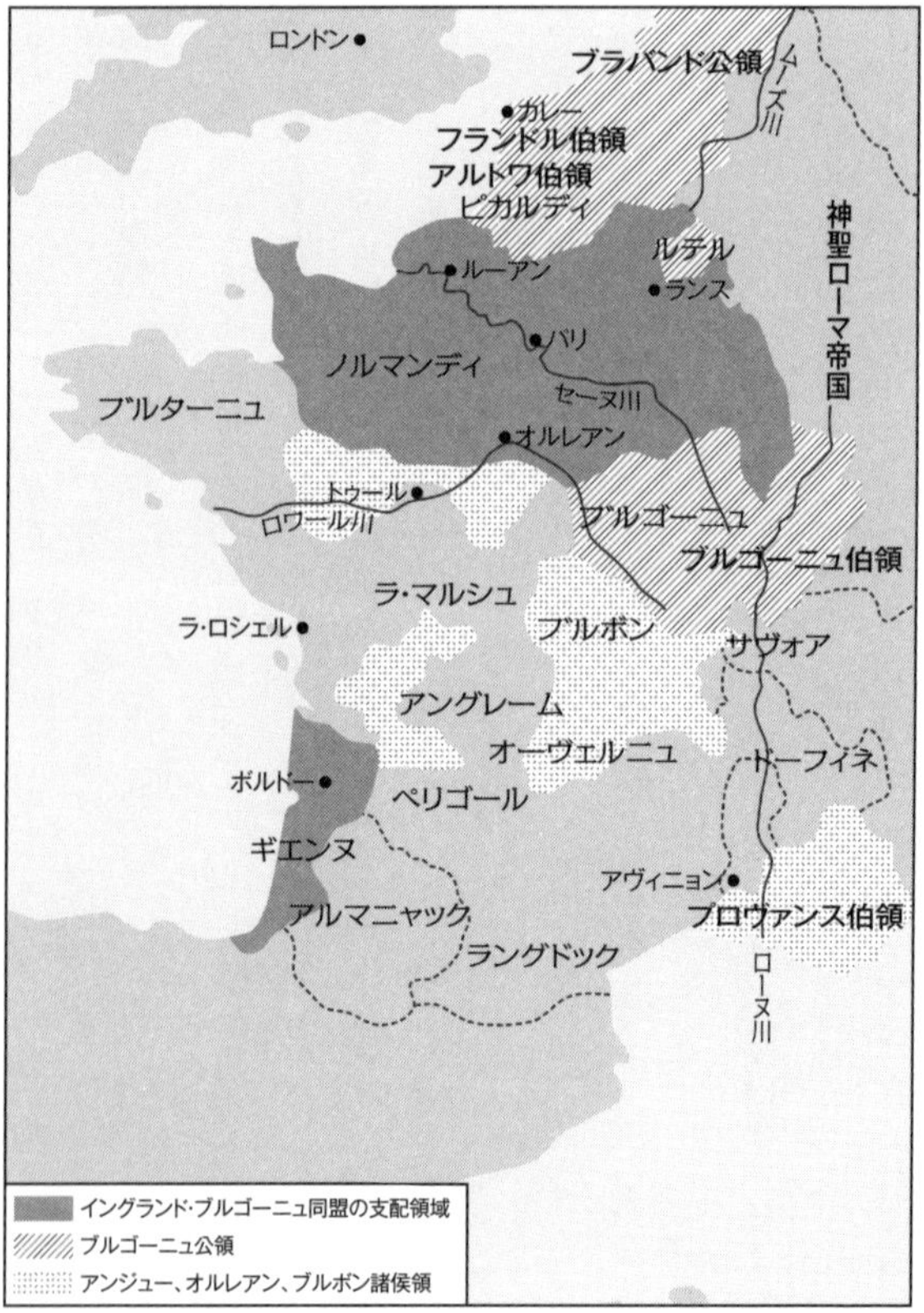

五男エドマンドの孫にあたるヨーク公爵リチャードであった。

なお、英仏百年戦争は一四七五年のピキニー条約でフランス側の勝利により正式に終結したといわれるが、ボルドー陥落はその決定打となっていた。

そのボルドーが陥落してからわずか二年後の一四五五年、統治不可能な王に代わり護国卿に就いたヨーク公は王家に反旗を翻す。彼自身が内乱のさなかに戦死するや、その遺志は長男エドワードへと引き継がれた。一四六〇年にヘンリ六世は捕らえられ、ここにエドワード四世（在位一四六一～七〇、七一～八三年）が王に即位した。その後、いくらかの変転が見られたが、一四七一年にヘンリ六世はロンドン塔で処刑された。

ヨーク王朝の時代

ランカスタ家との死闘をくぐり抜けたエドワード四世は、明るく陽気な国王でその身長は二メートル近くもある大男であり、家臣たちからも好かれていた。しかし彼の統治には不安がつきまとっていた。その原因となっていたのが、王妃エリザベスの存在にあった。

エドワードより五歳ほど年上とされるエリザベスは、元々はランカスタ派に与《くみ》した騎士グレイの妻であり、夫が戦死したあとエドワードと知り合い、いつしか恋仲になっていた。父は男爵に叙せられてはいたが、序列の厳しい貴族の世界では下位にすぎず、そのような出自の女性が「王妃」となることに有力貴族らからは強い反発が寄せられていた。特に王族と姻戚関係で結ばれていた最有力貴族のひとりウォリック伯爵は、エリザベスとその一族（ウッドヴィル家）、さらには彼女の連れ子のグレイ一族などが国王の取り巻きとなっていることに嫌悪を感じていた。

こうした貴族同士の権力争いは、やがてウォリック伯の女婿《じょせい》にしてエドワードの弟クラレンス公（ジョージ）による謀反にまで発展し、陰謀に失敗したクラレンスは処刑された（一四七八年）。

こうした有力者同士の闘争からくるストレスもあったのかもしれない。元来が大酒飲みで大食漢だったエドワード四世は、ますます自堕落な生活を送るようになっていた。そして一四八三年四月にわずか四〇年でその一生を閉じてしまうことになる。後を継いだのは当時一二歳のエドワード五世（在位一四八三年四～六月）だった。

こののち権力闘争は、幼い王を擁する皇太后エリザベスのウッドヴィル＝グレイ一族と、亡きエドワードの末弟で護国卿に就任したグロウスタ公爵とその背後にいるウォリック伯（彼の次女がグロウスタの妻だった）の一派との間でさらに激しさを増していった。

リチャード3世

しかしイングランドの有力貴族の間には、下級貴族から成り上がったエリザベス皇太后の一族に対する嫉妬や嫌悪は意外にも強く広まっていた。グロウスタ側の陰謀でエドワード五世とその弟リチャードは「私生児にすぎぬ」と排斥され、ロンドン塔に押し込められた。エドワード五世はわずか二ヶ月で廃位に追い込まれ、この二人の少年たちは一四八三年九月を最後に消息を絶っている。これより二〇〇年ほどのちにロンドン塔で二体の少年の遺骸が見つかった。二人はグロウスタ一派により暗殺されたものと思われる。

ここに王位はグロウスタ公自身がリチャード三世（在位一四八三～八五年）に即位することでヨ

ーク王家内に継承された。とはいえリチャード三世の統治も盤石たるものではなかった。王位継承に助力し、王家の血筋を引くバッキンガム公は国王に反旗を翻したのち、処刑された。さらに一四八四年には一人息子だったエドワードがわずか一〇歳でこの世を去る。

このリチャードは姉の息子リンカン伯を後継者に指名したが、自ら子を残すことにも執念を持ち続けていたとされる。ところがその矢先に王妃アンが急逝し、リチャードは家族の不幸に次々と見舞われた。ヨーク王家の血筋を絶やすまいと、リチャードは姪にあたる（エドワード四世の長女）エリザベスとの結婚まで考えたといわれるが、それだけは周囲の反対により思いとどまることとなった。

こうしたヨーク王家内部のお家騒動のさなか、内乱の過程でフランス北西部のブルターニュに亡命していた、ランカスタ王家の分家筋にあたるリッチモンド伯爵ヘンリ・テューダーが王位の奪回をめざし、一族の拠点であるウェールズへと上陸してきたのである。

バラ戦争のはてに――テューダー王朝へ

ウェールズでおよそ五〇〇〇の兵力に膨れ上がったリッチモンド伯の軍勢は、そのままイングランドへと東進した。対するリチャード三世は有力貴族らを従え、およそ一万人の軍でこれに対峙した。決戦の舞台はイングランド中央部ボズワースとなった。一四八五年八月二二日のことである。リチャード三世は勇猛果敢に戦ったが、身内の裏切りに遭い、ここにあえなく戦死した。

こうしてボズワースの戦いの勝利者となったリッチモンド伯が、ヘンリ七世（在位一四八五～一五〇九年）として新たな「テューダー王朝」の初代国王に即《つ》いた。

他方でリチャード三世の遺骸は戦場にほど近いレスタの修道院に埋葬されたが、一六世紀半ばに強行された修道院解散（第4章一二二頁）のあおりを受けて掘り返され、その後はゆくえがわからなくなっていた。それからおよそ五〇〇年後の二〇一二年、レスタ市の中心部からついに遺骸が発見された。ヘンリ七世が築いたテューダー王朝の正統性を高めるため、この時代を代表する劇作家シェイクスピアの傑作『リチャード三世』によって、彼は醜く傴僂で足を引きずる稀代《きたい》の悪役の姿に創りあげられてしまった。

しかし発見された遺骨をもとにした復元像からは、背が高く温厚そうな顔つきの新たなリチャードの姿が浮かび上がってきている。

ここにエドワード三世の時代から一五〇年にわたって続いてきたイングランドの戦乱は幕を閉じた。とりわけその最後の三〇年（一四五五〜八五年）に及んだ内乱は、ランカスタ家の記章である赤バラとヨーク家の記章である白バラから「バラ戦争」と名づけられたが、最終的にはランカスタ家の血筋を引くテューダー家の勝利に終わった。

とはいえテューダー王家のヘンリ七世にとってまさに前途は多難であった。同じヘンリであっても、本章の冒頭で見たヘンリ二世の時代には、イングランドはフランスの西半分をも支配下に収めた「アンジュー帝国」を形成していた。それが一四世紀からの英仏百年戦争の結果、イングランドが大陸に有する領土はドーヴァの対岸の港町カレーだけになってしまったのだ。しかもブリテン島内には、その宿敵フランスと「古き同盟」で結ばれたスコットランド王国が北に控え、ウェールズやアイルランドでも反乱はやまない。

さらに「一四世紀の危機」の時代には、とりわけペストの影響でイングランドの人口は激減してしまった。すでに本章で述べたとおり、一三世紀末にはイングランドには最低でも五〇〇万の人口がいたとされるが、それが一三七〇年代までに半減（二五〇〇万人）していたといわれている。ペスト禍だけでもイングランドで三人に一人が命を落としていた。その後も戦乱や飢饉が原因で、ヘンリ七世が王位を受け継いだ一五世紀末の段階でイングランドには二〇〇万人強の人口しかいなかったとされる。

もちろん戦乱やペストの影響はヨーロッパ大陸全体に及んでいたが、ヨーロッパ西部における大国はもはやイングランドではなくフランスに代わっていた。またバラ戦争という内乱のおかげで、イングランドは農業、商業、工業のすべてで甚大な被害を受けていた。さらにこの内乱とも関わり、ウェールズの田舎豪族の出自にすぎないテューダー王家は「同輩のなかの第一人者」程度の存在であり、血筋や家柄はもとより所領も財産も、王家を凌ぐような大貴族はあまた存在していたのだ。

このように弱小勢力にまで成り下がってしまったイングランドとその王家を支えながら、ヘンリ七世は新たな時代を切り開いていかなければならなかったのである。

第4章

イングランドの攻防――テューダー王朝の時代

ヘンリ七世とテューダー王権の確立

一四八五年八月のボズワースの戦いに勝利を収め、ヘンリ七世（在位一四八五〜一五〇九年）は「イングランド王、ウェールズ大公、アイルランド君主」への即位を宣言した。とはいえウェールズの田舎豪族出身でランカスタ家の傍系にすぎないヘンリが、その正統性を示すのは難しかった。まずはこの国の政治に不可欠の存在となっていた議会から承認を取り付ける必要があった。即位の三ヶ月後にヘンリは初めての議会を召集し、有力貴族からの支持を集めることに成功を収める。

次いで翌八六年一月、亡きエドワード四世の長女で血筋としては最も王位に近いエリザベスと結婚し、ヘンリはランカスタとヨークの和解を演出した。それはまた、かつてデーン人のカヌート大王が先王の未亡人を妻に迎えた事例などにもあらわれているとおり（第2章五八頁）、直系ではない王が継承の正統性を保証される手段でもあった。

ヘンリ7世

元々がウェールズの出身であるヘンリは、ウェールズでは絶大な支持を集めていた。第1章でも述べたとおり（二九頁）、長年イングランドから苦しめられてきたウェールズの民にとってヘンリは救済者であり、「アーサー王」の再来と映っていたのだ。

ヘンリが警戒を怠らなかったのがアイルランドとスコットランドであった。ウェールズと同様これまたイ

ランカスター家とヨーク家＋テューダー朝系図

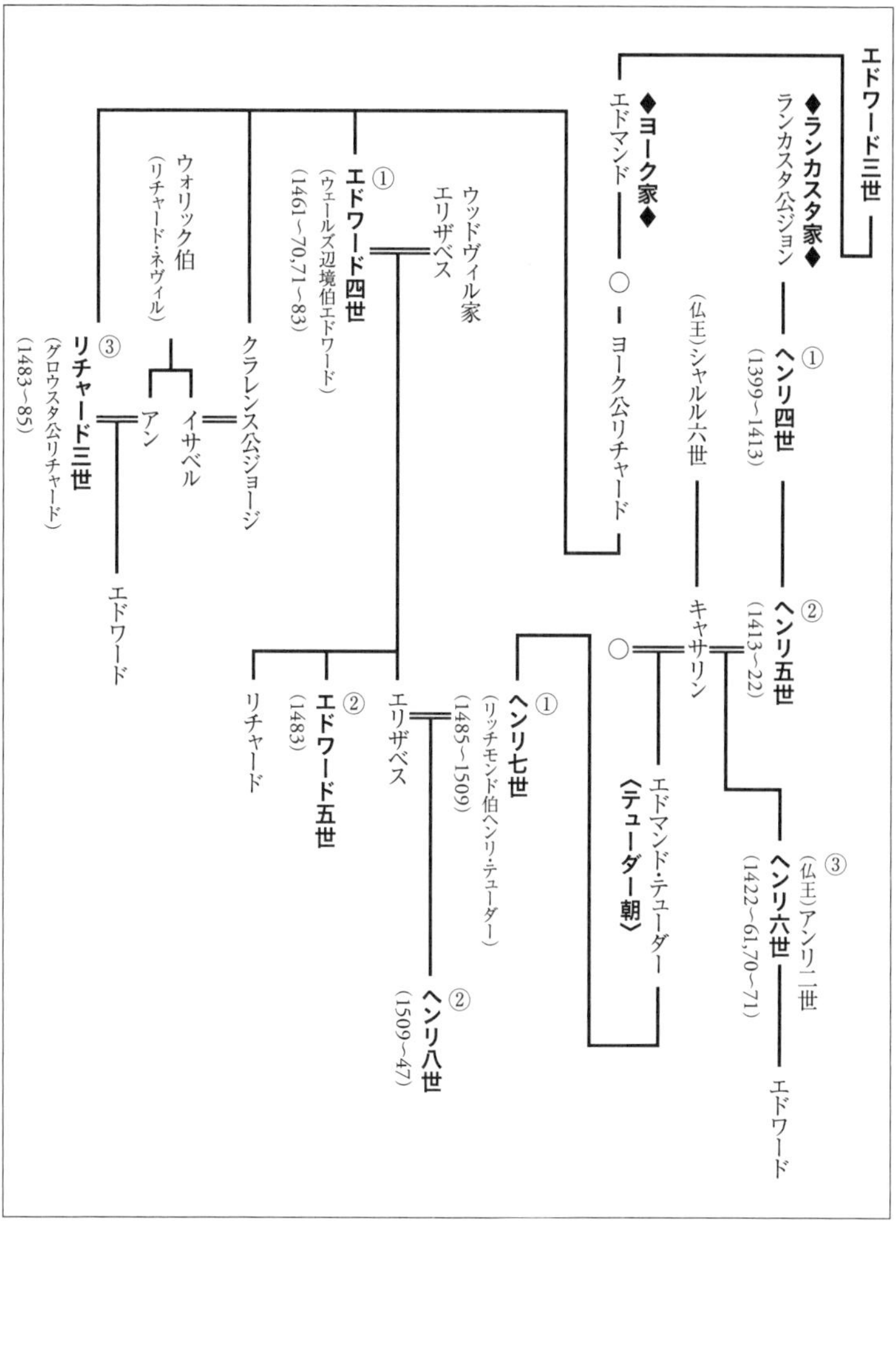

ングランドによる侵攻に長年悩まされてきた両国にとって、イングランドの内紛は自国の立場を強める絶好の機会となった。後述するように、ヘンリから王位を簒奪《さんだつ》しようとする動きがこののち国内外でたびたび生じるが、これに荷担していたのがアイルランド総督やスコットランド王だったのである。

ヘンリはアイルランドには「ポイニングズ法」を適用し、総督がアイルランド議会を私物化して独自の権力基盤を築くことを防いだ。また当時の国際情勢とも関わり、ヘンリの長女マーガレットとスコットランド王ジェームズ四世（在位一四八八～一五一三年）とが結婚し（一五〇三年）、ヘンリはブリテン島内における基盤を固めることになった。

そして何よりヘンリが力を注いだのが、イングランド国内における王権の安泰であった。いまだテューダー王家を凌ぐ有力貴族が数多くいたなかにあって、ヘンリは有力貴族同士の結婚を制限し、彼らを国王評議会のメンバーに引き入れて、ここで国内の治安、防衛、外交について協議した。評議会はウェストミンスタ宮殿内の「星の間」で開かれたため、いつしか「星室評議会」（Council in Star Chamber）と呼ばれるようになっていった。

ただしこの評議会で議論させなかったのが財政についてであった。ヘンリは国内有数の富を生み出すランカスタ公爵領に加え、エリザベスとの結婚でヨーク家の所領も引き継いでいたが、即位当初の収入は年一万ポンド程度でしかなかった。

そこでヘンリは、勅令に逆らうものへの罰金制度を強化するとともに、封建的な諸権利（裁判収入や関税）を復活させ、さらに各種裁判官や法務総裁、庶民院議長といった要職就任を有力者たち

テューダー朝系図

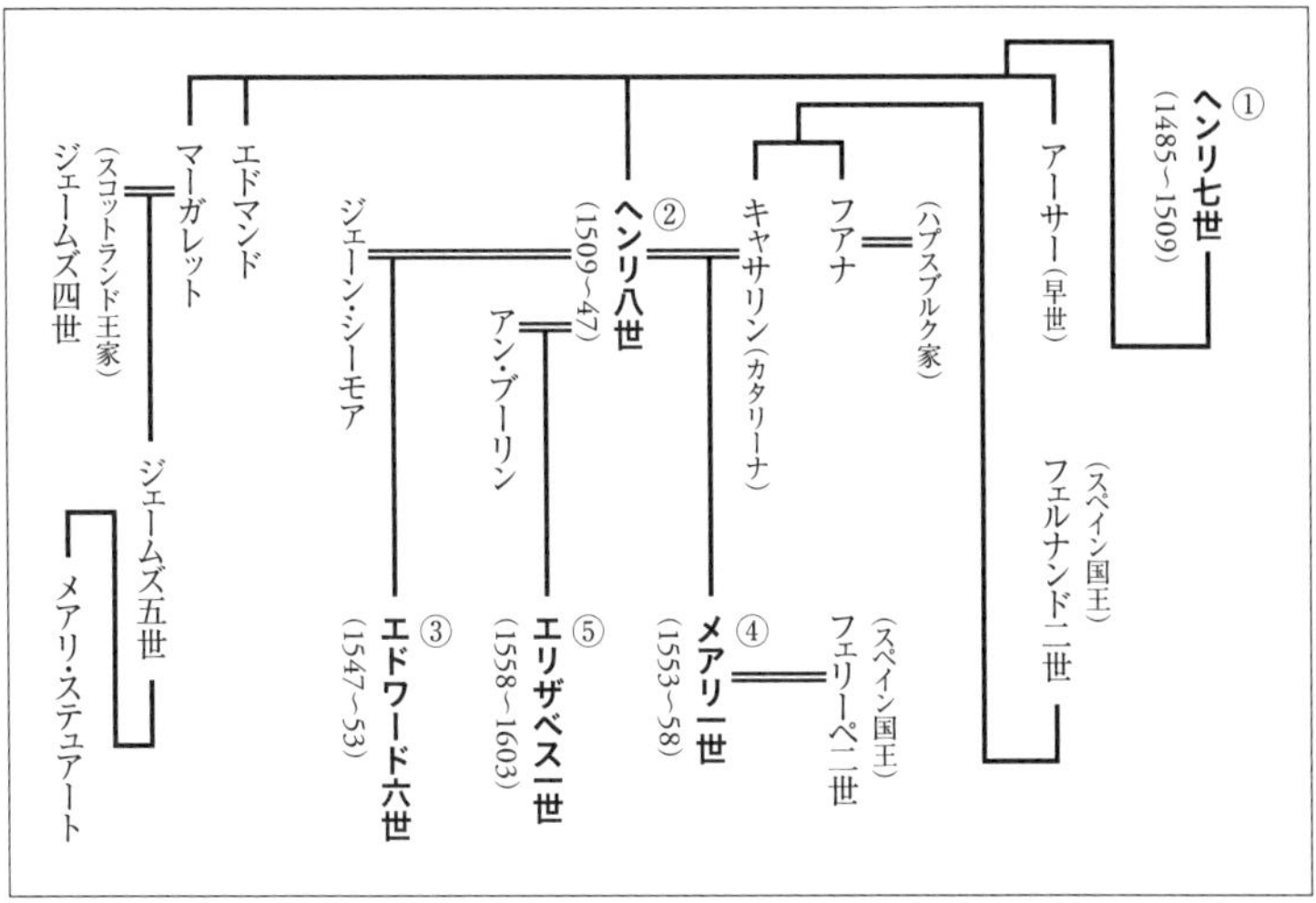

と高値で取引し、収入を上げていった。王領地の経営も強化した結果、ヘンリはその治世が終わる頃までに一一万ポンドを超える年収を手にしていたのである。

　またヘンリは地方の統治にあたっては、爵位を有する貴族の下に位置する「ジェントリ」と呼ばれる中小地主らを、無給の治安判事（Justice of the Peace）に任じ、各地の司法・行政を託していった。

弱小国イングランドの防衛

　こうして正統性の乏しかったテューダー王家の権力基盤を固めたヘンリ七世は、歴史家にいわせると「イングランド史上最も有能な実務家として国政のすべてを取り仕切った王」だった。とはいえ当時のヨーロッパ国際政治は弱肉強食の世界である。「アンジュー帝国」の時代とは異なり、いまや弱小国に成り下がっていたイングランドは、ヨーロッパ大陸の強国から虎視眈々《こしたんたん》と狙われていた。

そのきっかけを作ったのがヨーク家の残党による王位簒奪の陰謀であった。ヘンリ即位からわずか二年後の一四八七年にはランバート・シムネルの反乱が、九一年にはパーキン・ウォーベックの反乱がそれぞれ生じた。特に後者はエドワード四世の次男を僭称《せんしょう》するウォーベックを、エドワードの実妹でブルゴーニュ公妃マーガレットが積極的に支援したことで深刻化した。マーガレットは、娘婿にあたるハプスブルク家の当主で神聖ローマ皇帝マクシミリアン一世にウォーベックを紹介し、なんとヨーロッパ最大の格式と実力を有するハプスブルク家が、ヘンリ追討を掲げて襲来する可能性も高まってしまった。

しかしこのときはその直後に、ハプスブルクとフランスとの間でイタリア戦争が勃発し、ヘンリは救われたのである。その後、ウォーベックはアイルランドやスコットランドからの支援を得ようとしたが最終的には失敗し、ヘンリに処刑された。

ヘンリにとって、実弟リチャード三世の仇《かたき》として彼に復讐心を抱いているマーガレットの存在は脅威であり、彼女に連なるハプスブルク家との関係を良好にしておきたかった。また、ヨーロッパ西部ではフランスと新興国スペインとの敵対関係が始まっており、両国の間でも均衡を保っておきたかった。

そこでヘンリが近づいたのがまずはスペインであった。一四九二年にイスラーム勢力を国内から完全に駆逐し、統一国として強大化しつつあったスペインのイサベル一世とフェルナンド二世の末娘カタリーナを、自身の皇太子アーサーと結婚させるのである。カタリーナの姉フアナはハプスブルク家の皇帝マクシミリアンの長男でブルゴーニュ公爵を継承していたフィリップと結婚しており、ハプスブルク家との姻戚関係もこれで結んだことになる。

ブルゴーニュ公爵領のフランドル（現ベルギー）は当時最大の毛織物生産の最先進地域であり、いまだ技術が未熟であったイングランド毛織物工業界が生産する未完成の毛織物の仕上げをおこなっているだけでなく、イングランド産の羊毛の最大の買い手でもあった。この毛織物と羊毛だけで当時のイングランドの輸出品の九割を占めていたほどだ。さらに同じ公爵領の港町アントリープはイングランドの商人に多額の貸付をおこなっていた、金融界の中心地であった。公爵領はイングランド経済とテューダー財政にとっての生命線だったのだ。

こうした背景から、一五〇一年一一月にアーサーとカタリーナ（英語名でキャサリン。キャサリン・オブ・アラゴン）は結婚した。ところがそれからわずか五ヶ月後にアーサーは急死してしまう。そこでヘンリ七世はスペイン王家にも諮《はか》り、アーサーの次弟でいまや皇太子となっているヘンリの妻としてキャサリンをイングランドにとどめおくことにした。「兄嫁との結婚」を禁じていたローマ教皇庁からも特別に許可を取り付けた。当時わずか一一歳だった皇太子ヘンリは成人に達してからキャサリンと結婚することに正式に決まった。

こうしてヨーロッパ国際政治のなかでも一定の地歩を固めたヘンリ七世は、一五〇九年四月にその四半世紀に近い在位を終えて、五二年の生涯を閉じることとなった。

ヘンリ八世と国教会の形成

　ここにテューダー家二代目の王としてヘンリ八世（在位一五〇九〜四七年）が登場する。長身で強靭な体躯《たいく》に恵まれた一八歳の新王は野心満々であった。彼は、生前あまり関係のよくなかった父王のような慎重な政策を嫌い、イングランドをヨーロッパの一流国にのし上げようと躍起になっていく。こうした野心家の青年王の初期の治世を支えたのが聖職者トマス・ウルジーであった。国王評議会を統轄したウルジーは、一五一五年に枢機卿《すうききょう》、さらには当時の宰相職ともいうべき大法官に就任し、ヘンリ好みの派手な外交を展開する。

ヘンリ8世

　折しもドイツではマルティン・ルターによる宗教改革が始まり、オスマン帝国という異教徒に対抗する意味からも、キリスト教徒の王侯の団結を訴えたロンドン条約がヘンリの主導のもと締結された（一五一八年）。しかし実際のヨーロッパ国際政治は、この翌年に神聖ローマ皇帝に即位するハプスブルク家のカール五世とフランス国王フランソワ一世とによって左右されており、弱小国イングランドは両者の間で右往左往するだけだった。

　さらにヘンリに降りかかってきた災厄が「世継ぎ」に関わる問題だった。即位の二ヶ月後に結婚したキャサリンは六度ほど妊娠を繰り返したが、死産や流産が続き、無事に成長できたのは王女メアリただひとりであった。テューダー家の正統性を固める一方で、この戦乱の世では女性より男性の君主が望ましいとの考えから、ヘンリは王子を欲していた。しかしヘンリより六歳年上のキャサリンにはこれ以上の出産が望めない状況であった。

そこでヘンリはキリスト教の戒律に反した兄嫁との結婚であるとの見解から、教皇庁に結婚の無効を願いでることになった。しかし当時は宗教改革の影響で教皇とカール五世の確執が深まったすえ、ローマはカールによって占領された（一五二七年）。そしてキャサリンの甥であるカールは叔母がヘンリとの離婚を欲していないことも心得ていた。教皇庁から結婚の無効の許可を取り付けられないウルジーは失脚し、ここにヘンリ自身が主導権を握る。

一五二九年一〇月からヘンリは離婚問題打開のために議会を召集し、これが三六年四月まで続く「宗教改革議会」と呼ばれることになる。この議会では、イングランド臣民に教皇に直訴することを禁じた「上告禁止法」（三三年）や、国王をイングランド教会の唯一最高の首長と規定する「国王至上法」（三四年）などが次々と制定され、ヘンリはついに教皇庁と袂を分かつことになった。イングランド国教会（Church of England）の形成である。

この間に、キャサリンとの結婚は強制的に無効とされ、一五三三年にヘンリは二番目の妻アンと結婚した。ところがその年の九月に産まれた子どもはまたもや女の子（エリザベス）であった。その後も男児を生めなかったアンは姦通罪等を理由にヘンリに処刑され、三七年に三番目の妻ジェーンからついに待望の王子（エドワード）が誕生した。ただし、ジェーンは産褥熱《さんじょくねつ》によりこの直後にあっけなく死亡してしまう。

その後もヘンリは三度の結婚を繰り返したが、これ以上の世継ぎが生まれることもなく、六人の妻のうち二人は処刑され、二人は離縁され、ひとりが早世するという状況となった。またローマ教皇庁と断絶したことに反発するものも多く、北部で「恩寵《おんちょう》の巡礼」という反乱も生じたが（一五三六年）、早くから軍備を整えていたヘンリにより鎮圧された。

命を落としたのは王妃や民衆ばかりではない。イングランドのルネサンスを代表する文人で『ユートピア』の作者であり、ウルジーの後任の大法官に就いていたトマス・モアもヘンリとアンとの結婚に反対し、断頭台の露と消えていったのである（一五三五年）。

「帝国」の再生――主権国家のはじまり

ウルジーとモアの後にヘンリを支える重臣となったのが、かつてウルジーの秘書官を務めたトマス・クロムウェルだった。彼は国王秘書長官（Principal Secretary of State）という役職に就き、宗教改革議会を実質的に取り仕切っていた。さらにクロムウェルとともに進められたのが修道院解散（一五三六〜三九年）である。教皇庁の諜報機関の役割も果たしていた大小八〇〇以上の修道院は、イングランドの土地の実に五分の一以上を保有していたが、それがすべて王領に編入された。もはやヘンリに並ぶものはいなくなった。

それだけではない。もはやイングランドにおいて教会は王権の下に組み込まれ、教皇庁からの政治介入は受けずに済むようになったのである。中世ヨーロッパ世界を支配していた教会からヘンリは後世にいう「主権国家」のような独立を得たのである。ヘンリが主張した独立は教会からだけではなかった。いまやヨーロッパ各地に七〇もの所領を有し「普遍的な帝国」を標榜する、神聖ローマ皇帝カール五世の影響下からもヘンリは独立を提唱した。それがまたヘンリ独特の「帝国」観念にもつながり、すぐにブリテン島内での政策にあらわれた。

一五三六年に合同法が制定され、ウェールズは正式にイングランドに合併された。これ以後、ウェールズからは二四人の議員がウェストミンスタの議会に選出された。さらに、スコットランドでは一五四二年暮れに生後わずか六日のメアリが女王に即位するや、ヘンリは彼女と皇太子エドワードの縁組を迫ることとなる。これを拒んだスコットランドおよびフランスと戦争に入ったヘンリであるが、莫大な出費を強いられただけで徒労に終わった。このとき修道院から召し上げた広大な土地の多く（没収した土地の三分の二といわれる）が売りに出され、それが貴族やジェントリによって買い占められていったのである。

さらにヘンリの「帝国」はアイルランドにまで及んだ。教皇庁の支持者（カトリック）が大半を占めるアイルランドでは、ヘンリに対する反発が国教会の成立ですでに強まっていたが、一五三四年から有力者キルデア伯の一族による反乱が起きた。反乱を鎮圧したヘンリは、一二世紀以来イングランド王が名乗ってきた「アイルランド君主（Lord）」を「アイルランド王（King）」に換えた上で自らそれに即き、さらなる支配の強化に乗り出した。

こうした「帝国」を支配する中枢にはもちろん議会の存在もあったが、ヘンリがクロムウェルとともに新たに築き上げたのが、国王評議会のなかの評議会ともいうべき「枢密院」（Privy Council）であった。ここは一五三六年頃から独自の記録と書記官を備えるようになり、のちの

「内閣」（第6章一八二頁参照）の起源となる組織へと発展した。

しかし初期の枢密院を統轄したクロムウェルは反対派との闘争に敗れて処刑され（一五四〇年）、ヘンリ晩年の治世は国王自身によって統治された。彼はローマ教皇庁と決裂することで、古代イスラエルのダビデ王やソロモン王、さらに古代ローマ帝国のコンスタンティヌス大帝のように、教会と国家の双方を支配する統治者をめざしたのである。それがカール五世やフランソワ一世に対抗心を燃やす、彼に独特の「帝国」観念と結びついた。ただしそれは君主の絶対的な力によるものではなく、全能の立法機関としての議会との協働により、ヘンリはそれを実現していった。彼は当時の感覚としては立憲君主にほかならなかった。

一五四七年一月にヘンリは五五歳で崩御した。父ヘンリ七世を超えようとした息子ではあったが、彼に成し遂げられたのはテューダー王家の安泰とイングランドの独立を汲々《きゅうきゅう》としながら守り続けるという、父の遺業と同じものにすぎなかったのだ。

少年王の短い治世――プロテスタント化の促進

ヘンリ八世のあとには、まだ九歳という幼いエドワード六世（在位一五四七〜五三年）が即位した。当時の西欧では国王が幼くして即位した場合には、成人に達するまで母親が摂政を務める事例が多かったが、前述のとおり母ジェーンはエドワードを生んでほどなく世を去っていた。このためジェーンの兄にあたる伯父のサマセット公爵が護国卿に就き、幼王にとって事実上の摂政の役割を果たすことになった。

サマセットは先王ヘンリ八世が失敗した「スコットランド乗っ取り」に着手する。幼王エドワードと五歳年下のスコットランド女王メアリとの縁組を再度迫ったのである。このたびもスコットランドから拒否されると、サマセットは一五四七年秋に二万の兵を率いて北上し、ピンキーの戦いで勝利をつかんだ。この勝利にすぐに呼応したのが「古き同盟」でスコットランドと結ばれていたフランスだった。翌四八年六月にフランス軍がスコットランドに上陸し、メアリ女王はフランスへと連れ去られてしまう。やがて彼女はフランス皇太子フランソワ（のちの国王フランソワ二世）と結婚させられることになる。

この失政に加え、一五四九年にはカトリック教徒による西部反乱と、土地の囲い込みに反対する東部反乱とに相次いで見舞われ、枢密院ではサマセットを糾弾する声があがった。サマセットは失脚し、一五五二年に処刑された。

ここで最高実力者にのし上がったのがノーサンバランド公爵である。彼は枢密院議長としてエドワード六世を補佐し、イングランド国教会の「プロテスタント化」を推進させた。ヨーロッパ大陸では一五二〇年代からローマ教皇庁を頂点とするカトリックと、これに反発するプロテスタントの宗教対立が激化し、熱心なカトリックであったカール五世とプロテスタント諸侯との間で宗教戦争も続いていた。こうしたなか大陸で迫害を受けたプロテスタントがイングランドへと亡命し、国教会の教義にも影響を与えるようになっていた。

元々がヘンリ八世と王妃キャサリンの結婚を無効にするという、極めて政治的な理由から創設された国教会である。当のヘンリ自身も信仰的にはカトリックのままであったとさえいわれている。

このためイングランドにおける「宗教改革」が不徹底であるとの声も高まり、国教会で続けられていたカトリック的な儀式や教義を完全に廃する動きが加速化した。特にプロテスタント的な信仰に熱心だったエドワード六世自身がその推進者となった。

ところが、父が比較的高齢（四六歳）のときの子で母が産後すぐに死亡したことからも推察されるとおり、エドワードは幼少時から身体の弱い王であった。サマセットからノーサンバランドへの政権交替の頃には、国王は病床に伏すようになっていた。結婚もせず、世継ぎもいなかったエドワードの次代は姉メアリ（キャサリンの子）に王位は引き継がれる。しかし母親譲りの熱心なカトリックだったメアリの即位は、プロテスタント化を進める自身の失脚につながると、ノーサンバランドは一計を案じた。

ヘンリ八世の末妹の孫にあたるジェーン・グレイと息子ギルフォードを結婚させ、エドワードの次にはプロテスタント系の女王としてジェーンを擁立し、自ら王権を牛耳《ぎゅうじ》ろうとしたのである。エドワードは死の床でジェーンを後継者に指名し、一五五三年七月に一五年の短い生涯を閉じる。ところが姉メアリはすぐに行動に移り、ノーサンバランドの一派は降伏した。ジェーンは「九日間の女王」などとも呼ばれ、ここにメアリが正式に女王となり、ジェーンもノーサンバランドもすぐに処刑された。

カトリックへの回帰――血まみれメアリの時代

こうしてイングランド史上初めての女王として、メアリ一世（在位一五五三～五八年）が誕生した。なおイギリスではジェーンは正式な「女王」としては認められていない。ノーサンバランドが懸念したとおり、メアリ一世はすぐさまイングランドをカトリック国に戻そうと躍起になった。ここで彼女が頼ったのが議会である。一五五三年一〇月に初の議会を召集したメアリは、エドワード時代に制定された宗教関連法を撤廃する「廃棄法」を成立させた。彼女も決して「絶対君主」ではなく、立憲君主として振る舞っていた。

ところがその議会がいっせいに女王に反発したのが、彼女の結婚相手であった。頑迷なカトリックとして知られるカール五世の長男で、スペインの皇太子フェリーペ（のちの国王フェリーペ二世）である。議会は、これによりイングランドがハプスブルクとフランスの闘争に巻き込まれるのを恐れたのである。しかしメアリの意思は固く、一五五三年一二月に両者の結婚を約した条約が結ばれ、五四年四月に議会も批准した。フェリーペはメアリの共同統治者として「王《キング》」になるが、メアリの没時にその地位は失うとの定めであった。

フェリーペ2世とメアリ1世

一五五四年七月に二人は結婚し、一一月の議会で「第二廃棄法」が成立し、イングランドは再びカトリックへと回帰した。ここには国教会成立後に作られた主教区や叙任された聖職者はそのままとする、メアリからの譲歩も含まれた。しかし翌五五年から宗教裁判は復活した。また有力なプロテスタント信徒には大陸への亡命が許される譲歩が付帯され、改宗を拒んだとして裁判にかけられたのは一般民衆が多かった。しかも、短期間（五五年二月～五八年一一月）に三〇〇人近くもの人々が次々と火あぶりにされ、女王はいつしか「血まみれメアリ」（bloody Mary）の異名で民衆から恐れられるようになっていた。

共同統治者となった夫フェリーペは枢密院の会議に毎回出席し、イングランド統治に深く関わり続けた。一五五五年八月にイングランドを離れるときにはスペイン流の国務評議会が設置され、大臣の任免や立法、司法、貨幣の鋳造、防衛問題に至るまで評議会からフェリーペに週に三回も報告書が届けられ、「王」は海外から細かく指示を与えた。

そのフェリーペは一五五六年一月、スペイン国王に即位した。しかも彼が支配する領域はイベリア半島だけではなく、ネーデルラント、イタリア南部、そして大西洋のかなたの南アメリカ帝国（現在のメキシコからペルー）にまで拡がっていた。これではイングランドもやがてフェリーペの「帝国」に組み込まれてしまうのではないか。議会の有力者たちは恐れを抱いた。しかも女王メアリはいつもフェリーペの言いなりだったのである。

ついにフェリーペと宿敵フランス（アンリ二世）との間に戦端が開かれた。一五五七年三月にフェリーペはおよそ一年半ぶりにイングランドを訪れ、支援を要請した。メアリはフランスに宣戦布告する。しかし結果は惨憺《さんたん》たるもので、百年戦争後にもイングランドが大陸に唯一有していた領土カレー（第3章一一〇頁）もこのときに失った（五八年一月）。

メアリの治世はまたどん底の時代でもあった。穀物の不作や深刻な食糧不足で栄養失調や飢餓がイングランド中に広がり、インフルエンザが流行して二〇万人以上が命を落としたとされる。迫害を受けたプロテスタントの人々はこれを「天罰」と考えた。しかも天罰は「血まみれメアリ」にも降りかかってきた。一五五八年一一月に、メアリ一世はインフルエンザで突然この世を去ったのである。イングランドにとって幸運だったのは、彼女とフェリーペとの間に世継ぎが生まれなかったことかもしれない。

エリザベスの登場 ― 国教会の復活

ここにイングランド王位は、ヘンリ八世と二番目の妃アンとの間に生まれたエリザベス一世（在位一五五八～一六〇三年）へと引き継がれた。

エリザベスⅠ世

エリザベスも「血まみれメアリ」の被害者のひとりであった。メアリ一世にとってアンとエリザベスは自分たち母子を苦しめた張本人だった。メアリもエリザベスも母親たちが離縁（処刑）されたのちは、女官のような立場に貶《おとし》められ、ヘンリ八世の晩年になってようやく王位継承権が認められるという辛酸をなめてきた。しかもカトリックの回帰を果たしたメアリにとって、プロテスタント勢力がいつエリザベスを女王に担ぎ出して自分を追い落とすかわからない。そのためエリザベスは姉によりロンドン塔に収監され、いつでも処刑できるような状態に置かれていたのである。

様々な幸運に助けられ、ここにテューダー王朝五代目の君主に即位したエリザベスは、内乱寸前に陥っていたイングランドを救うため、まずは宗教問題の解決にあたった。再びカトリックを廃し、イングランド国教会を復活させたのである。ここで彼女が頼ったのも、父ヘンリ八世や姉メアリ一世と同様に、議会であった。

一五五九年一月、女王の治世を四〇年にわたって支えることになる女王秘書長官ウィリアム・セシルにより、メアリ時代に廃止された国王至上法と礼拝統一法が議会に提出された。これに反対意見を示すカトリックの司教二人が逮捕され、四月には両法案ともに議会を通過することになる。ここに父ヘンリ八世が形成したイングランド国教会が復活した。ただし保守的な一派への配慮からも、このときから君主は国教会にとっての「最高首長」(Supreme Head) から「至高の統治者」(Supreme Governor) へとその名称を変えている。

メアリ時代に任命されたカトリックの司教の大半が解任され、二〇〇人以上に及ぶカトリック司祭たちが職を追われた。残されたカトリックの聖職者たちにも国教会体制に反感を抱くものがいたが、一五五九~一六〇三年のあいだにはカトリックからの改宗を拒んだ聖職者一四六人のうち実に一二三人が処刑されたという。イングランドのすべての聖職者のなかに占めるカトリックの割合は一五九〇年代には四分の一程度にまで減少し、エリザベスの治世が終わる頃、その数は一〇人にも満たなかったとされている。

大幅な人員交替が見られたのは宗教界だけではなかった。いまや君主の諮問機関として絶大な力を有していた枢密院からも、カトリックの有力者は姿を消していった。枢密顧問官の構成員もそれまでの三九名から一九名へと半減され、プロテスタント貴族やエドワード時代に王に仕えた宮廷官僚がその大半を占めていった。この時代になると、中世以来宮廷で要職を占めていた聖職者はほとんどいなくなり、大臣や枢密顧問官は俗人で占められた。

なかでも重要な役割を果たしたのが、（ウィリアム・）セシルが就いていた女王秘書長官である。内政と外交・防衛のほとんどすべてに関わり、一五七〇年代からはフランシス・ウォルシンガム、九〇年代からはセシルの次男ロバート・セシルに引き継がれ、エリザベスを取り巻くあらゆる陰謀から彼女を守り通した。

特にウォルシンガムの場合には、諜報活動にその才能を発揮し、スペインやフランス、さらには教皇庁が差し向けてくるイエズス会（日本にキリスト教を伝道したことで有名）などのカトリック勢力による女王暗殺の陰謀を未然に防いだ。ウォルシンガムのおかげで女王は生涯に少なくとも二〇回以上もの暗殺計画から救われたとされている。

大国のはざまで――結婚と宗教戦争

それではなぜエリザベス一世はそれほどまでに危険な立場にあったのか。一六世紀半ばのヨーロッパ国際政治においては、カトリックとプロテスタントの宗教的な対立とともに、大国間での地政学的な衝突も見られた。一五五六年にハプスブルク家のカール五世はすべての公職から退き、帝国の東側はオーストリア・ハプスブルク家、西側はスペイン・ハプスブルク家として、それぞれカールの弟と長男の一族が引き継いでいった。他方でヴァロワ王家のフランスが、ドイツとフランスの国境線をライン川にまで拡大しようと暗躍する。

イングランドにとってとりわけ重要だったのは、フランスとスペインとのあいだで均衡を保つことだった。メアリ一世時代にはスペインに肩入れしすぎ、フランスからカレーを奪われるという失態につながった。エリザベス一世はフランス、スペインのいずれにも与《くみ》せず、イングランドの独立を守ろうとした。こうしたなかでエリザベス時代の最大の政治的争点となったのが、①女王の結婚、②プロテスタントによる王位継承、③ヨーロッパとスコットランドからのカトリックの脅威の排除、という三つであった。

実は即位早々の時点で、エリザベスは終生結婚せず、イングランドの独立を守ることを神に誓ったとされている。姉メアリ一世がフェリーペと結婚したことで、イングランドがスペインに乗っ取られる可能性があったことを間近で見ていた経験からであろう。また、後述するとおり、国内の貴族と結婚しても国を内乱状態に陥れる可能性があることが、隣国スコットランドの女王メアリ（・ステュアート）の事例から明らかとなっていた。

ただしその治世前半の時期において、美しきエリザベスは「結婚」を外交に利用した。ヨーロッパのあまたの王侯から求婚を受けていた彼女は、フランスとの仲がまずくなるとフェリーペ二世やオーストリアのカール大公（神聖ローマ帝国皇帝の息子）との結婚の可能性をちらつかせ、逆にスペインとの関係が悪化するとフランスのアンリ王子（のちの国王アンリ三世）からの求愛を受けるようなそぶりを見せ、両大国にゆさぶりをかけたのである。

エリザベスは、寵臣のレスタ伯爵からエセックス伯爵まで生涯に四人の愛人を持ったとされている。特に最初の愛人レスタとの結婚は一時的には可能性が高まったのだが、彼が妻帯者であったことを隠し、しかも発覚した直後にその妻を殺したという噂まで立ち、女王の結婚は「帝国の神秘」(arcana imperii) として枢密院でも話題にされなくなった。

他方で国際政治のほうでは、年齢を重ね「結婚」が通用しなくなると、次にエリザベスが利用したのが「宗教戦争」だった。ドイツではアウクスブルク宗教平和令（一五五五年）により一定の平和が保たれていたが、スペインは支配下にあったネーデルラント（オランダ）独立戦争（一五六八～一六四八年）、フランスはユグノー戦争（一五六二～一六二九年）にそれぞれ足をすくわれていた。エリザベスは両大国の目がイングランドに向けられないように、それぞれのプロテスタント勢力に軍資金や情報、武器弾薬などを裏から提供したのだ。

また、フェリーペが有する南アメリカ帝国からは金銀財宝が大量に運ばれ、それがまたスペインが世界に誇る「無敵艦隊」建設の資金にもなっていたが、エリザベスはフランシス・ドレークやジョン・ホーキンズといった航海者たちに、敵国の船舶を襲撃する許可を与え「私掠船《しりやくせん》」として、上納金を納めさせた。このイングランドの私掠船により、財宝を運ぶスペイン船やスペイン領の港町が大西洋で次々と襲われていった。こうしてエリザベスは、ヨーロッパ国際政治のなかで力強く生き残っていったのである。

エリザベスとメアリの対決

しかしエリザベスにとっての最大の脅威はスコットランド女王メアリ・ステュアートの存在であった。彼女はヘンリ七世の長女マーガレットの孫にあたり、世継ぎのいないエリザベスが没した場合には、イングランドの女王になる血筋だったのである。実際に、五歳のときに彼女をパリに連れてきたフランス国王アンリ二世はメアリ一世が崩御したとき、ローマ教皇から結婚を認められていないアンの娘であるエリザベスは「私生児」であり、イングランドの正統な王位継承者はメアリであると主張した。

ところがその直後にアンリが事故死し、メアリの夫フランソワ二世も世継ぎを残さずに翌年急逝してしまう。一五六一年八月にメアリは一三年ぶりに故国に戻った。しかしこの間にスコットランドを取り巻く国内外の情勢は大きく変わってしまっていた。彼女自身の結婚が象徴していた、スコットランドとフランスの「古き同盟」はこの前年の英仏条約で消滅していたのである。エリザベスにとって幸運だったのは、メアリと義母カトリーヌ（・ド・メディシス）との関係が最悪で、フランスはスコットランドの救援に乗り出さなかったことだ。

さらにメアリが不在のあいだに、スコットランドにはカルヴァン派のプロテスタントが広がり、熱心なカトリックであった女王自身との対立が激しくなっていく。ジョン・ノックスに代表される宗教改革者はスコットランド議会で影響力を持ち、メアリ帰国の直前に開かれた議会でスコットランドからカトリックが一掃され、カルヴァン派を基調とするスコットランド教会（Church of

Scotland）が発足していたのである。

帰国したメアリは親戚筋のダーンリ卿と結婚し、一五六六年には世継ぎのジェームズも誕生した。ところが翌六七年にダーンリ卿が何ものかに暗殺され、そのわずか三ヶ月後にダーンリ暗殺犯と噂されたボズウェル伯爵と結婚したメアリは貴族層から庶民に至るまで多くの反感を買い、その年の七月に退位を強制され、一歳の息子がジェームズ六世（在位一五六七〜一六二五年）に即位した。翌六八年にメアリはイングランドへと亡命する。

亡命してきたメアリを早々に女王として担ぎ出し、イングランドを再びカトリック国に戻そうとしたのが、北部に勢力を持つカトリック貴族たちであった。しかし諜報網により陰謀はすぐさま察知され、「北部反乱」（一五六九年）もあっけなく鎮圧された。その後もフェリーペ二世が裏でイングランドのカトリック勢力と提携し、先にも記したがエリザベス暗殺計画がたびたび練られていた。これにメアリも荷担するようになった。かつてはスコットランド女王にしてフランス王妃であったメアリも、いまやイングランドの王位継承権しか残されていない。しかもエリザベスが生きている限り王位は回ってこないのだ。

一五八六年七月にエリザベス暗殺計画にメアリが関わっていたという動かぬ証拠が見つかった。ところがメアリに対する死刑執行書への署名に逡巡《しゅんじゅん》していたエリザベスを尻目に、枢密院がついにメアリの処刑を許可し、一五八七年二月八日にメアリは幽閉されていたイングランド中央部に建つ城の大広間で処刑され、四四年の生涯を終えた。

唯一の近い肉親ともいうべきメアリに対して、エリザベスは即位当初から敵意を抱いたことはなかったとされる。ジェームズ誕生時には自ら名付け親《ゴッドマザー》となり、重さ一〇キロにも及ぶ黄金の洗礼台を王子に贈っていた。しかし、プライドがあまりにも高く野心家だったメアリを警戒した家臣たちからの進言を受け入れて、エリザベスは終生メアリに会うことはなかったといわれている。

アルマダ海戦の光と影

このメアリの仇《あだ》を討つべく立ち上がったのがスペイン国王のフェリーペ二世であった。ネーデルラント北部（のちのオランダ）の反乱を裏から支援しているばかりか、「海賊」どもを私掠船と称し、スペインの船を襲わせているエリザベスを一度は懲らしめなければならない。カトリックの盟友メアリの処刑を機に、ついにヨーロッパでも最強と謳《うた》われた「無敵艦隊」（スペイン語でArmada Invencible）およそ一四〇隻が英仏海峡に姿を現した。一五八八年七月のことであった。

しかし密集隊形を組めば向かうところ敵なしのスペイン艦隊も、浅瀬が多く狭い海峡では小回りの利く中型船で占められたイングランド艦隊による放火作戦にはかなわず、散り散りになって退散した。しかもスペイン側の長距離砲は二一門、中距離砲は一五一門に対してイングランド側にはそれぞれ一五三門、三四四門があった。

さらに、このたびのイングランド側の勝利を決定づけたのが、フェリーペが「海賊」と呼んだドレークやホーキンズの活躍だった。エリザベスの時代はイングランドが「大航海時代」へと乗り出した時期とも重なっていた。ドレークはかのマゼランに次いで南大西洋から太平洋、インド洋、アフリカ南端を経て世界一周を成し遂げており（一五七七～八〇年）、ホーキンズはスペイン領を股

アルマダ海戦（1588年）の図

にかけた大西洋貿易に乗り出すほどの強者《つわもの》であった。

こうした航海者たちの探検によって、イングランドは百年戦争に敗北してからこのかた「島国」に閉じこもっていた状況から、一気に海洋国家への道のりを歩んでいく。

さらにはエリザベス女王自身もこのたびの海戦では、テムズ河口のティルベリーに自ら駆けつけ、白馬にまたがり次のように兵士らを鼓舞した。

「私の肉体はか弱い女性のそれであるかもしれな

いが、私は王者の心臓と胃を持ち合わせている」。女王の激励に感銘を受けた兵士らの多くが、その後の大勝利に大いに貢献したのである。

とはいえこの「アルマダ海戦」で、その後の世界の制海権がスペインからイングランドへと移り、エリザベスは七つの海を支配する大英帝国の礎石を築く……というわけにはいかなかった。英仏海峡でのイングランド側の勝利はスペインの提督らでさえ事前に予測していたのであり、彼らの助言を遮ってイングランドを懲らしめに行くことにフェリーペがこだわるほど、彼のエリザベスに対する怒りは頂点に達していたわけである。

こののちもイングランドは、フランスやオランダのプロテスタント勢力を援助するために遠征軍を派遣したが（一五八九～九五年）、たいした戦果を挙げることもできず、戦費は膨らむばかりであった。その総額は一〇〇万ポンドを優に超え、王室の年収（三〇万ポンド）の三倍以上となっていた。議会からの特別税だけでは足りず、ヘンリ八世時代に召し上げた修道院の土地もいまや四分の一しか残っていなかった。エリザベスがアルマダの勝利を祝って描かせた肖像画で彼女の全身を覆いつくした真珠もすべて売り払われた。

海戦の敗北で打撃を受けたスペイン艦隊は翌年にはすべて修復され、少なくともフェリーペが亡くなる（一五九八年）までスペインは世界最強の帝国を維持した。アルマダ海戦の二年後に日本で天下統一を成就《じょうじゅ》した豊臣秀吉（エリザベスより四歳年下）にとっても、彼が理想としたのは日本のすぐ南のフィリピン（フェリーペの島々という意味）まで支配下に収めるフェリーペ二世であり、ユーラシア大陸の反対側の島にいる珍しい「女の殿様」（エリザベス）にはほとんど関心がなかったのである。

イングランド・ルネサンスの興隆

エリザベス一世の治世はまた、イングランドにルネサンス芸術が栄えた時期とも重なっていた。しかしそれは裏を返せば、イングランドが文化的に遅れていた証拠でもあった。学術・芸術の新思潮ルネサンスは、すでに一五世紀初頭にイタリア（フィレンツェなど）で産声を上げていたのだ。それがドイツやフランス、スペインなどを経て、一世紀遅れでイングランドに流入した。

それでも美術の世界ではイングランドに独自の優れた画家はあまりあらわれず、ヘンリ八世もネーデルラント出身のホルバインなどを重用していた。この傾向は一七世紀に入っても変わらず、稀代《きたい》の目利きとして知られたチャールズ一世（第５章参照）も同じくネーデルラントのルーベンスやヴァン・ダイクに天井画や肖像画を多く描かせている。

音楽の世界ではイングランドにも新たな新星が登場してきた。ルネサンス音楽の中心はブルゴーニュ公爵の宮廷に集う作曲家たち（ブルゴーニュ楽派、フランドル楽派）によって担われたが、その影響を受けたトマス・タリスやその弟子のウィリアム・バードなどが優れた教会音楽を次々と世に出していった。中世からルネサンスの時期にかけては、正統な音楽の中核はキリスト教音楽であった。このためテューダー朝時代に生を受けた作曲家は、イングランドにおける「宗教改革」に翻弄されることとなった。

タリスもバードもラテン語によるミサ曲を作っていたが、ミサはカトリック典礼の代表としてエ

シェイクスピアの作品の多くが初上演されたロンドンのグローブ座

ウィリアム・シェイクスピア

ドワード六世時代から忌避されていく。それがメアリ一世時代に一時復活を遂げたものの、エリザベス一世による国教会の復興で再びカトリック的な典礼は公式には認められなくなった。代わりに登場したのが、国教会の朝課・晩課・聖餐式のために歌われるサーヴィスという礼拝曲であり、それはラテン語ではなく英語で歌われる。

　バードは実は熱心なカトリック教徒であったが、宗教界や政界からカトリックを厳しく追放したエリザベス女王も、バードなど芸術家の信仰は許していたようである。

　そしてなんといっても、イングランドのルネサンスを代表する新たな芸術として登場したのが演劇であろう。一六世紀末になると、ロンドンにはローズ座、スワン座、グローブ座などが建ち並び、クリストファ・マーロウの『タイバレイン大王』や『フォースタス博士』、ベン・ジョンソンの『人それぞれの気質で』『錬金術師』といった最新作を上演した。

　そのイングランド演劇界最大の傑物がウィリアム・シェイクスピアである。四大悲劇と呼ばれる『ハムレット』

『オセロ』『リア王』『マクベス』はもとより、『じゃじゃ馬ならし』や『ウィンザーの陽気な女房たち』といった喜劇にも数多くの傑作を残した。さらに王室にとってシェイクスピアが果たした重要な役割が、テューダー王朝の正統性を誇示する数々の史劇を作り、それが上演されていったことだろう。

テューダー家の本家ともいうべき、ランカスタ王家の開祖を描いた『ヘンリ四世』に始まり、アジャンクールの戦いでの勝利が生き生きと演じられた『ヘンリ五世』。さらには第３章でも言及したが（一一〇頁）、テューダー王家の開祖であるヘンリ七世がボズワースの戦いで打ち破ったリチャード三世を、ヘンリの勝利を正統なものとするために、精神も肉体もねじ曲がった王として悪者にした『リチャード三世』などがその代表作である。

ヨーロッパ大陸では、一七世紀の幕開けとともに次代のバロック芸術が花開くが、その特色は演劇性だった。イングランド演劇界はその先がけを用意することにもなったのだ。

「処女女王《ヴァージン・クイーン》」の死

そしてイングランド芸術の中心につねに君臨したのがエリザベス一世にほかならない。詩人エドマンド・スペンサの代表作『神仙女王』（The Faerie Queene）のなかで、エリザベスは永遠に年を取らない栄光ある存在「グロリアーナ」として描かれ、賛美されている。女王自身もきたるべきバロック芸術に象徴される演劇性を意識した「演出効果」を狙い、豪奢な衣装に身を包み、議会の開会式にも仰々《ぎょうぎょう》しい行列を組んで自ら乗り込んでいった。

しかし真実の女王は、そのような威風堂々たる雄姿とは裏腹に、優柔不断ですぐに動揺し、宮廷内でいつも孤独であったと、愛人のひとりで探検家のサー・ウォルタ・ローリーは回顧している。そのローリーが一五八五年にイングランド最初の植民地として建設したのが、北米のヴァージニア植民地だった。生涯独身を貫き、身を挺してイングランドを守ったエリザベスのあだ名「処女女王」（Virgin Queen）にあやかってつけられた名前である。ところが五年後に訪れた開拓者らは、植民地が跡形もなく消えている状態に愕然とした。北米に新たなヴァージニアが築かれるのは、次のステュアート王朝のときである。

エリザベス時代には、商人や探検家が女王から特許状を取得し、共同出資会社を作ってバルト海や大西洋、さらにはインド洋へと乗り出していった。ただし成長期はまだ始まっておらず、のちに世界を席巻《せっけん》する東インド会社も一六〇〇年に創設されたばかりであった。一六世紀のイングランドは農業が中心の社会であり、修道院解散後にヘンリ八世とエリザベス一世の父娘により売却された広大な土地を手に入れた、爵位貴族とジェントリからなる「地主貴族階級《ジェントルマン》」が、政治・経済・社会・文化の中心的存在となりつつあった。

かれらジェントルマンは土地経営だけではなく貿易や製造業にも投資し、彼らの次三男は聖職者や医師、法律家、軍人などの専門職《プロフェッション》階級に就いて、社会の中間部分を支えた。

「アルマダ海戦」の勝利で沸き立ったイングランドではあったが、その直後の一五九〇年代からは低迷期を迎えていく。特に九四〜九七年には一六世紀で最悪といわれる凶作がイングランドを襲った。穀物価格が三五％も上昇し、各地で食糧蜂起が発生していった。また栄養失調は疫病の流行に

エリザベスI世の葬列

もつながった。九六〜九七年には死亡率が二一％も上昇し、世紀末には人口の四割ほどの人々がぎりぎりの生活を強いられていたとされる。こうしたなかで一六〇一年には救貧法が制定され、都市や農村に流入する浮浪者対策が施された。

このようにエリザベス時代の末期は「黄金時代」「大英帝国」などとはほど遠い状態にあり、いまだ脆弱な海運・海軍力しか持たなかったイングランドが七つの海に乗り出していく前には、スペインやフランス、そして新興のオランダなどが立ちはだかっていた。

それでも、上は枢密院や議会を構成するジェントルマン階級から下は庶民に至るまで、自らの幸せを犠牲にしてまでイングランドという弱小国を守り、イングランドと結婚したこの処女女王エリザベス一世の人気は絶大であった。女王は一六〇三年三月二四日午前三時少し前に、ロンドン南部に建つリッチモンド宮殿で息を引き取った。享年六九。その治世は四四年に及んだ。テューダー王朝の君主で最も長生きし、最長の在位を誇った。

そのテューダー王家も彼女の死によって直系は断絶し、宿敵メアリ・ステュアートの長男でスコットランド国王ジェームズ六世がイングランド国王も兼ねることとなった。ちょうど同じ頃に、京都の伏見城では徳川家康（エリザベスより一〇歳年下）が征夷大将軍に任じられている。ユーラシア大陸を挟んだ東端の日本と西端のイングランドは、奇《く》しくも同時期に新たなる時代へと突入していったのである。

第5章

危機の一七世紀——ステュアート王朝の時代

同君連合のはじまり

一六〇三年三月にエリザベス一世が世継ぎを残さずに崩御《ほうぎょ》すると、スコットランド国王ジェームズ六世がイングランド国王ジェームズ一世（在位一六〇三〜二五年）として王を兼ねることになった。イングランドにもステュアート王朝が成立した。ここに長年にわたって敵対関係が見られた両国は、ひとりの君主を媒介とする「同君連合」（Personal Union）で結ばれることになる（なお、近年では彼を「ジェームズ六世／一世」と正式に並列して表記することもあるが、本書では以下、「ジェームズ一世」で統一させていただく）。

ジェームズI世

そればかりではない。前章で見たとおり（一二三頁）、ヘンリ八世の時代からイングランドの国王は「アイルランド王」をも宣言していた。ジェームズ一世は、それぞれに法や慣習、制度や宗派の異なる三つの王国からなる「複合君主制国家」（composite monarchy）の君主として統治にあたらなければならなくなったのである。ハプスブルク家の皇帝カール五世に代表されるとおり（一二三頁）、当時はこうした国家形態は珍しくなかった。しかもカールの場合には、西はスペインから東はハンガリーまで広大な領

ステュアート王朝系図

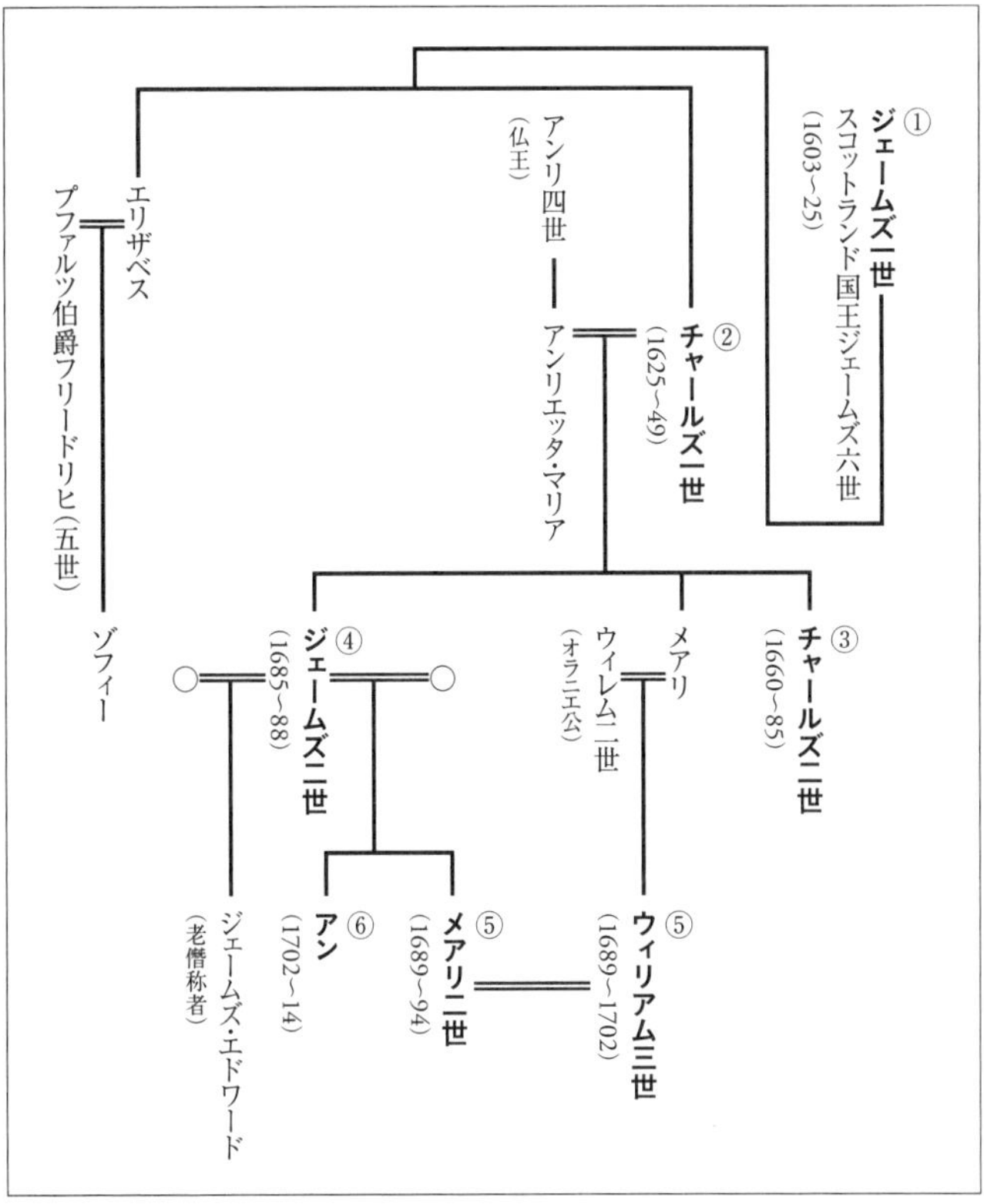

土を治めねばならなかったが、それに比べればジェームズの領地はブリテン諸島内に限られていた。

　それでも三王国の統治はジェームズにとっては重荷であった。彼はこの三王国を将来的に「ブリテン王国」として完全なる連合（Perfect Union）により合邦させたいと考えた。元々彼が統治していたスコットランドの人口は八〇万ほどにすぎないが、これにイングランド（四一一万人）、ウェールズ（二九万人）、アイルランド（一四〇万人）を併せれば、一挙に六六〇万人を擁する大国になりえる。ジェームズはこの人口や経済力を利用して、ヨーロッパ国際政治に一定の発言力を得ようと試みたのである。

しかし「完全なる連合」には、イングランド議会はもとより、スコットランドの議会も消極的であり、最終的にはジェームズの野心は潰える。

そのジェームズがまず取り組まなければならなかったのが、当時のヨーロッパで最大の懸案事項となっていた「宗教」の問題であった。同君連合によりひとりの君主の統治下に入ったとはいえ、各国は別々の宗派を擁していた。イングランド国王に即位した翌年に、ジェームズはイングランドでは国教会を、スコットランドでは長老派（カルヴァン派）をそれぞれ主流とする旨を確認し、ブリテン島における宗派の「棲み分け」をおこなったのだ。これにより両国で再び抑圧の対象となったカトリック勢力が国王暗殺を企てるが、これは未然に防がれた（一六〇五年一一月の火薬《ガンパウダー》・陰謀事件《プロット》）。

この過程のなかで聖書の英語訳作業が本格的に進められ、それは一六一一年に完成した『欽定訳《きんてい》聖書』に結実した。国王の命により、聖職者や学者たちが四年もの歳月をかけてまとめあげたこの聖書は、シェイクスピアによる数々の戯曲（一四〇頁）とともに、この国に英語文化の確立を決定づけることにつながったのである。

そもそもがスコットランド・ルネサンスを代表する哲学者でもあったジェームズ一世は、その著書『自由なる王国の真の法律』のなかで「王権神授説《おうけんしんじゅせつ》」（後述）を信奉していたが、彼は決してイングランド議会を蔑《ないがし》ろにすることはなく、戴冠式でも「王国の慣習と法に従う」ことを約束し、ロンドンを拠点にイングランド、スコットランド、アイルランド三王国の統治にあたっていく。しかし、ここにイングランド議会との間に思わぬ確執が生じていく。

王権と議会の衝突

ジェームズがイングランド国王に即《つ》いたとき、彼には四〇万ポンドの負債があったが、王との関係を良好に保ちたいイングランド議会はそれを帳消しにできるだけの課税を承認した。ところがこの王は大変な浪費家であったのだ。加えて、デンマーク王室から嫁いだアン王妃は、アンティークのゆりかごを蒐《あつ》めるのが趣味で、年に一万ポンド以上を費やすこともあった。王室の負債は膨らんだ。そこで王の持つ徴発権や封建的諸権利を放棄する代わりに、毎年多額の助成金を出す案（大契約）も計画されたが、失敗に終わる。

大契約を挫折に導いたのは地方のジェントリ（中小地主）からなる庶民院の反発だった。そこで王は彼らに爵位を売却したり、貴族と勲爵士（Knight）との間にジェントリ最上層として新たに「准男爵」（Baronet）の位を創設し、これを売却することで財源を確保しようと努めた。しかし名誉の売却は、今度は由緒ある貴族層（貴族院）から反発を買う結果となった。

王の権威・権力は神から授けられたものであり、王は超法規的な存在であるとする「王権神授説」を信奉してはいたジェームズだが、現実政治では議会との妥協を辞さなかった。しかし規模も小さく制御しやすかったエディンバラのスコットランド議会とは異なって、これまで数々の修羅場をくぐりぬけてきたウェストミンスタのイングランド議会は様々な利害を背負っており、ジェームズへの対応はしたたかだったのである。

国王と議会の相互不信がさらに増大したのが、ヨーロッパ大陸への関与をめぐり両者が衝突するようになってからのことである。一六世紀半ばにカトリックとプロテスタントの棲み分けが成立した神聖ローマ帝国では、それから半世紀も経たないうちに両派の諸侯間で対立が再燃し、ついに「三十年戦争」（一六一八〜四八年）へと発展した。その端緒《たんしよ》となったのが、プロテスタント諸侯の多いベーメン（ボヘミア：現チェコ）の王にプファルツ伯フリードリヒ（プロテスタント）が推戴《すいたい》されたことだった。

ベーメンは本来がハプスブルク家の本拠地であり、ここに皇帝フェルディナント二世とフリードリヒの衝突からカトリック諸侯対プロテスタント諸侯の大戦争へと発展したのだ。ところがスペインやバイエルンといったカトリック強大国の攻撃に遭い、フリードリヒは早々に敗退してしまう。実はフリードリヒの妃こそがジェームズ一世の長女であり、王は娘夫婦の救援に駆けつけたいところであった。しかし、イングランドと直接関係のない神聖ローマ帝国内の争いに、議会が簡単に課税を承知してくれるはずもない。

「平和王」（ラテン語でRex Pacificus）の異名を取ったジェームズは、ブリテン諸島の力を背景にヨーロッパにおけるカトリックとプロテスタントの対立の仲裁役となり、まさに平和をもたらすことが夢であったとされる。しかし当時の複合君主制国家としての三国の現実と、大陸の問題などに金は出さない議会との確執とのため、それは夢のまた夢となっていた。国を追われた娘夫婦はオランダへと亡命せざるを得なくなった。

ジェームズ一世は、イングランド王としての治世二二年のなかで八会期三六ヶ月の議会を開いた。開催期間の長さだけを見れば、エリザベス一世（四四年の治世で一〇会期三四ヶ月）より長いものではあった。しかしジェームズが議会を開いたのは自身が必要と感じたときだけであり、しかも自身の要求が通らなかったときにはすぐに閉会しており、一ヶ月未満の議会が多かった。ジェームズ一世の治世の最後の頃には、王権と議会の関係は明らかに冷え切っていたとされている。

チャールズ一世の登場

そのジェームズが亡くなり、一六二五年三月に国王となったのがチャールズ一世（在位一六二五～四九年）である。彼は「平和王」の父とは異なり、即位後早々にスペインへの攻撃（カディス遠征）に乗りだしたものの、大失敗に終わった。

チャールズ1世

そもそもジェームズの次男だったチャールズは、ハンサムで人気の高かった兄ヘンリの急逝により、突然王位を引き継ぐ運命となった人物だ。いつも兄の陰に隠れていたチャールズは、背も低く、優柔不断で、幼少時に吃音《きつおん》を抱えていた。このため人前に出るのが嫌いだった。しかしそれは王としては致命的な欠点となってしまった。父王は服装に気を遣わず、不潔でだらしなく、いつも家臣に小言ばかりいってうるさく、おまけに男女双方に複数の愛人を持つような人物だった。それでも人々は彼を嫌うこともなく、むしろ親しみを持った。

これとは正反対にチャールズは妻や家族を大切にし、品行方正で宮廷内の汚職やスキャンダルを嫌い、道徳的には父よりはるかに立派な王であった。しかし幼少時の吃音のため、「沈黙王」(Silent King) のあだ名をつけられた彼は、いつも取り澄まし、内気で、小ずるい印象を周囲に与えてしまった。また特定の取り巻きしか信頼できず、優柔不断だが、自分が正しいと信じたことを押し通そうとするところがあった。

さらに深刻だったのがチャールズが父王以上に王権神授説を信奉し、自ら絶対君主制をイングランドに確立しようと望んだことだった。

ところが一七世紀のイングランドは、議会から支持を得た無給で自発的な官吏によって運営されていたのである。庶民院に代表を送り込む各州では、それぞれ八〇ほどの名家が五〇人ぐらいを輪番制で選び、徴税、義勇軍の維持・訓練、社会経済的な立法、裁判などを担い、全国に三〇〇〇人ほどいるジェントリたちによって実質的に統治されていた。当時のイングランドには、国王直属の常備軍は存在せず、彼らジェントリが組織する義勇軍しかなかった。さらに統一的な警察組織もなく、これまたジェントリが一年交替で務める保安官や治安判事などが市町村の治安の維持にあたっていた。

ブリテン島に限らず、当時のヨーロッパで絶対君主制を支える重要な要素とされた国王に直属する常備軍も強力な官僚機構も、イングランドには存在しなかったのである。それにもかかわらず、絶対君主になろうとすること自体に無理があった。

あくまでもヨーロッパ大陸での戦争に関わろうとするチャールズ一世は、強制借り上げ金を断行し、これに反対するものを逮捕・投獄するなどした。これに対して、ついに庶民院と貴族院とが、議会の同意のない課税の禁止、恣意的な逮捕からの自由などを盛り込んだ「権利の請願」(Petition of Right) を一六二八年に国王に提出した。しかしこののち、国王の側近（バッキンガム公爵）の暗殺などを機に、王権と議会の対立は抜き差しならぬものとなった。一六二九年三月に国王により議会は停会となり、以後一一年間も開かれることはなかった。

この間、議会の承認による課税はいっさいおこなわれず、国王は議会の承認なしの「課税」により財政を賄った。これに異議を申し立てるものは不当に逮捕・投獄された。しかし王の側近にしてカンタベリ大主教ウィリアム・ロードの進言により、イングランドの国教会制度がスコットランド教会に押しつけられるや、ここに反乱が生じる。即位当初からロンドンに居座る「不在王」チャールズは、スコットランドでも評判が悪かった。戦費に窮した国王は、ついに一一年ぶりにイングランド議会を召集せざるを得なくなった。

清教徒《ピューリタン》革命から三王国戦争へ

一六四〇年四月に開会されるや、議会では「苦情のカタログ」とも呼ばれる議員からの不満が噴

オリヴァー・クロムウェル

出した。王はわずか三週間で議会を閉じてしまう（短期議会）。ところが八月にスコットランド軍が北部の要衝ニューカースルまで占領し、王は停戦には応じ五万ポンドのもの賠償金をスコットランドに支払う必要があった。そこで一一月に再び議会が開かれ、こちらは基本的に一六五三年まで継続されることになる（長期議会）。

この議会では、議会の同意のない解散や課税を禁止する法律が作られたが、頑なな姿勢を示す国王に、ついに議会は官職の任免や枢密院の決定事項にまで干渉する態度に出た。一六四二年八月、イングランドは国王軍と議会軍とに分かれ「内乱」（Civil War）となる。両陣営を階級や地域で単純に色分けはできないが、商工業の発展した東部・東南部に議会派が、守旧的な西部や北部に国王派が、それぞれ多かったということができる。

当初は戦闘経験豊富な貴族たちの兵力からなる国王軍側が優勢であった。議会軍は州の義勇軍あがりの者たちで戦闘経験が乏しく、州外で戦うことも好まなかった。さらに全国的な規模の財政基盤も持っていなかった。こうした弱点を克服した「鉄騎隊」と呼ばれる騎兵連隊を組織し、議会軍の立て直しを図ったのがケンブリッジシャ選出の庶民院議員オリヴァー・クロムウェルである。彼によって築かれた新型軍（New Model Army）は、やがて国王軍を各地で撃破していった。

チャールズ I 世の処刑

議会側の指導者には、イングランド国教会をさらに急進的に改革すべきと唱える清教徒（Puritan）と呼ばれる人々が多かったこともあり、かつてわが国ではこの内乱を「清教徒革命」と呼んでいた。ただし近年では、イングランドにおける国王と議会の衝突だけではなく、スコットランド、アイルランド両国で「不在王」への反乱が生じ、それぞれに固有の戦乱がひとつの戦争へと発展したことから、「三王国戦争」という呼称が与えられている。

実際にチャールズ一世は、戦争の前半は議会軍とスコットランド軍の提携に敗れ、後半は自らスコットランド軍と連携して議会軍に挑み、さらにアイルランドのカトリック勢力にも近づくという、恥も外聞もない戦略を採っていた。しかしその王もついに命運が尽き、一六四九年一月に議会による裁判の後に、ロンドン中央部のホワイトホール宮殿前で斬首刑に処せられた。公衆の面前で処刑された王はイギリス史上チャールズ一世だけである。

ここに複合君主制国家としての問題が浮上した。革命前に反乱を起こしプロテスタント系市民を殺害したアイルランドに、クロムウェル率いるイングランド軍が一六四九年から遠征し、大殺戮《だいさつりく》の末に多くのカトリック系地主から土地が没収された。それは資金を用立ててくれた投機者や兵士らに分け与えられた。さらに相談なく国王のクビをはねたイングランドに反発し、スコットランドが皇太子（のちのチャールズ二世）をブリテンの王として推戴したのに怒り、クロムウェル軍は翌五〇年にスコットランド征伐に乗り出す。クロムウェルはここでも勝利をつかみ、皇太子は亡命し、三王国戦争は終焉を迎えた。

こうしてイングランド、スコットランド、アイルランドは、イングランドの議会勢力が築いた体制の下に組み込まれることになった。かつてジェームズ一世が連合王国にまとめようとしていた複合君主制国家は、皮肉なことに彼を開祖とするステュアート王朝を倒壊した議会勢力によって、「共和政」（Commonwealth）の下でひとつに統合されてしまったのである。しかもそれは数多くの人々の犠牲の上に築かれた体制であった。

共和政の時代

とはいえ、共和政も決して一枚岩ではなかった。すでにイングランドにおける内乱末期の時点で、議会内に党派抗争が生じ、長老派と呼ばれる一派が追放され、独立派の議員らからなる「残り物議会《ランプ》」に転じていた。この議会もやがて保身に走り、一六五三年四月に革命の英雄クロムウェルによって解散させられた。その年の一二月、イギリス史上初めて成文化された憲法典として「統治章典」（Instrument of Government）が制定される。共和政はこののち、護国卿、国務会議、議会の三者の均衡の上に成り立つこととなった。

国務会議とともに行政権を担う護国卿にはクロムウェルが就任した。また議会（一院制）は三年に一度の召集と五ヶ月の会期が保証された。しかし内乱のさなかから見られていた議会と軍隊の確執を抑えることはできなかった。各地では反革命の動きも生じていたが、議会は財政難を理由に軍隊の大幅削減を主張したのである。ついに一六五五年にクロムウェルは議会を解散し、イングランド全土を一一の地域に分けてそれぞれ軍政官に統治させることにした。彼らの多くがかつてクロムウェルとともに戦った戦友たちだった。

謹厳実直なカルヴァン派特有の厳格な規律を守る清教徒のクロムウェルに典型的に見られるが、この時代のイングランドは飲酒や賭博、娯楽全般が各地で禁じられた。シェイクスピアの時代に一世を風靡《ふうび》したロンドンの芝居小屋は閉鎖され、歌舞音曲《かぶおんぎょく》は規制された。宗教儀礼での音楽も禁じられ、教会のオルガンは破壊され、合唱隊も解散させられた。タリスやバードの時代に築かれたイングランド音楽の伝統はここに一時的に途絶えることとなる。

軍政官制度は各地で反発を招いたので体制の立て直しを図り、クロムウェルの一派が「謙虚な請願と提案」と題する新しい憲法を作成し、議会での審議を経て一六五七年三月に護国卿に提出した。そこには体制に継続性と安定性を与えるため、クロムウェルに王位を提示する内容までが含まれていた。しかしそれは肥大化したクロムウェルの権力を制限し、彼を先例や法治にしばりつけようとする策が裏に隠されていたのである。

王になったクロムウェルの風刺画

これを見抜けないクロムウェルではなかった。彼にとっての権力基盤は「神の意思」であった。国王になった瞬間から、議会にしばりつけられるであろうことは、自らが議員として体験したことや、さらにこの国の「王権と議会」の長い歴史を見れば明白だったのだ。だからこそ彼はあえて「王殺し」(Regicide)も躊躇《ちゅうちょ》せずに実行し、イングランドの伝統や先例とも決別しようと心に誓ったのである。

王位をはねつけたクロムウェルではあったが、一六五七年六月に彼が執りおこなった二度目の護国卿就任式は、さながら王の戴冠式のようであった。手に聖書と黄金の笏《しやく》を持ち、ローブと毛皮に身を包む彼の姿は王侯のそれにほかならなかった。クロムウェルは、チャールズ一世が残した宮殿で執務を取り、彼の身の回りの世話は廷臣が担い、まるで宮廷のようだった。しかも護国卿は自らを「殿下」(Highness)とまさに王侯並みに呼ばせていたのだ。

クロムウェルは、地方ジェントリと職業軍人の性格を併せ持った特異な存在であった。宗教的には急進的だが、政治的には保守的で、政治的な視野は広く、まさにカリスマ的な指導者であった。内乱終結後の様々な党派抗争を経た護国卿による政治体制は、軍事独裁政権のような色彩を濃く帯びることになってしまった。彼が健在なうちは共和政下の軍隊と議会とは調和を保つことができたが、中枢に位置する彼がいなくなれば、崩壊する危険性があったのである。

イングランドの海外進出

他方でステュアート王朝初期から共和政にかけてのイングランドは、大西洋に本格的に乗りだしていく時代でもあった。一六〇六年に王立ヴァージニア会社が設立され、現在のヴァージニア州には王の名にちなんで「ジェームズタウン」が建設されている（〇七年）。さらに一六二〇年にはイングランドで迫害を受けた清教徒たちを中心に、のちに「巡礼の始祖」（Pilgrim Fathers）と呼ばれる一団が現在のマサチューセッツ州に入植を開始した。

こうして一七世紀半ばまでにはイングランドから北アメリカへと入植する人々が増え、タバコや穀物など本国との取引も開始される。しかし当時のヨーロッパで最大の交易国はオランダであった。他地域間の中継貿易を低輸送費で請け負っていたオランダ船は、大西洋貿易においても西インド諸島（カリブ海）やニューアムステルダム（現在のニューヨーク）を拠点に他国を圧倒し、イングランドと北米植民地間の貿易に浸食するようになった。

これに不満を抱く商人からの要請を受け、共和政議会は一六五一年に航海法（Navigation Act）を制定する。それはオランダによる中継貿易を事実上閉め出す法律であった。この法律は王政復古後にも改めて制定され、それがオランダとの三次（一六五二～五四、六五～六七、七二～七四年）にわたる「英蘭戦争」へと発展した。

クロムウェルは同じくプロテスタントを信奉するオランダとの戦争は望まなかったが、航海法は彼がスコットランド遠征中に議会により制定されたものだった。とはいえ北米との取引だけではなく、捕鯨やニシン漁、東インドをめぐっても英蘭の間には対立が絶えなかったのである。ヨーロッパ大陸のカトリック大国、とりわけスペインが掲げる普遍帝国の確立に敵意を抱いていたクロムウェルは、オランダとも早々に講和を結び、カトリックではあるが、同じくスペインと敵対するフランスと提携して、スペインとの戦争に入る。

一六五四年暮れから一四隻の船団でおこなわれた西インド遠征であったが、失敗に終わった。ただし五五年にはカリブ海のスペイン領だったジャマイカを獲得し、以後は同地がカリブ海におけるイングランド交易の拠点となり、やがてサトウキビ栽培の中心地になっていく。このようなクロムウェルの共和政政府を、「世界戦略を持ったイギリス史上最初の政府」として高く評価する歴史家もいる。

ヨーロッパ国際政治においては、ジェームズ一世やチャールズ一世は、大国スペインとフランスの間を右往左往するだけで、政略結婚により有力な王朝と同盟関係を結ぶことに精一杯であった。一方、クロムウェルはカトリックを信奉する有力な王朝を敵視する「プロテスタント外交」を展開し、より現実主義的に「国益」を重視した。それが前述のようなカトリックのフランスとの同盟にもつながった。

一七世紀前半のフランス外交を主導した宰相リシュリューが示したような「国家理性」（宗派の相違より国益を重視）という考え方が、クロムウェルにも備わっていたのであろう。

また一七世紀前半の段階では、東アジアからインドにかけての貿易では、イングランドはオランダ東インド会社に出遅れている状態が続いていた。一六〇〇年に日本に漂流し、当時の天下人《てんかびと》だった徳川家康から篤い寵愛を受けたウィリアム・アダムズ（日本名は三浦按針《あんじん》）のようなイングランド人もいたが、彼の死後に平戸に置かれたイングランドの商館は閉鎖され（一六二三年）、以後はヨーロッパのなかではオランダが対日貿易を独占する状態が幕末まで続くことになる。

王政復古とフランスの野望

一六五八年九月三日、クロムウェルはインフルエンザによりあっけなくこの世を去った。彼の死後に三男リチャードが護国卿を継いだが、父のように議会と軍隊の調整をおこなうのは難しかった。翌五九年にはリチャードは辞任し護国卿政権が崩壊し、開催中の議会の大半の賛成と後押しを受けて、「王政復古」（Restoration）が決まった。オランダに亡命していた皇太子がチャールズ二世（在位一六六〇～八五年）として三王国の王に正式に即位したのである。

チャールズ2世

帰国前（一六六〇年四月）にチャールズは「ブレダ宣言」を発し、清教徒革命中の議員たちの行動については（王殺しに関わった一部を除いては）大赦を与え、革命中の土地所有権の変動や、軍隊の未払の給与などについては議会で解決案を決定していく旨を公表した。

やはりこの国には「生まれながらの支配者」が必要であると感じた議会は、新王に年間一二〇万ポンドもの歳費を認めた。それは徴発権や封建的諸課税を放棄する見返りとして関税や消費税を財源とする歳費であった。イングランド国教会も正式に復活したが、新王は他の宗派に対しても寛容な姿勢を示した。

のちに「怠惰王」(lazy King) と呼ばれることになるチャールズ二世にとっては、大陸での亡命生活から王位に戻ることが最大の目的であり、それさえ達成してしまえばあとは「よきに計らえ」で、主要な政策はすべて大臣たちに任せてしまう。彼はステュアート王朝のなかで唯一、長期的な目標も野心もない王であった。父王のように「悪しき取り巻き」が政治を進める危険はなかったが、野心家につけ込まれる危険があるとも言えるのである。それが従弟《いとこ》でフランス国王のルイ一四世であった。

一七世紀の世界は、一四世紀と同じく(一〇〇頁)、地球の寒冷化に伴い不作や疫病が世界各地で生じ、それに伴う戦争や反乱が多発した。中国でも明《みん》から清へと王朝が交替し、ヨーロッパでは「三十年戦争」に代表される戦乱が続いた。ある統計によれば、一七世紀にヨーロッパで戦争が見られなかったのは、わずか四年間しかなかったといわれる。

チャールズが王政復古を果たした一六六〇年代も、オランダとの二度目の戦争(六五~六七年)に加え、ペストの流行でロンドンでは七万人が死亡し(六五年)、翌六六年九月にはそのロンドンで大火が発生して、市内のおよそ八五%を焼きつくす大惨事となった。これ以後、ロンドンは木造建築を禁止し、今日《こんにち》に続くような石造りの町へと変貌したのだ。

このようにロンドン市民が大変な目に遭っていたさなかに、国王チャールズは相変わらず自分のことしか考えていなかった。祖父（ジェームズ一世）に似て浪費家だった彼は、祖父の三倍もの歳費を議会に認められていながら、あっという間に財政難に陥ってしまった。そこにすり寄ってきたのが従弟の「太陽王」ルイ一四世だった。彼もまた一六六〇年代に、その領土をライン川にまで拡大しようとフランドル（現ベルギー）に侵攻し、オランダの策謀で計画を頓挫させられていた。フランスにとってもオランダは通商上の敵対国であり、ルイはオランダを外交的に孤立させてからその地に攻め込もうと計画する。

一六七〇年五月にイングランド南部のドーヴァで、チャールズ二世とルイ一四世は極秘の会談を持つ。近いうちにオランダとの戦争に乗り出すのでイングランドに援護してもらいたい。そうすればルイは、チャールズに年二二万五〇〇〇ポンドの「裏金」を渡そう。金欠だったチャールズにとっては願ってもない申し出だった。イングランドもオランダと通商戦争のさなかにあり、フランスに協力するのはやぶさかではなかった。

トーリとホイッグ —— 王位継承排除危機のなかで

ところがルイはチャールズにさらなる約束をしてくれれば、あと年額一五万ポンドの裏金を追加すると提案した。それはチャールズ二世が正式にカトリックに改宗するという約束だった。そもそもチャールズの母はルイの叔母《おば》（父の妹）にあたり、イングランドに輿入《こしい》れしてからもカトリック信仰を捨てなかった。それがまた王妃に対する清教徒議員からの反発を強めていた。そして父チャールズ一世の首が切られ、一家が亡命先として頼ったのがルイ一四世のフランスだった。実は、このときにチャールズ二世は、密かにカトリックに改宗していた。

一六六〇年五月に王政復古を果たすにあたって、チャールズはこの改宗の件はいっさい伏せていた。なにせイングランド国教会の首長とスコットランド教会の擁護者にならなければ、王には認められないのだから。その点でチャールズは実に慎重であった。一〇年後にルイと結んだ「ドーヴァの密約」により、一六七二年にチャールズは議会の休会期を狙ってオランダに宣戦布告すると同時に、「信仰自由宣言」を発し、イングランドにおける他宗派への寛容を布告した。これに対して翌七三年二月に開会した議会では、この宣言を牽制するため「審査法」(Test Act)が制定され、今後はイングランドで公職に就くものは国教徒に限られることになったのである。チャールズは議会の対応に抵抗は示さなかった。

ところがこの審査法の適用によって、早くも公職を退いたものがあらわれた。チャールズの次弟ジェームズ(二世)だった。彼は海軍長官という要職にあったが、自らがカトリックであるとの理由で職を辞したのである。これはのちの大問題につながることになる。

チャールズ二世は一六六二年にポルトガル王女キャサリンと結婚した。かつての大航海時代の栄華は消えていたが、当時のポルトガルは広大な植民地ブラジルを有し、世界的な交易を続けていた。このキャサリンこそが当時は超高級品であった紅茶と砂糖をイングランドに持ち込み、この国に「紅茶文化」を初めて広めた人物であった。彼女との夫婦仲は決して悪くはなかったが、チャールズは子宝に恵まれることはなかった。

実はチャールズには愛人との間には一七人もの子どもがいたとされている。しかし彼らはすべて私生児であり、王位継承権はない。チャールズの没後には次弟ジェームズに王位が譲られることになる。とはいえジェームズはカトリックであることを公言しているばかりか、兄王以上にルイ一四世を頼りにしており、このままではイングランドがフランスの属国にされてしまうおそれがあった。

一六七九年の議会にジェームズを王位継承者から排除する法案が提出された。激怒したチャールズはすぐに議会を解散したが、その後の総選挙でも排除法推進派が勝利を収めた。こののち推進派は全国的規模で請願活動をおこない、国王を支持するものは請願を嫌悪した。この請願派が「ホイッグ」（Whig：スコットランドの暴徒）、嫌悪派が「トーリ」（Tory：アイルランドの盗賊）と呼ばれるようになり、これ以降のイギリス議会政治に登場する二大党派の源流となっていくのである。

ポルトガル王女キャサリン

両党派は真っ向から衝突していたわけではないが、トーリは国王と国教会が国民統合のうえに果たす役割をより重視し、ホイッグは議会の役割を強調するとともに宗教的寛容を推進する傾向が強かった。

日頃は議会に出てくることのなかった「怠惰王」もこのときばかりは貴族院審議に姿をあらわし、排除法案は最終的には成立しなかった。一六八五年二月にチャールズ二世は死の床で自身がカトリック教徒であったことを告白し、五四年の生涯を閉じたのである。

名誉革命の光と影

ここに兄王の後を受けてジェームズ二世（在位一六八五〜八八年）が即位した。議会での排除法案の騒動の際には、審査法を遵守《じゅんしゅ》し、イングランドをカトリックに戻すような政策はおこなわないと約束していたジェームズも、王になってからは前言を撤回する。即位直後にチャールズの私生児（モンマス公）を担いだ反乱が勃発したが、議会の承認による二万の兵力で鎮圧された。ところが王は反乱終了後もこの兵力を解散しなかったのだ。

さらに全国の治安判事の三分の二が解雇され、州統監の大半が辞めさせられた。かつて父のチャールズ一世は直属の「常備軍と官僚機構」なしに絶対君主制を確立しようとして失敗した。ジェームズ二世のこれらの政策は、従弟のルイ一四世の手法を見習いながら、父が成し遂げられなかった絶対王政の確立をブリテン島内で実現しようとの試みであると、議員の多くからとらえられるものであった。

こうしたなかで議会の主要議員らは、ジェームズ没後の王位継承者と目されていたメアリ（ジェームズの長女）の夫でオランダ総督ウィレムと秘かに提携し、ジェームズがこれ以上の暴挙に出るときには協力してこれを抑える手はずを整えていた。そのような矢先にジェームズ二世の後妻（イタリア王侯の娘）に男子ジェームズが誕生した（一六八八年六月）。これによって王位継承権はこの男子が優先されることになった。この子もカトリックの幼児洗礼を施されている可能性は高い。ついに立ち上がる時機だ。

一六八八年一一月にイングランド議会の大半の支持を得たウィレムがイングランド南岸へと上陸した。国内ではジェームズに味方する者はおらず、一二月に王は国外へ逃亡した。こののち新国王の選出にあたり、議会内でトーリとホイッグの間に齟齬《そご》が生じたが、翌八九年二月にはウィリアム三世（ウィレムの英語読み：在位一六八九～一七〇二年）とメアリ二世（在位一六八九～九四年）の共同統治がおこなわれることに決まった。

イングランド南岸に上陸するウィレム

ウィリアム３世とメアリ２世

このようにジェームズ二世とウィレムとの間で一戦も交えられることなく、無血の革命に成功したことから、この事件は「名誉革命」(Glorious Revolution) と呼ばれている。

しかしイングランドでは無血であったかもしれないが、その他の地域では流血の惨事が見られたのだ。まずはカトリック王の登場に歓喜したアイルランドである。すでに即位直後にアイルランドの陸軍将校の大半をカトリックで固めていたジェームズは、ルイ一四世の援護を受けて、一六八九年三月にアイルランドに上陸した。ジェームズが瞬く間に島を支配すると、ウィリアムが三万の軍勢を率いて遠征に赴いた。そして翌九〇年七月のボイン川の戦いでジェームズ軍を粉砕し、ジェームズはフランスへと逃れていった。

さらにスコットランド北部にも「ジャコバイト」(ジェームズ派の意) と呼ばれる一派がおり、一六八九年七月に反乱を起こしていたが、こちらも派遣軍により鎮圧された。

このように名誉革命は、スコットランドやアイルランドでの流血のうえに築かれただけではない。政治体制も共和政に移行したわけではなく、「革命」という呼称にも違和感があるかもしれない。しかし一六八九年一二月に出された「権利の章典」(Bill of Rights) により、こののち議会は毎年開かれることとなった。ヨーロッパ全体が絶対君主制におおわれていたなかで、イングランドに「議会君主制」(parliamentary monarchy) が比較的穏便なかたちで確立したことは、きわめて画期的な事件であったといえよう。これ以後イングランドでは、議会は行事 (event) ではなく、制度 (institution) となったのである。

ヨーロッパ国際政治への参入

イングランド（及びスコットランド）に議会政治を基盤とする立憲君主制が確立されたのとときを同じくして、名誉革命はヨーロッパ国際政治におけるイングランド（及びスコットランド）の立ち位置にも大きな変化を及ぼすこととなった。

クロムウェル時代の一時期を除き、ステュアート王朝の王たちは弱小国イングランドの独立を維持しようと、特定の大国と同盟を結ぶことでその場しのぎの安全を確保してきた。いわゆる「相互安全保障」（mutual security）の手法である。このためヨーロッパに強大な帝国を築こうとする動きが出てきたとしても、大陸の動向にはほとんど気を払わず、自国さえ安全であればそれでよいという消極的な姿勢を取っていた。

しかし一七世紀後半以降のヨーロッパでは、太陽王にして「戦争王」のルイ一四世が、自国の領土をライン川にまで拡大しようと、フランドル戦争（一六六七～六八年）、オランダ戦争（七二～七八年）と相次ぐ戦争に乗りだしていた。イングランド（及びスコットランド）はもはや弱小国ではなく、オランダに次ぐ商業大国であり、海軍力も強大だった。それにもかかわらずヨーロッパ大陸の危機に目を背けるのはおかしい。国際政治の激戦地オランダからやってきたウィリアム二世は議会に強く働きかけた。

ウィリアムが訴えたのが「勢力均衡」（balance of power）という考え方であった。いずれかの強国が強くなりすぎてしまっては脅威になる。野望の芽は青いうちに摘み取り強大になりすぎる前に叩かなければならない。もはや時代は「集団安全保障」（collective security）が主流となっており、自国だけ助かればよいということは不可能になっていた。

　折しも名誉革命のさなかに、ルイ一四世はライン川沿いのプファルツ伯爵領の継承問題に首を突っ込んでおり、オランダやハプスブルクなど周辺国が「アウクスブルク同盟」を結成し、ルイの野望を阻止しようとしていた。いわゆる「アウクスブルク同盟戦争」（九年戦争ともいう：一六八八〜九七年）である。それまでこの戦争に無関係であったイングランド（及びスコットランド）はついにこれに加わった。最終的にルイはプファルツの領有を諦め、それまで認めていなかったウィリアム三世の王位も承認せざるを得なくなる。

　さらに深刻な状況となったのがスペイン問題であった。ハプスブルク家のカルロス二世には世継ぎがおらず、カルロスは血縁関係のあるルイ一四世の孫フィリップを、フェリーペ五世として後継者に指名した。ただしフィリップは、フランスの王位継承権を放棄しなければならなかった。カルロスの死後にフェリーペ五世が王位に即《つ》くが、その直後に祖父のルイ一四世が彼のフランス王位継承権を復活させたため、ここに強大な「ブルボン帝国」が西ヨーロッパに登場する機運が高まってしまった。

　ウィリアム三世は即座に神聖ローマ皇帝レオポルト一世らとハーグ同盟を築き、ルイを包囲していく。こうしてイングランド（及びスコットランド）は、スペイン継承戦争（一七〇一〜一四年）にも参戦した。同盟側が優位に立つなか、最終的に諸列強はフェリーペ五世のスペイン王位を認めたものの、彼にフランスの王位継承権を放棄させることで、ヨーロッパ国際政治の均衡は保たれたのである。

ウィリアム三世がイングランドとスコットランドの王に即いたことで、両国はこののちヨーロッパ国際政治に本格的に参入し、大国の一員として勢力均衡の維持に尽力していくこととなるのである。

大西洋帝国の登場

そしてこの時代の戦争は、もはやヨーロッパの枠内だけにとどまらないものとなっていた。すでにイングランドは三次にわたるオランダとの戦争で、北アメリカに確固たる勢力圏を築くようになっていた。特に第二次英蘭戦争（一六六五〜六七年）の際には、オランダ海軍がテムズ川に侵攻してイングランド艦隊が焼き討ちに遭うという敗北も見られたが、最終的にはアメリカ大陸にオランダが有していたニューネーデルラント植民地がイングランドに割譲される。海軍長官として北米遠征を指揮した国王の弟ジェームズ（のちのジェームズ二世）の爵位（ヨーク公爵）にあやかり、以後は「ニューヨーク」植民地と呼ばれることとなった。

北アメリカにおいて、オランダの脅威が弱まると、イングランドにとって最大の敵となったのがフランスであった。そしてヨーロッパでフランスを包囲する大戦争に加わったイングランドは、同時期に北アメリカでもフランスと対峙することになった。アウクスブルク同盟戦争は、そのまま王の名を取って「ウィリアム王戦争」（一六八九〜九七年）と呼ばれた。現在のカナダと合衆国の東海岸をめぐる戦争は、次のスペイン継承戦争と同時期の「アン女王戦争」（一七〇二〜一三年）にも持ち越された。

後者の戦争の講和はオランダのユトレヒトで締結された。ここでスペイン最南端の要衝ジブラルタルや地中海のミノルカ島を獲得したイングランドであったが、同時に北米でもフランスからニューファンドランドとアカディア、ハドソン湾などを獲得し、さらにスペインからは南米等（スペイン領）での奴隷貿易参入権まで手に入れたのである。

アン女王

一七世紀半ばまでに、ポルトガルやスペインが着手し始めた、西アフリカからカリブ海やアメリカ大陸に奴隷を運び、砂糖や穀物、嗜好品等をヨーロッパに運び、武器や工業製品を西アフリカに運ぶという、「三角貿易」に代表される大西洋貿易へ、オランダやイングランドも参入するようになっていた。しかし各国が中継貿易を排するようになると、オランダはここから撤退し、チャールズ二世から特許状を与えられた王立アフリカ冒険会社によってイングランドが独自に大西洋貿易をおこなうようになっていった。

イングランドはバルバドスやジャマイカを植民地として手に入れ、ここでサトウキビ栽培を始め、一七世紀後半にはそれまで高級品であった砂糖の価格が下落し、消費量が増大する。また砂糖の消費は、コーヒーやカカオ、茶の消費にまで影響を及ぼし、それは一七三〇年代以降のイギリスに「生活革命」ともいうべき現象をもたらしたのである。

このため西インド諸島の物産はイングランド貿易にとって不可欠となった。それを保証してくれたのがクロムウェル時代に制定され、王政復古後も続く航海法であった。

こうしてオランダやフランスとの闘争の末に手に入れた西インド諸島や北アメリカには、植民地総督や植民地議会が作られていった。イングランド流の議会政治を模範とし、「疑似ジェントリ」ともいうべき、それぞれの地域で財をなした大農場主《プランター》や商工業者からなる名望家たちを支配者層とする政治体制が築かれていったのである。

近年では、イングランド、スコットランド、アイルランドという三王国からなる複合君主制国家という考え方に加え、これら海外植民地をもその構成体として包含する「大西洋帝国」という概念も出されている。英仏百年戦争での敗北で、アンジュー帝国時代の海峡をまたいだ支配が完全に終焉を迎え「島国」に戻ったイングランドが、ステュアート王朝期から本格化した海外進出に伴い、ここに新たな「帝国」を大西洋に築いていったのだ。

スコットランド合邦──「イギリス」の誕生

ブリテン島の政治・外交に絶大な影響を及ぼしたウィリアム三世は、妻メアリ二世との間には世継ぎができず、一七〇二年三月に彼が亡くなると王位はメアリ二世の妹アン女王（在位一七〇二～一四年）に引き継がれていく。ところがそのアンも生涯で実に一七回妊娠したのだが、成人まで成長できた子どもがいなかった。最後の王子が一七〇〇年にわずか一一歳で亡くなると、ステュアート王家の直系は絶えることになった。

そこで最晩年のウィリアム三世は「王位継承法」（Act of Settlement）を制定し（一七〇一年）、今後はいっさいカトリック教徒はイングランドの王位には即《つ》けず、カトリックと結婚した王族は王位継承権を放棄するとの厳格な規定が盛り込まれた。スペイン継承戦争が始まろうとしていた当時、ルイ一四世の野望は恐れられており、事実、ルイはウィリアムの継承権を再び否定し、ジェームズ二世の遺児を擁立しようと考えていたのだ。

王位継承法によってカトリック教徒であるジェームズの遺児が王位を継げなくなったものの、アンの次の王位はどうなるのか。三十年戦争での敗北で国を追われたプファルツ伯夫妻の子どもで、ドイツ北部のハノーファー侯爵家に嫁いでいたゾフィーが継承者とされた。

しかしここに複合君主制国家としての難点が立ちはだかった。イングランドはゾフィーとその継承者を王に認めたが、スコットランドにはいまだ「ジャコバイト」が少なからず存在していた。彼らは、スコットランドを一度も訪れたこともない人物を王には認められないと主張したのである。とはいえこれまで一世紀にわたって同君連合として足並みを揃えてきた両国が再び別々の国になるのは、安全保障の面から見ても危険である。アンは女王即位直後から両国の「合邦」の可能性を模索し始めていった。

ところが交渉は難航した。スコットランド国内には、イングランドと手を結ぶことで、今や飛ぶ鳥を落とす勢いで成長を遂げていた大西洋での交易網に参入し、経済発展を期待する声が高まりを見せていた。他方で人口でも経済力でも劣るスコットランドがイングランドの属国にされてしまうことに懸念を示す声も見られた。イングランド側は著述家で、かの『ロビンソン・クルーソー』で有名なダニエル・デフォーをスコットランドに派遣し、イングランドとの合邦がもたらす利点を大いに喧伝させたりした。

最終的には両国の話し合いがまとまり、エディンバラにあるスコットランド議会は廃止され、ウェストミンスタに吸収されることになった。貴族院は互選で一六議席、庶民院は選挙区から選ばれる四五議席がスコットランドに与えられ、両国間および植民地との交易は自由化された。こうして一七〇七年五月一日をもって「グレート・ブリテン連合王国」が成立した。以降、本書では「イギリス」と表記させていただく。

ところで三王国のうちのアイルランドはどうなったのか。実はアイルランドでも同時期に、イングランドとの合邦を唱える声がダブリンの議会内にあがっていた。クロムウェルとウィリアム三世による相次ぐ遠征により、アイルランド全島ではカトリック地主の土地の占有率は五九％（一六四一年）から一四％（一七〇三年）へと激減していた。ほとんどの土地がイングランドもしくはスコットランドにいる不在地主によって占められていたのだ。

しかしこのたびの合邦にアイルランドは加えられず、一七二〇年にはブリテンの議会がアイルランド議会に優越するという「宣言法」が一方的に押しつけられ、アイルランドはイギリスに最も近い植民地のような存在にとどまり続けていった。こうしてブリテン諸島は新たな試練が待ち受けるなかで、新しい王朝を迎えることになったのである。

第6章

連合王国の成立——ハノーヴァー王朝の時代

ハノーヴァー王朝の形成

一七一四年八月、ステュアート王朝最後の君主アン女王が崩御《ほうぎょ》した。王位継承法の定めによりイギリス王位はハノーファー侯爵家に嫁いだゾフィーに譲られるはずであったが、彼女はアンが亡くなる五四日前に八三歳で大往生を遂げていた。このため王位は、彼女の息子でハノーファー侯爵（選帝侯）ゲオルクに継承され、ここにジョージ一世（ゲオルクの英語名、在位一七一四〜二七年）がイギリス国王に即位することとなった。ハノーヴァー（ハノーファーの英語名）王朝のはじまりである。

ジョージ1世

海外からやってきた生粋の「外人王」が即位したことでイギリスにも動揺が生じていく。特にハノーファーから王を迎えるにあたって、ある意味強制的に合邦させられていたスコットランドのジャコバイト（一六八頁）らが、一七一五年九月にスコットランド高地地方《ハイランド》で故ジェームズ二世の長子ジェームズを王に据《す》えようと反乱を起こした。しかしあくまでもカトリック信仰を捨てなかったジェームズは、全人口の一％程度にまでカトリック教徒が激減していたイギリスでは充分な支持を集めることができず、反乱は失敗に終わった。

この反乱にトーリの一部が荷担したことから、その後は政権中枢からトーリが外され、ハノーヴァー王朝下のイギリスではしばらくホイッグの政治家たちが大臣職等を独占する体制が定着した。しかしそのホイッグの大臣たちにとって厄介だったのがほかならぬ国王自身であった。彼はすでに五四歳に達しており、英語を話すこともできなかった。さらにイギリスで新たな家臣たちと積極的に交流を持とうとせず、ハノーファーから連れてきた廷臣たちに取り巻かれていた。ジョンの時代からこの国で嫌われてきた「悪しき取り巻き」となる外国人たちが再び登場してきたわけである（第3章八七頁を参照）。

ジョージ一世の野望は、人口が五〇万程度の小国ハノーファーの領土を拡大し、バルト海で一定の勢力を得るために、イギリスの経済力と海軍力とをフルに活用することだった。大臣のなかには、サー・ロバート・ウォルポールなど、王の野望に反対して下野するような人物もあらわれたが、彼の宿敵で国務大臣（Secretary of State）のスタナップ伯爵などは国王の政策を支持し、やがて彼らが政権の中枢を掌握していくこととなった。

ハノーヴァー王朝系図①

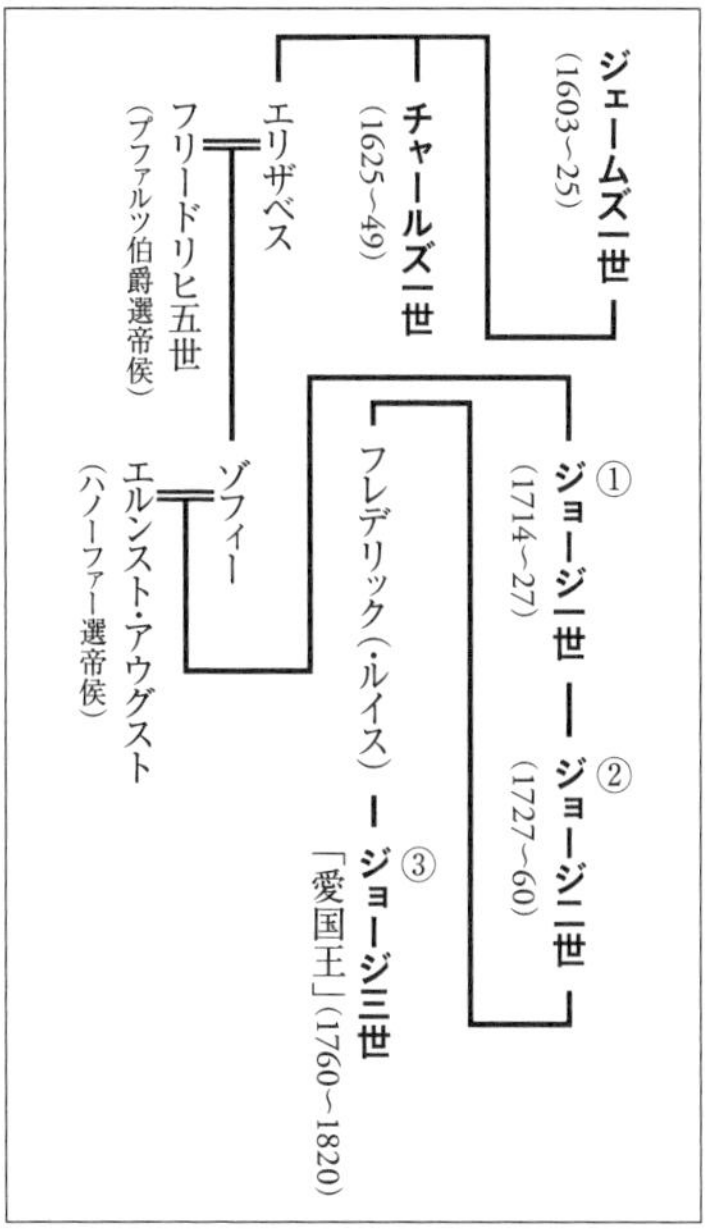

スタナップは王がドイツから連れてきた「悪しき取り巻き」に悩まされることもあったが、イギリス政治に関心のないジョージがたびたびハノーファーに里帰りしたため、イギリス政治の実権を掌握していく。治世一三年のうち実に五度も里帰りは繰り返され、ジョージはドイツ北西部のオスナブリュックで没する運命となる。それは六度目の里帰りの途上での客死であった。この間のイギリス政治はすべて大臣たちに任され、今日にも続くイギリス議会での慣例「国王演説」(King's Speech:政府の施政方針演説)も、大臣たちが原稿を準備する習慣が根づいていく。

こうして盤石たる体制を築いたかに見えたスタナップであったが、ここに思わぬ落とし穴が待ち受けていた。一七一一年にスペイン領南米植民地との交易を目的に設立された南海会社の収賄事件が発覚したのである。スタナップをはじめ主要閣僚の大半が会社の未公開株を受け取っていたこの事件は、南海会社の株価暴落とともに議会で問題視され、一七二一年二月にスタナップが急死するや、政界を揺るがすスキャンダルも頂点を迎えた。

一八世紀初頭のロンドンはシティにある証券市場が活況を呈していたが、南海会社株の暴落はシティ全体での株価大暴落につながり、イギリス経済は窮地に陥った。

責任内閣制の定着 ― ウォルポールの時代

ここに登場したのがかつて国王の外交政策に反対して下野していたウォルポールであった。財政のプロだった彼は、一七二一年四月に第一大蔵卿(First Lord of the Treasury)に就任し、この「南海泡沫事件」(South Sea Bubble:日本語にも定着したバブルの語源となった)を巧みに処理し、短期間でシティの信用度を回復することに成功した。この手腕がジョージ一世に認められ、ウォルポールは国王からの絶大な信頼を得る。

これまでの諸章からもおわかりのとおり、ジョージ以前の歴代君主は自ら国王評議会や枢密院など大臣たちの会合を主宰し、彼らを手足として議会との交渉をおこなってきた。ところがイギリス政治に関心のない王の登場によって、この大臣たちの会合を主宰する人物が国王から主席の大臣ともいえる政治家へと移っていった。それがこのハノーヴァー王朝時代の前半に見られたわけである。

ジョージ一世が一七二七年六月にドイツで客死し、皇太子がジョージ二世（在位一七二七～六〇年）として即位するが、この王朝二代目の君主もまたイギリス政治に関心を示さなかったのである。当時のイギリスでは大臣の任免にあたっては国王の力は絶大であった。ウォルポールは王室費増額や王妃からの援護などでジョージ二世との関係改善を図った。

ウォルポール

さらにウォルポールが政権を確固たるものにするためには、議会内に強大な勢力を築く必要があった。新王の即位とともにおこなわれた総選挙では、政府の機密費を有権者にばらまき、選挙区を牛耳る有力者に便宜を図るなどの、ウォルポールの率いる与党が勝利を収めた。当時の議会はトーリとホイッグという二つの党派だけではなく、官職さえ与えれば常に与党側につく「宮廷・行政府党」と呼ばれる議員や、「独立派」といういずれの党派にも属さない議員らも大勢いた。

ウォルポールは、官職、年金、恩給、爵位、栄典などの「恩顧関係」(patronage)を利用して、議会内で自身の政権を支持する勢力を可能な限り増やそうと尽力した。そのため一時期、庶民院の実に三分の二がウォルポールを支持する勢力で占められたこともあった。こうした体制は彼の名前《ファースト・ネーム》にちなんで「ロビノクラシ」と呼ばれて批判もされたが、結果的には王権と議会の双方から支持を受けた彼の政権は、二一年近くの長きにわたって維持されたのである。それは今日《こんにち》でも破られていない最長在任記録となった。

このような体制を築き上げられたのは、ウォルポールが第一大蔵卿(さらには財務相も兼任)として国家財政を統御する役職に就き、王に対しても、議員に対しても「金をばらまく」ことのできる立場にあったことが大きい。また当時の議会内の大半は地主貴族《ジェントルマン》階級によって占められていたが、ウォルポールは土地税をできる限り抑えて、彼らから絶大な支持を集めようとした。その国家が緊急に莫大な費用を必要とする事態、すなわち戦争が起こってしまうと、この体制を維持するのは難しくなる。彼の時代のイギリスは戦争には極力関わらないようにしたため、「ウォルポールの平和」(Pax Walpoliana)と呼ばれた。

そのウォルポールが一七四二年に退任した後、主席の大臣が内閣(Cabinet)を主宰し、その役職には彼が長年就いていた第一大蔵卿があたる慣習がこののち定着していく。それが今日でも、首相(Prime Minister)に就くものが第一大蔵卿を兼任するというイギリス政治の慣例につながった。後の世にウォルポールを「初代首相」として位置づけるゆえんである。それはまた「責任内閣制」

あるいは「議院内閣制」が誕生した瞬間でもあった。

ヨーロッパ国際政治のなかで ― 大王と女帝の対決

長期政権を維持したウォルポールを退陣に追い込んだのはやはり戦争であった。当時のヨーロッパ国際政治は、最高の格式を誇るハプスブルク家の継承問題で揺れに揺れていた。一七四〇年に神聖ローマ皇帝カール六世が亡くなり、長女マリア・テレジアが家督を相続した。ただし皇帝位には女性が即《つ》けなかったため、彼女の夫フランツが皇帝選挙に立候補する。選帝侯のひとりでプロイセン国王フリードリヒ二世は、シュレージエンを割譲すればフランツの即位を後押しすると持ちかけたが、マリア・テレジアはこれを拒否した。

ここに両者のあいだにオーストリア継承戦争（一七四〇～四八年）と呼ばれることになる大戦争が勃発した。この前年にすでにイギリスは南米における交易問題をめぐってスペインと戦闘状態にあり（ジェンキンスの耳戦争）、ヨーロッパ大陸での普墺《ふおう》間の戦争にあわさるかたちで、戦争は拡大した。イギリスはハプスブルクと手を結び、ジョージ二世は一七四三年六月には自ら兵を率いてフランス軍と戦った（デッティンゲンの戦い）。これがイギリスの君主が自ら戦場で指揮を執った最後の事例となった。

この戦争のさなかの一七四五年七月には、ヘンリ・ペラム率いる政権と国王の側近との間の対立のすきも突いて、スコットランド高地地方で再びジャコバイトの反乱が生じた。王位僭称《せんしょう》者ジェームズ（ジェームズ二世の子）の長子チャールズがスコットランドに上陸し、イギリス軍が大陸に派遣されていたのを好機としイングランドに侵攻してきた。このときロンドンの劇場で「ルール・ブリタニア」の作曲者として知られるトマス・アーンが賛美歌を編曲して演奏したのが「神よ我らが王を護りたまえ」(God Save the King)だった。この歌は急速に人々のあいだに広まり、イギリス国歌として採用されていく。

ジャコバイトの反乱は年末までには終息し、ヨーロッパやカリブ海、インドにも及んだスペインやフランスとの戦争も一七四八年のアーヘン条約で終結した。このときマリア・テレジアはプロイセンにシュレージエンを取られ、「大王」と呼ばれるようになっていたフリードリヒ二世への復讐戦が秘かに計画されていく。

折しも北米のオハイオ川流域で英仏の間に戦闘が生じ(一七五四年のフレンチ・アンド・インディアン戦争)、それは宿命のライバルだったフランスとオーストリアを結びつけることにつながり(外交革命)、一七五六年八月に七年戦争(一七五六~六三年)として再びヨーロッパ、北米、カリブ海、インドを舞台に列強間の大戦争へと発展した。イギリスは戦争のさなかに国民から人気の高いウィリアム・ピット(大ピット)がニューカースル公爵との連立政権を樹立し、フリードリヒ大王に年間六七万ポンドの軍資金を提供することで、ヨーロッパ戦線の兵力を減らし、主にはヨーロッパ外の戦場で次々と勝利をつかんでいくことになる(後述)。

プロイセンは、軍事の天才フリードリヒの戦略によって一定の勝利を得ていたが、一七六〇年頃から苦戦を強いられていく。特に、同盟国イギリスでヨーロッパの領土に関心の薄い新王ジョージ三世が登場したことで、軍資金が打ち切られたことは打撃となった。しかしこれと同時期に、敵対する陸軍大国ロシアではフリードリヒに好意的な皇帝が即位し、大王は形勢を逆転させ、六三年二月にマリア・テレジアらと講和を結んだ。

その直前にイギリスもフランス・スペインとパリで講和を結び、ヨーロッパにつかの間の平和の時期がおとずれることとなった。イギリスは今やヨーロッパ国際政治のなかでも大国の一員として君臨するようになっていた。

海外帝国の拡大

イギリスが大国に押し上げられた背景には、ヨーロッパの外に広大な帝国を急速に確立していったことがあげられよう。第5章でも見たとおり（一七一頁）、一七世紀末からヨーロッパでの戦争はそのまま同時並行的に北米やカリブ海、アジアでの植民地戦争に発展した。オーストリア継承戦争も北米では「ジョージ王戦争」（一七四四～四八年）と呼ばれ、英仏間で両者痛み分けのかたちで終結した。

その講和からわずか六年後に生じたのが「フレンチ・アンド・インディアン戦争」（一七五四～六三年）である。ヨーロッパ大陸は主にフリードリヒ大王のプロイセン軍に任せ、イギリス海陸軍は世界を股にかけフランス軍と対峙した。特に一七五九年は「奇跡の年」（ラテン語でAnnus Mirabilis）と呼ばれ、各地でイギリス軍の大勝利が続いた。五月にカリブ海のグアダループ島、六月に北米のナイアガラ要塞、九月にはケベックがそれぞれイギリス軍に占領された。一七六三年二月にパリで講和条約が結ばれたとき、現在のアメリカ合衆国の東部三分の一とカナダの東半分がイギリス領となった。イギリスはフランス、スペイン、オランダを抑え、北米で最大の勢力を築くことになったのである。

「奇跡」はアフリカやインドでも生じていた。西アフリカ（ラゴス沖・セネガル）でも、インド（マドラス攻囲戦）でもイギリス海陸軍が勝利を収めた。特にインドでは、一七五七年六月のプラッシーの戦いで、ムガール皇帝からインド東部を託されたベンガル太守の軍（フランスが支援）をイギリス東インド会社軍が打ち破り、以後ベンガルは同社の事実上の支配下に組み込まれていく。

パリ講和条約の二年後、一七六五年には東インド会社はベンガルにおける徴税権《ディワーニー》まで獲得した。同社は特権的な貿易会社の機能ももちろん果たしていたが、その実、独自の軍隊や官僚機構まで備えた「半国家」的な存在となっていた。こののちも東インド会社軍は、マイソール戦争（一七六七〜九九年）やマラータ戦争（一七七五〜一八一八年）でインド全土を舞台にその勢力を拡張し、同社重役や高級将校らは巨万の富を得てイギリスに帰国した。

彼らはやがてベンガル太守（nawab）の呼称から皮肉を込めて「ネイボッブ」（nabob）と呼ばれ、帰国後に広大な土地を購入して地主貴族《ジエントルマン》となり、庶民院議員として権勢を築いた。一八世紀末には彼らインド成金出身の東インド利害の議員が庶民院に五〇人前後はいたとされる。しかし東インド会社を取り巻く状況は数々の収賄や腐敗にまみれていたため、ベンガル総督が議会で弾劾《だんがい》されたり、改革案が議会にたびたび提出されていくこととなった。

東インドに先立ち、一七世紀後半からはカリブ海で砂糖プランテーションの経営でこれまた巨万の富を築いた「西インド成金」と呼ばれるプランター（大農園主）らが登場していた。彼らもまた帰国した後に地主貴族となり、西インド利害（West India Interest）の庶民院議員として、砂糖の価格を高額に維持しようと議会内で画策した。

一八世紀半ばのイギリス議会には、中世以来の地主貴族階級に加え、イギリスが世界に張り巡らすようになった広大な交易網を利用して莫大な財を築いた商業階級出身の議員らも一定数議席を有するようになっていた。それは奴隷貿易や苛酷な奴隷労働、各地で殺戮《さつりく》を繰り広げての侵略戦争を伴った階級ではあったが、彼らが世界規模で生みだした海運ネットワークこそが、一八世紀のイギリスに「商業革命」をもたらし、西インドの砂糖、東インドの綿布、中国の茶を各地に再輸出し、イギリスを潤したのだ。

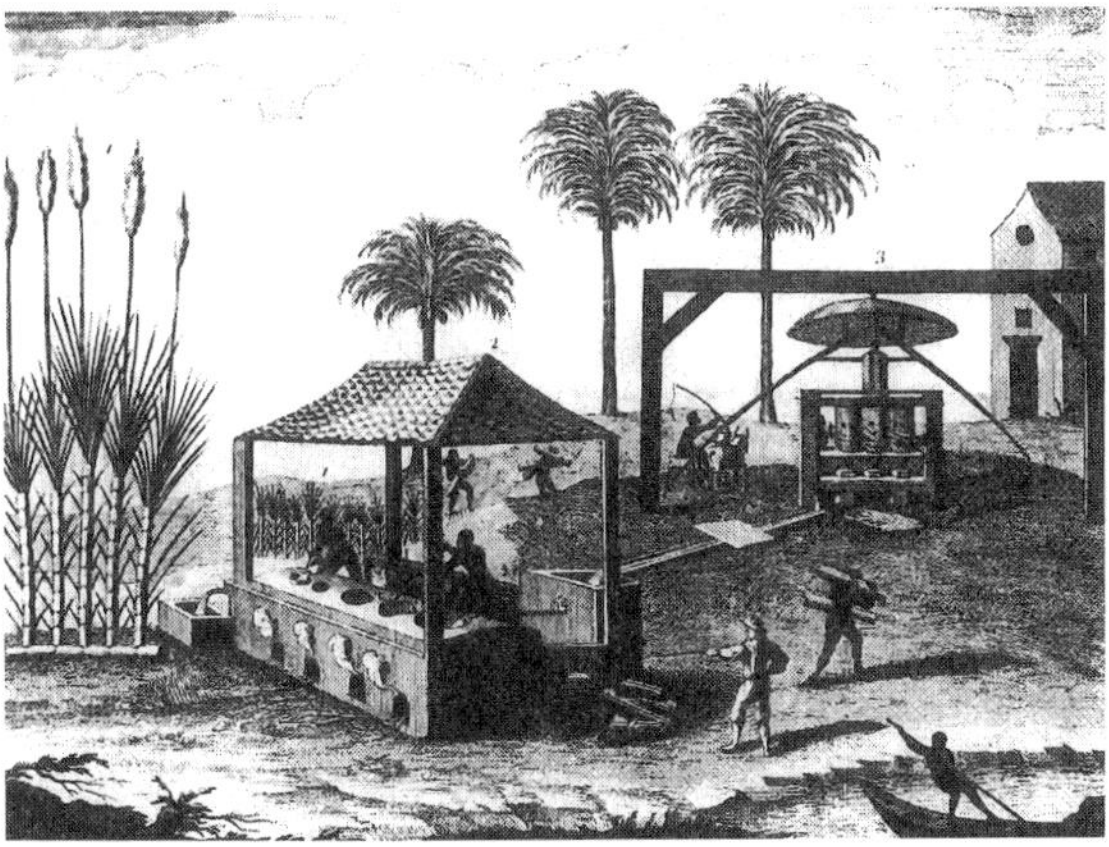

西インド諸島の砂糖プランテーション

「愛国王」の登場 ― ジョージ三世の即位

「奇跡の年」の翌一七六〇年一〇月にジョージ二世が崩御し、孫のジョージ三世（在位一七六〇～一八二〇年）が即位した。二二歳の若き国王は、ハノーヴァー王朝では初めてイギリスで生まれ育った君主であった。彼は家庭教師のビュート伯爵から、曾祖父や祖父がイ

ジョージ3世の吝嗇ぶりを表す風刺画

ギリス政治に関心を持たず最後まで「ハノーファー選帝侯ゲオルク」であったのを教訓に、真にイギリスを愛する「愛国王」（Patriot King）となるよう教えを受けていた。王位継承の演説で新王は「この国で生まれ教育を受け、余はブリテンの名に誇りを感じる」と堂々たる意思を表明した。

　ジョージ三世はこれより九年前に父フレデリックを突然亡くし、祖父ジョージ二世の跡を継ぐことになったわけだが、それが仇《あだ》となってしまったのかもしれない。父親がもう少し生きていれば君主の心構えをたたき込んでくれたであろうし、若くして王に即いたことで重圧ものしかかっていた。しかもジョージも先導役のビュートも、議会政治の実際的な知識を充分身につける前に「愛国王」として有徳の政治をもたらそうと気負ってしまったため、かえってイギリス政治に大混乱を招いてしまったのである。

　ジョージとビュートがまず目の敵にしたのが、王朝成立以来のイギリス政治を牛耳ってきたホイッグの政治家たちだった。国王は戦争指導のあり方をめぐって即位後早々から閣僚らと対立し、ピット国務相（一七六一年）、ニューカースル首相（六二年）が相次いで辞任した。ここに一七六二年五月にビュートが第一大蔵卿として首相に就任した。

しかし国民からいまだ人気の高かったピットを追い出して形成されたビュート政権は、ビュートがスコットランド貴族だったことも重なり、ロンドンでは特に人気がなかった。ホイッグ勢力が優越して築かれていた議会政治の均衡は崩れ、議会内は国王派と反国王派とに分裂し、こうした状況は一八世紀後半からイギリスで興隆してきた新聞や雑誌からも激しい攻撃にさらされる結果を招いた。ビュート政権は一年足らずで崩壊する。

ところが政権交替後も、国王は政府とは別にビュートに意見を求め、このビュートの「秘密の影響力」(secret influence) に議会内外から非難が集中した。こうしたなかで庶民院のジョン・ウィルクス議員が国王を批判したかどで逮捕され、彼を支援する運動と政府とのあいだで衝突が起こった。一七六〇年代はイギリスでは産業革命（後述）がはじまっており、先に紹介した商業革命ともあいまって、商工業階級にも選挙権を拡大すべきであるという、議会改革の運動が徐々に盛り上がりを見せていた時代でもあった。

一八世紀後半のイギリスでは、農業はもはや主要産業ではなくなりつつあり、土地の所有は財産の保有形態としてのみ意味を持つものだった。しかも当の地主貴族階級も、土地の経営ではなく、株式や交易、産業に投資して資産を増やす時代となっており、商工業階級には「中位の階層の人々」(Middling sort) として独自の道徳観や教養を身につけ、地方行政や都市改良などに深く関わるものたちがあらわれるようになっていた。こうした人々がウィルクス支援運動などとも関わり、中世以来の旧態依然とした国政選挙制度に一石を投じ、地主貴族階級による寡頭政治を改革すべきであると論じていった。急進主義（radicalism）の台頭である。

こうした議会内外での混乱は一七六〇年代に五度の政権交替となってあらわれている。それまでは比較的安定した状況にあったイギリス政治は、時代の趨勢《すうせい》と、この若き「愛国王」の登場によって、大きく動揺することとなってしまったのである。

産業革命のはじまり

「愛国王」ジョージ三世が登場した一七六〇年代は、イギリスが世界に先がけてのちに「産業革命」（Industrial Revolution）と呼ばれる時代に突入した時期とも重なっていた。

産業革命という言葉は、一九世紀末に定着した用語であるが、それまでの工場制手工業《マニュファクチュア》から機械を用いた大量生産に移行し、質のいい安い商品が出回ることで、国内に富をもたらす工業化社会へと結びついた一連の現象を指しているといえよう。それではこうした現象がなぜこのイギリスで始まったのだろうか。それにはいくつかの「革命」が関係している。

まずは労働力となる人々の数、すなわち「人口革命」である。イギリスでは一七三〇年代頃から穀物価格の低下や栄養価の高い食物の普及で人口が増加した。イングランドだけに限っても、一七三一年には五二六万だった人口が一八世紀末には八六七万へと増えている。穀物価格の低下を可能にしたのが、穀物とカブの栽培を輪番制でおこない、冬期にも家畜飼育をおこなえるようになった「ノーフォーク農法」に代表される「農業革命」だった。他方でこの革命は囲い込みによる大農場を各地に生み、下層農民は賃金労働者として都市に移った。

さらに工場での大量生産を可能にしたのが「技術革命」である。産業革命を牽引《けんいん》したのは綿産業だった。イギリスではジョン・ケイによる「飛杼《とびひ》」に始まり、各種紡績機や織機が発明・改良された。特にジェームズ・ワットにより蒸気機関が紡績機に使用されると、生産量は飛躍的に上昇した。その蒸気機関の原動力となったのが、一八世紀初頭から使用されるようになった石炭であり、イギリスではこれが豊富に採れ、製鉄業にも利用された。

リヴァプール・アンド・マンチェスタ鉄道の開通式

さらに生産された商品を運ぶ手段も急速な発展を見せた。「交通革命」である。まずは、一八世紀前半の段階にイギリス全体に有料道路の建設という、地方から大都市ロンドンへの幹線道路網が形成される。さらに一七六〇年代からは国土全体を流れる河川を利用して、各地に運河が建設された。特に運河の利用は石炭など重い物資の輸送コストを急速に下げ、世紀後半で石炭価格は半額になったといわれる。そして極めつけはジョージ・スティーヴンソンによる蒸気機関車の実用化であろう。一八三〇年に綿産業の中心地マンチェスタと大港湾都市リヴァプールを結ぶ鉄道が開通し、イギリス製品は世界中に運ばれた。

この世界を股にかけた通商網は、前述したとおり、「商業革命」ですでに構築されていた。西インドや北米、インドの植民地は砂糖やタバコ、茶などの嗜好品《しこうひん》を英本国に売って利益を得ていたが、その購買力を当て込んだ本国は逆に様々な工業製品を植民地に売り込んだ。この世界大に拡がった広大な輸出市場の存在なくしては、産業革命は成り立たなかった。

そして大量生産により財を築いた会社がさらに拡大していくなかで、いわゆる資本主義社会が形成されていった。資本家は会社を大きくするために株式を発行し、銀行・証券会社がこれを購入した。また銀行による融資も本格的に始まった。「南海泡沫事件」の話でも登場したロンドンのシティには、イギリスに先がけて資本主義が進んでいたオランダの金融界（アムステルダム）から多くの資金が流れ込んできていた。また、名誉革命で王位に即いたオランダ出身のウィリアム三世らの尽力により、一六九四年にはイングランド銀行（中央銀行）が創設され、議会から保証された長期国債が出回るようになった。

こうした「金融革命」まで含め、イギリスは世界最初の産業革命を実現するとともに、地主＝証券貴族階級、資本家階級、賃金労働者階級といった新たな階級区分が登場することとなったのである。

アメリカの独立

こうした産業革命の進展に欠かせなかったのが北米植民地であった。フレンチ・アンド・インディアン戦争により、北アメリカ大陸には広大なイギリス領植民地が形成された。しかしその代償も大きかった。戦争終結時にイギリスの国債は一億三二六〇万ポンドにも膨れ上がっており、それは税収（八三〇万ポンド）のおよそ一六年分に相当したのである。しかも北米植民地の防衛費には年間で二二万ポンド以上もかかる。そこで政府は砂糖税と印紙税とを相次いで制定し（一七六四～六五年）、その収入で防衛費を賄うことに決めた。

ところがこれは当時「有益なる怠慢」と呼ばれ、植民地の経営は現地に任せるという、それまでの慣習とは異なる強引な政策であった。植民地ではイギリス製品不買運動が生じ、本国政府は印紙税の撤回を迫られた。しかし一七六〇年代当時は、前述のとおり、政権がたびたび交替しており、本国は一貫した政策を進めることが難しかった。いつしか本国＝植民地関係には亀裂が入り、それはボストン虐殺事件（一七七〇年）やボストン茶会事件（七三年）へとつながり、イギリス艦隊によるボストン港封鎖にまで発展した。

ついに一七七五年四月、ボストン近郊でイギリス軍とアメリカ民兵とが軍事衝突した。これまで植民地に同情的だったイギリスの議員や市民は反米派に転じた。翌七六年七月四日、一三の植民地からなる大陸会議で「独立宣言」が採択され、この日をもってこの戦争は「アメリカ独立戦争」（一七七五～八三年）へと正式に替わってしまった。

イギリス本国とアメリカ植民地とでは前者が圧倒的に優位に立っていた。人口も本国は一二〇〇万人に対して植民地の白人は二〇〇万人だった。実際に戦闘に携わる兵力にしても本国はプロの海陸軍、植民地は素人の寄せ集めに過ぎなかった。しかも植民地には海軍がなく、おまけに武器弾薬の工場もなかった。ところが最後に勝利を飾ったのは植民地だったのである。一七八三年九月に植

ボストンで、印紙法に反対し、印刷された印紙法の条文を焼き捨てる様を描く

民地は「アメリカ合衆国」としてその独立を認められた。

イギリス本国がまさかの敗退を喫したのは、戦場がアメリカ大陸だったことが関係していよう。五〇〇〇キロ以上の荒海を渡って現地にたどり着けるのは通常は半年、早くても三ヶ月はかかった。しかも大西洋を渡って大陸に降りたった将兵の多くはアメリカになど来たこともない。彼らは現地軍のゲリラ戦法や奇襲攻撃にしばしば悩まされた。

しかし大国イギリスが敗北した最大の原因は「外交」だった。それまで負け知らずで、幾多の戦争で北米に勢力を築き、ヨーロッパ大陸の戦争では同盟者を裏切って早々に講和を結び、世界大で植民地を拡げていったイギリスだったが、当時は四面楚歌の状態に置かれていた。イギリス軍の戦況が不利になると、フランス（一七七八年）、スペイン（七九年）、オランダ（八〇年）が次々とイギリスに宣戦布告していったのである。お気づきのとおり、いずれも北米大陸でイギリスに領土を奪われた国々である。彼らが海軍を駆使して、大西洋を渡るイギリス艦隊を妨害し、到着を遅らせたりした。さらに戦場はカリブ海やインドにまで拡大した。

そして残りの大国であるロシア、オーストリア、プロイセンは潜在的にイギリスと敵対する「武装中立同盟」を結び、いずれの国もイギリスに救いの手を差し延べてくれようとはしなかった。産業革命も進み、世界最強の海軍まで擁するようになっていたイギリスがたかがアメリカ植民地に足をすくわれたのは、外交に頼らず武器（戦争）を振りかざした傲慢な態度にあった。イギリスの敗戦時に神聖ローマ皇帝ヨーゼフ二世はこうあざ笑った。「イギリスは今やデンマークかスウェーデン並みの二流国に成り下がったな」。

小ピットによる国家再建

ところがイギリスはそのまま二流国としてヨーロッパ国際政治のなかに沈んでいくようなことはなかった。ここに救国の英雄ともいうべきひとりの政治家が登場したのである。大ピットの次男で彼と同名のウィリアム・ピット（小ピット）であった。

アメリカ合衆国成立から三ヶ月後の一七八三年一二月、政変によりジョージ三世は当時まだ弱冠二四歳のピットを首相に据えた。翌年の総選挙では国王と連携して勝利を収め、ピットは政権を盤石たるものとした。ピットがまず取り組んだのが財政再建だった。アメリカ独立戦争という「負け戦《いくさ》」のために、イギリスは一億二四〇〇万ポンドもの大金をつぎ込んでいた。戦後には総計で二億四二九〇万ポンドに及ぶ負債が残されていた。首相に就いたピットは茶や酒類の関税を大幅に減税し、これが奏功して輸入量が増えたために歳入増につながった。これ以後、茶は庶民にも手の届く代表的な飲料となっていく。

議会演説をする小ピット

さらに減債基金を設定するなどして、敗戦から九年後の一七九二年には政府予算は大幅な黒字へと転じることができた。また、アメリカ独立戦争で被害を受けた海軍にしても、一〇ヶ年計画（一七八三～九三年）で見事に再建され、宿敵フランスとは通商条約を締結し（八六年）、オランダ、プロイセンとは三国同盟を形成し（八八年）、イギリスは外交的な孤立から脱却することにも成功を収めていた。

こうして辣腕《らつわん》ぶりを発揮したピット首相のおかげで、アメリカ独立戦争での敗退から一〇年足らずでイギリスは再び一流国としてヨーロッパにその地歩を築いた。

そしてピットの時代ともいうべき一八世紀末のイギリスでは、政党政治がより複雑化し、政党のまとまりが強化される一方、新聞や雑誌に煽られた世論が力を持つようになり（現在も続く高級紙『タイムズ』の創刊が一七八五年）、内閣の団結力も強化されるなどして、世紀が終わる頃までには首相の力が国王のそれを凌駕《りょうが》するようになっていった。またウォルポール以降に長期政権を維持した首相たちのいずれもが庶民院を基盤に政権を運営したことから、議会内における庶民院の力が強大化したのもこの頃のことである。

とはいえいまだ国王の権限も大きいものであった。ピットが若くして首相に抜擢されたのも、彼の政敵チャールズ・ジェームズ・フォックスらを更迭したジョージ三世の意向が働いたためである。その国王に異変が生じたのが一七八八年秋のことであった。謹厳実直で仕事人間だった国王の言動が突然おかしくなり、従僕に乱暴を働くようなこともあった。二〇世紀になってから、遺伝性の「ポルフィリン症」という病気が原因であることが判明したが、この「国王ご乱心！」は当時の政界を揺るがす一大騒動となった。

野党側のフォックスは、国王が執務を遂行できないのであれば、皇太子ジョージ（のちのジョージ四世）を摂政に据えるべきだと摂政制法案を議会に提出しようとした。皇太子は長年の親友であり、摂政になればフォックスが首相になる公算が高かった。ピット首相はこれを阻止しようと医師を雇って国王の恢復《かいふく》を願った。最終的に一七八九年二月に国王は立ち直り、政権交替はならなかった。世にいう「摂政制危機」(Regency Crisis) である。

病気から恢復した国王は、四月にロンドンのセント・ポール大聖堂で感謝礼拝を大々的に催して、国民から歓呼して迎えられた。ところがその翌月、フランスでは国王ルイ一六世により久方ぶりに全国三部会（身分制議会）が召集され、これがそのままイギリスをはじめヨーロッパ全体を巻き込む大事件へと発展していくことになったのである。

フランス革命からナポレオン戦争へ

一七八九年五月にヴェルサイユを舞台に全国三部会が開かれた。度重なる戦争で、イギリスも財政難にあえいでいたが、フランスはもっとひどかったのだ。八八年度だけで負債の年利負担は三億リーヴルを超え、それは国家歳出の半分に相当した。残念ながら、フランスにピットに相当する人物は登場しなかった。そこで国王は課税によってこの難局を乗り切ろうと、三部会の召集に踏み切った。しかし当時は全国的な凶作のあおりを受け、農民たちの生活も困窮していた。増税などもってのほかだったのである。

三部会は紛糾した。ついに七月一四日にはパリの民衆が政治犯が収監されるバスチーユ牢獄を襲撃し、フランス革命へと事態は発展した。

当初は「対岸の火事」として事態を静観していた周辺諸国も、ルイ一六世一家が逃亡に失敗し、共和主義運動が高揚し始めた頃からフランスへの干渉を決断した。フランス革命戦争（一七九二～九九年）である。ところが革命軍は緒戦でプロイセン軍に勝利し、九二年九月に共和政の樹立が宣言され、翌九三年一月に国王は断頭台の露と消えた。ピットは翌二月に「対仏大同盟」を結成して、周辺諸国により革命の芽を青いうちに摘み取る作戦に出た。ところが足並みが揃わず、大同盟は五年ほどで瓦解《がかい》する。他方でフランス国内でも革命勢力同士のいがみ合いが続いた。これがひとりの軍人を権力の極みに押し上げるという結末を招いた。ナポレオン・ボナパルト将軍である（一七九九年一一月）。有名なアルプス越えののちにオーストリア軍を粉砕した彼は、イギリスと講和を結び、つかの間の平和の時期に経済の立て直しや法の整備（ナポレオン法典）など、革命で傷ついた国内秩序の回復に努めた。この結果、国民から絶大な信頼を集めた彼は「ナポレオン一世」としてフランス史上初の皇帝に収まったのである（一八〇四年）。

しかし彼は稀代《きたい》の軍人であるとともに、並々ならぬ野心家でもあった。ここにピットは再び対仏大同盟を築き、ネルソン提督率いる海軍がトラファルガー沖（スペイン南端）でフランス艦隊を撃破した（一八〇五年一〇月）。しかし陸では無敵のナポレオンはアウステルリッツ（現在のチェコ）で露墺連合軍を打ち破り（一二月）、大同盟はまたもや崩壊してしまう。失意のピットは翌〇六年一月に四六歳の若さで急逝した。同じ年の九月には宿敵フォックスも急死し、イギリス議会政治は未曾有の混乱期に突入する。

この間にナポレオンはいわゆる「大陸封鎖令」（ベルリン勅令）を発布し（一八〇六年）、イギリスと各国との取引を禁止し、これに反発したロシアやプロイセンを力でねじ伏せた。いまやヨーロッパでナポレオンに刃向かうものはいなくなっていた。しかしその彼もあまりにも腕力（軍事）に頼りすぎ、外交を疎かにしたのが仇となった。スペインでの政争に足をすくわれる一方、六〇万もの大軍を率いたロシア遠征が大失敗に終わり（一八一二年）、これ以後はヨーロッパ全土で反ナポレオンののろしが上がっていった。

一八一四年四月に皇帝ナポレオンは退位し、地中海のエルバ島へと流された。九月から列強はオーストリア帝国の首都ウィーンに集まり戦後処理問題を話し合った。この間に、ナポレオンがエルバ島から抜け出してパリへ戻り、再び列強と対峙した。しかし、ウェリントン将軍率いるイギリスを中心とする連合軍によりワーテルロー（ベルギー）の戦いで敗北を喫したナポレオンは、南大西洋の孤島セントヘレナ（イギリス領）に流され、世にいうナポレオン戦争（一八〇〇～一五年）がここに終結したのである。

財政＝軍事国家の勝利

近年の西洋史学では、ルイ一四世がライン左岸に勢力を拡張した一七世紀末から、このナポレオン戦争に至るまでのおよそ一三〇年ほど（一六八八～一八一五年）を「長い一八世紀」（Long Eighteenth Century）と呼び、ヨーロッパ全体を戦乱に巻き込んだ戦争の世紀として位置づけている。そしてこの間に生じた六つの大戦争（さらにアメリカ独立戦争も加えると七つ）で一度として手を結ばなかったのが、イギリスとフランスであった。ゆえにこの戦争の世紀は「第二次英仏百年戦争」の時代とも形容されている。

しかし第3章で見た中世の百年戦争とは異なり、このたびの勝者はイギリスとなった。なぜイギリスは勝つことができたのか。

古今東西の戦争の歴史において勝利をつかむ必須の条件は、ヒト（兵力）、モノ（武器弾薬・軍需物資）、カネ（軍資金）を大量に素早く集める術《すべ》に集約されよう。特にいまだ「国軍」というより王侯らの私兵が中心だった時代には、傭兵を集めるにも、同盟国への支援にもカネがものをいった。その意味からも、「長い一八世紀」においては、イギリスのほうがフランスより大量のカネを素早く効果的に集めることができたということになる。

これまでの諸章からもおわかりのとおり、イギリス（イングランド）では国（君主）が戦争のために費用を必要とするときには、賢人会議にはじまり、議会となっている有力者の会議による承認が必須となっていた。近代になってからも、こうした費用は地主貴族階級が主に支払う土地税や関税・消費税（いずれも庶民の使う日用品には課せられず、嗜好品にかけられていた）によって賄われたのである。

ところがフランスでは、封建的な聖職諸侯（第一身分）や世俗諸侯（第二身分）は基本的に免税特権に与《あずか》っており、国税の大半は商工業階級や小農民からなる平民（第三身分）に背負わされていた。しかも本来は彼らが王から諮問に与るべき全国三部会も、一六一四年以降は召集されず、革命前夜の三部会は実に一七五年ぶりに開かれたものだったのだ。この間にイギリスでは一六八九年以降は毎年議会が開かれる慣習ができあがった。これではフランスに市民革命が生じてもなんら不思議ではあるまい。

さらに一八世紀に入ると、戦争にかかる費用はそれ以前とは比べものにならないほどに膨れ上がっていた。税金だけではとてもまかなえない。そこで各国は「国債」に頼るようになった。前述したとおり、イギリスでは一六九四年の段階で中央銀行が設立され、ここが議会による保証を背景に国債を請け負っていた。対するフランスに中央銀行が創設されたのは一八〇〇年のこと。かのナポレオンがようやく作ったのだ。さしものナポレオンもこの一世紀の遅れを取り戻すことはかなわなかった。

このように国が効率的に大量のカネを集め、それを戦争へと巧みに転用できる「財政＝軍事国家」（fiscal-military state）こそが、まさに近代国家と表現してもよかろう。イギリスはヨーロッパ大陸の諸国に先がけて財政＝軍事国家へと脱皮を遂げたのである。

「軍事の天才」ナポレオンの脅威を最終的に打ち破ったのは、「財政の天才」ピットが大陸の同盟国へとばらまいた「ピット氏の黄金」と呼ばれた莫大な軍資金だったのである。一八一四年六月、戦勝最大の功労国であるイギリスに敬意を表して、ロシア皇帝やプロイセン国王など大陸の王侯らがロンドンに一堂に会して大祝賀会が催された。こうしてイギリスはヨーロッパ最大の一流国として列強から認められるに至ったのである。

ピットとナポレオンによる世界分割を描いた風刺画

アイルランド併合――連合王国へ

さて一八世紀後半にイギリスが相次ぐ戦争に巻き込まれるなかで、隣島アイルランドの存在が注目されるようになっていた。アメリカ独立戦争の際に、対英宣戦布告したフランスとスペインが、アイルランドに上陸し、ブリテン島への侵攻を狙うのではないかと懸念された。両国による侵攻はなかったが、敗戦後の財政難はアイルランドにもふりかかった。新税導入に反対したアイルランド議会の庶民院議員ヘンリ・グラタンらの活動によって、イギリス議会がアイルランド議会に優越するとした宣言法（一七五頁）の廃止などが叫ばれ、一七八〇年代にそれはイギリス側の譲歩で実現していく（グラタン議会）。

しかしアイルランドではその後も基本的に総督府の官僚が実権を握り、プロテスタント優位体制が継続していった。一七九〇年代にはフランス革命の影響を受け、カトリックへの政治的差別の撤廃（カトリック解放）や議会改革を掲げた「ユナイテッド・アイリッシュメン」も結成された（九一年）。当時のアイルランドは国民の七五％がカトリック教徒であり、彼らに選挙権や被選挙権がないのは時代にそぐわない政策であった。

その後も頑迷な総督府と対立が続いたのち、一七九八年にはついにユナイテッド・アイリッシュメンが反乱を起こし、これと以前から連絡を取り合っていたフランス共和政府が遠征軍をアイルランドに派遣して応援した。しかし遠征も反乱も失敗に終わり、後に続いたのはより苛酷なアイルランドへの締めつけとなった。

一八〇一年一月一日、ついにイギリスはアイルランドを併合した。以後の正式名称は、「グレート・ブリテン及びアイルランド連合王国」となった。それまでダブリンに置かれていた庶民院（三〇〇議席）と貴族院（二四一名）は、ウェストミンスタへと吸収された。庶民院は一〇〇議席、貴族院は貴族らの互選で二八議席（さらに四名の聖職議員）が選出される。当時のイギリス側は庶民院が五五八議席、貴族院には三五〇人ほどの議員がいた。まさにイギリス（ブリテン島）による吸収合併といっても過言ではない。

すでに一七九三年の段階で、アイルランドにもイギリスと同様の土地財産を基準とする選挙資格が付与されるようにはなっていたが、一六七三年の審査法（一六四頁）は依然として残っており、せっかく選挙で当選してもカトリック教徒では議員にはなれなかったのだ。そこでピット首相はこの制約を廃して、カトリックでも議員になれるよう取り計らおうとしたが、ジョージ三世から強硬な反対に遭ってしまった。一八〇一年三月、ピット首相は一七年以上に及んだ長期政権を終えて、一時的に退陣に追い込まれた。

さらに連合王国を形成してからも、アイルランドには総督（Lord Lieutenant）が置かれたままであった。同じく合邦されたスコットランドにはそのような役職はいない。合同した後も、アイルランドは「副王」（Viceroy）として王権を代理行使する総督により統治され、ブリテン島から派遣される総督はダブリン城に独自の「宮廷」と枢密院を構え、相変わらず「植民地」のように支配を受けていたのである。

フランス共和国（さらにナポレオン）軍による侵攻の拠点となることを防ぐための合同は、かえってアイルランドの人々にイギリス（ブリテン島）に対する激しい憎悪を育《はぐく》む温床となった。このちアイルランドではカトリック解放運動はもとより、「合同撤廃」（リピール）の動きも活発化し、一九世紀前半のイギリス議会内に大きな波乱を生じさせていくこととなる。

学芸の興隆

財政＝軍事国家としてヨーロッパの超大国に躍り出たイギリスであったが、「長い一八世紀」が終わる頃には、学術や芸術の面でも一流国として台頭するようになっていた。

一六六〇年にチャールズ二世の肝いりで創設された王立協会（Royal Society）は、自然科学の分野の殿堂としてヨーロッパ各地のアカデミー（学士院）とも連携して数々の発明や発見に寄与した。なかでも最も有名な科学者が王立協会会長も務め、数学・物理学・天文学など幅広い分野に功績を残したアイザック・ニュートンであろう。王立協会を中心とした科学研究の成果は、やがて一八世紀後半の科学革命（技術革命）へと結実し、それはイギリスに産業革命を生み出す原動力のひとつとなった。

また思想の世界にも、すでにトマス・ホッブズ（『リヴィアサン』）やジョン・ロック（『統治二論』）のような巨人たちが一七世紀から活躍していたが、一八世紀後半になるとスコットランドを拠点に、『諸国民の富』を著したアダム・スミスがのちの「経済学」の始祖になるとともに、道徳哲学（moral philosophy）を確立した。この頃までには、地主貴族階級や専門職階級に加え、産業革命に寄与した上層の商工業階級の人々も地方に科学・芸術の振興協会やクラブを結成し、その思想や人脈は後世に大きな影響を残した。

例えば、一七六五年に工業都市バーミンガムに創設された「月光協会」（Lunar Society）には、蒸気機関のワットや製陶業の牽引役ジョサイア・ウエッジウッドに加え、内科医で自然哲学者でありのちの人類学者チャールズ・ダーウィン（二三九頁）の祖父にあたるエラズマス・ダーウィンなどが集まり、科学や政治、経済、芸術、宗教などあるゆる分野について話し合った。

アイザック・ニュートン

一七世紀前半までは、政治や経済、軍事の面で「二流国」に甘んじていたイギリスでは、芸術の世界でもイタリアやフランスといった国々より自分た

ウィリアム・ホガースが、18 世紀半ばのロンドン貧民区を描いた『ジン横丁』

ちは遅れているとの認識が強かった。とりわけ美術では、ルネサンス以来のイタリア古典絵画に対する憧れと同時に引け目もあり、自前の芸術家がなかなか育たなかった。しかし一八世紀後半までには、ヨーロッパ大陸とは個別に独特のスタイルを確立した画家たちが登場していく。

　肖像画の分野に新しい境地を切り開いたジョシュア・レイノルズやトマス・ゲインズバラ、さらに銅版画に新たな可能性を見いだしたウィリアム・ホガースによる風俗画などは、貴族から庶民に至るまで多くの愛好家を生みだした。また若い才能を支援する目的からも、一七六八年にはジョージ三世によって王立美術院（Royal Academy of Arts）が創設され、ここから巣立っていったのが一九世紀画壇に衝撃を与えるジョセフ・マロウド・ウィリアム・ターナーなど次世代を担う逸材《いつざい》たちだった。

　音楽の世界では、バロック時代の短い時期にヘンリ・パーセルのような天才もあらわれたが、ハノーファー選帝侯ゲオルク（ジョージ一世）の宮廷作曲家から移籍したゲオルク・フリードリヒ・ヘンデルのような大陸の作曲家が主流を占め、古典派の時代になってからも、これまた大陸からのハイドンやモーツァルトの演奏ツアーのほうが聴衆を惹きつけた。

文学では、ダニエル・デフォー（『ロビンソン・クルーソー』）やジョナサン・スウィフト（『ガリバー旅行記』）などの小説が登場する一方で、ウィリアム・ブレイクが独自の詩の世界を築き上げた。また「ジョンソン博士」こと、サミュエル・ジョンソンによる『英語辞典』の編纂はイギリス的なユーモアも込められた文学上の偉業となった。

こうして「長い一八世紀」の幕が閉じる頃までには、イギリスの文化はヨーロッパ大陸にも引けを取らない世界を独自に切り開いていたのである。

第7章

自由主義の光と影——一九世紀のイギリス

ウィーン体制下の保守反動化

ナポレオン戦争終結後のヨーロッパ国際政治は、「長い一八世紀」という戦争の世紀に疲弊しきった国々の代表が、五大国（イギリス・フランス・プロイセン・オーストリア・ロシア）間での新たな勢力均衡に基づく平和の時代を構築することで幕を開けた。それは講和会議が開かれたオーストリア帝国の首都にちなみ「ウィーン体制」（一八一五〜七〇年）と呼ばれ、五大国は自身の勢力圏に軍事介入する際には必ず会議を開いて列強から承認を得たうえで行動に出たため、かつてのような大戦争に発展することはなくなった。

しかしそれはあくまで弱者の犠牲のうえに成り立つ強者の論理に基づいた平和だった。一九世紀初頭のヨーロッパにはすでに、商工業階級にも政治的権利を与えるべきであるという自由主義(liberalism)や、同じ民族・言語・宗教に基づく国家の建設を訴える国民主義(nationalism)の考え方も広まっていたが、王侯を中心に据えた地主貴族が他民族を支配下に置いていた北方三列強（ロシア・オーストリア・プロイセン）では、こうした考え方は抑圧され、ポーランドやイタリアで生じた蜂起《ほうき》や反乱も軍事力で鎮圧されていた。

このようななかでイギリスは基本的に自由主義的な体制を採り、本書でこれまで見てきたとおり、その政治は絶対君主ではなく議会と協調する立憲君主によって治められていた。ところが、フランス革命で民衆による暴力が一時なりともヨーロッパを席巻《せっけん》した当時にあっては、そのイギリスでさえ保守反動化した政府による抑圧策が採られていたのである。

ウィーン体制のヨーロッパ

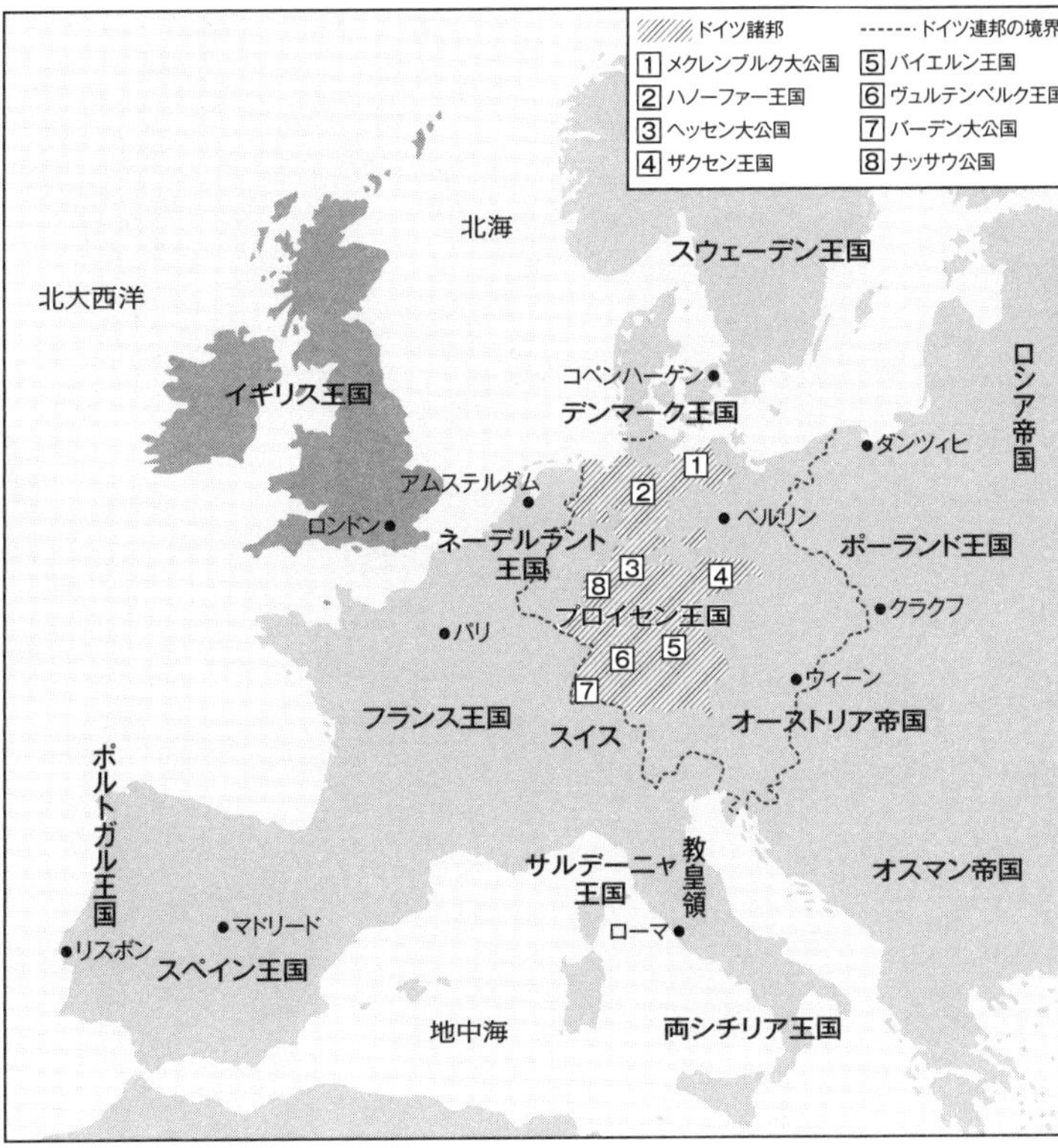

機械打ち壊し運動

労働者階級が賃上げを求めて起こした「機械打ち壊し（ラダイト）運動」は各地で規模が拡大したが、政府はこれを押さえ込もうとした。また戦後に穀物価格の低下が生じると、穀物法を制定して、輸入穀物に一定の関税をかけ、地主貴族《ジェントルマン》階級の利益を守ろうとした。

さらに中産階級や労働者階級がこの頃から声高《こわだか》に叫びだしたのが選挙法改正であった。議会政治が発展したイギリスでさえ、当時はまだ中世以来の選挙資格や選挙区割りがそのまま続いていたのだ。州選挙区（county）で選挙権を与えられたのは、年間四〇シリング（二ポンド）以上の収入をうむ土地をもつまたは地代を得ているものに限られていたが、この法律は一四三〇年に作られたものだった。四〇シリングとは中世の王に仕える弓兵が受け取っていた八〇日分の給与に相当する金額だった。しかしもはや弓兵などいない時代である。

都市選挙区（borough）でも中世には多くの人口を抱える荘園だったかもしれないが、いまや有権者が数名しかいないのに二議席が割り当てられたままの「寒村」が残る一方で、数十万の人口を擁する工業都市マンチェスタやバーミンガムに一議席も与えられていなかった。こうした不平等にマンチェスタの市民が抗議集会を開いたが、市当局はこれを武力で弾圧し、数百人の死傷者を出す大惨事となった（一八一九年のピータールーの虐殺）。

一八二〇年代に入り、トーリ政権は比較的年齢の若い改革派の閣僚が多数入閣するようになり、各種の改革が進められていく。この頃にはアイルランドでカトリック解放の動きがダニエル・オコンネルらを中心に議会外の組織も動員して進められ、それは一八二八年の審査法（一六七三年制定。一六四頁）の廃止と、翌二九年のカトリック解放法へと結びついた。トーリ議員の大半が本来はこれに反対であったが、庶民院の指導者ロバート・ピール内相の慧眼《けいがん》により、時代の趨勢《すうせい》としてカトリック教徒にも公職に就く道が開かれたのである。しかしこの政策に反発した右派の超《ウルトラ》トーリの一派が党を離脱し、トーリ政権の基盤は揺るぎ始めた。

貴族政治と改革のはじまり

このトーリによる改革の機運をさらに高めたのが、一八三〇年の政変で登場したグレイ伯爵率いるホイッグが主体となった連立政権だった。フォックス亡き後のホイッグを長年支えてきたグレイ首相は、年来からの夢であった選挙法改正に向けて邁進《まいしん》する。翌三一年に提出された法案では、年価値一〇ポンド以上の家屋や店舗などを占有する世帯主に選挙権を与え、人口の少ない選挙区から議席を剝奪して新たな選挙区を大都市等に設けること（定数是正）などが盛り込まれた。保守的な貴族院で否決されるなどしたが、最終的には一八三二年に法案は可決された。これにより下層中産階級（小売店主層）にまで選挙権は拡大された。イギリス全体では有権者は五〇万人から八一万人に増え、スコットランドでは一挙に一四倍（六万五〇〇〇人へ）も有権者が増えたのである。

グレイ政権が取り組んだ次の改革が工場法の制定であった。産業革命により確かに社会全体は豊かになったかに見えた。しかしそれは工場における苛酷な低賃金労働に支えられた豊かさにすぎなかった。特に女性や子どもなどは成人男性の四分の一以下の賃金で長時間働かされ、工場の環境も劣悪だった。すでに一八一九年に幼児労働・夜勤の禁止などを盛り込んだ工場法が制定されていたが、三三年の工場法では児童（九歳未満）労働の禁止、年少者（一八歳未満）の深夜業の禁止、工場監督官による立ち入り調査権などが盛り込まれ、年少の労働者たちには就学時間も定められた。一八二〇年代末には、マンチェスタの労働者階級の平均寿命は一九歳だったというが、これで労働環境も少しずつ整っていき、平均寿命が上がっていく。

さらに一八三四年には救貧法が改正され、それまで労働者の低賃金を公費（救貧税）で補助していた院外救済に換え、貧しい者は救貧院に収容する院内救済制度が導入された。それは労働者の労働意欲を向上させる意味も含められていたが、救貧税を支払わせられる中産階級からの不満を和らげる目的もあった。しかし救貧院での収容は環境も悪く、文豪チャールズ・ディケンズの名作『オリバー・ツイスト』などで痛烈に批判された。

また一八三五年には地方自治体法が制定された。中世以降に形成された地方の都市は、君主から特許状を得て成立したもので、一部の有力市民だけが選挙権を独占した参事会を通じて市政を牛耳る腐敗した体制が主流を占めていた。ここで新たな都市自治体として改組された諸都市には、参事会に代わり市会（Town Council）が設けられ、市会議員の選挙権も下層中産階級まで広く与えられていった。

一八三〇年代は、このようにイギリス流の自由主義が国内政治において大きく花開いた時期でもあり、グレイ政権による一連の改革がそれを象徴していた。ただしこれによって地主貴族階級の勢力が大きく後退したわけではなく、むしろ政治の主導権を彼ら地主貴族が保ち続けながら、貴族政治（Aristocracy）に中産階級や労働者階級を取り込んでいくために、幾多の改革が推進されていったというべきであろう。それゆえ「改革」には不徹底なものも多く、後述するとおり、それは新たなる民衆運動の台頭へとつながっていくのである。

またこうした自由主義的な政策は外交にも大きな影響を与え、グレイ内閣の外相パーマストン子爵は、北方三列強（特にオーストリア）が進める中小国に対する抑圧的な政策を制御し、中小国の権利や大陸での自由主義、国民主義の動きに積極的に呼応するかたちで新たな「会議外交」（Conference Diplomacy）を展開し、ヨーロッパにつかの間の自由で平和な時代を築いていった。

貴族政治と民衆運動の台頭

貴族政治を維持するために矢継ぎ早に進められた改革は、当然のことながら労働者階級にとっては不満の残る中途半端なものに映った。一八三二年の選挙法改正では、自分たちにも選挙権が与えられると期待した労働者たちが裏切られるかたちとなり、ちょうど全国各地で展開するようになった労働組合運動ともあいまって、さらなる議会改革を要求した。

その最大のものがチャーティスト運動である。北部工業都市バーミンガムやロンドンを拠点に、男子普通選挙権、秘密投票、議員への歳費支給、さらなる選挙区の平等化などが提唱された。一八

300万人分の請願署名を庶民院に運ぶチャーティスト

三八年五月に発表されたこの一連の要求は「人民憲章」（People's Charter）と呼ばれ、ここからチャーティストの名がつけられた。折しもイギリスは最初の産業革命のピークが過ぎた頃で、経済不況のあおりを受け、運動は全国へと拡がっていった。

また経済不況がもたらしたもうひとつの大きな運動が、反穀物法同盟（一八三九年結成）による動きである。産業革命を牽引したマンチェスタの商工業利害を代弁するリチャード・コブデンやジョン・ブライトら急進派の庶民院議員が主張するとおり、穀物法は国内でのパンの価格を高騰させて、生産コストを増やすばかりか、大陸で穀物を輸出する国々の購買力を弱め、イギリス製品を海外で売れなくさせているだけである。

こうした動きにすぐに呼応したのが、保守党（トーリが一八三四年から改名）政権を率いるピール首相であった。彼は財政＝軍事国家イギリスの抱える負債を軽減させるべく、それまでの間接税（関税・消費税）中心型の財政を直接税（所得税）中心型へと転換させ、自由貿易の推進にも寄与していた。そのピールに穀物法の廃止を決意させたのが、一八四五年にアイルランドを襲ったジャガイモ飢饉であった。地味が貧しく零細な土地でも大量に収穫できるジャガイモは一七二〇年代からアイルランドにも導入され、小作農の主食となっていた。当時の島の人口の四割（三三〇万人）がジャガイモ食のみで生活していた。

ところが西欧全体を襲ったジャガイモの胴がれ病で事態は急変する。飢饉は四六、四八年にも生じ、五年間（四五〜五〇年）に一〇〇万人が亡くなり、一〇年（四五〜五五年）のあいだに二〇〇万人が海外へと移民した。ピール政権は代替としてトウモロコシを輸入したが、次のホイッグ政権によって「自由主義」の名の下に支援策は打ち切られた。しかも「自由貿易」はアイルランドで穫れた穀物を無情にもブリテン島に送る結果となった。

アイルランドのジャガイモ飢饉はすぐにイギリス全体で穀物価格の上昇につながった。ピール首相は保守党内の地主貴族らの猛反発を抑え込み、野党ホイッグと連携するかたちで、一八四六年六月に穀物法の廃止を実現した。ピールは党の利害より国家全体の利益を第一とする政治家であり、これまでもたびたび保守党議員から憎悪の対象となってきたが、穀物法の廃止は党を二分する結果となり、すぐにピール政権の退陣につながった。

このののちホイッグ政権により航海法（一六五一年制定。一五九頁）も廃止され（一八四九年）、一八五〇年代以降にイギリス経済は自由貿易の黄金時代に突入する。

ジャガイモ飢饉はヨーロッパ各地にも影響を与え、市民に抑圧的な政治体制を採っていたフランス七月王政（二月革命）やドイツ諸国（三月革命）の反動的な政権が失脚した。こうしたなかでイギリスで市民革命が生じなかったのは、長年続いていた議会政治を通じて、中産階級や労働者階級からの変革の声を諸改革によって少なからずくみ上げ、彼らの不満のガス抜きをすることに成功した、地主貴族階級による柔軟な姿勢が見られたからである。

ヴィクトリア女王の登場

産業革命の最初のピークが過ぎ、巷《ちまた》には民衆運動が勃興するなかで、ハノーヴァー朝のイギリス王室でも君主の代替わりが見られた。ジョージ三世の孫にあたるヴィクトリア女王（在位一八三七～一九〇一年）の登場である。

彼女はジョージ三世の四男ケント公爵の長女であり、本来なら王位を継承できるような立場にはなかった。ところが父の長兄ジョージ四世は夫婦仲が悪く、一人娘にも先立たれていた。次代のウィリアム四世は愛人との間には一〇人の子どもがいたが、正妻との間では世継ぎに恵まれず、こうしてヴィクトリアにお鉢が回ってきたのである。

これまでは国民から人気のない病気がちの老王の時代が続いていたが、一八歳の若さで即位したヴィクトリアはすぐに国民からも支持を集めた。二〇歳のときには従弟《いとこ》にあたるアルバートと結婚し、四男五女の子宝にも恵まれた。

アルバートはドイツ貴族（ザクセン・コーブルク・ゴータ家）の出身であったが、国民からは「外国人の旦那」という扱いを受け、しばらくは人気を集めることができなかった。しかし女王の妊娠・出産時に、彼女の代行を務めるアルバートに直に接した政治家たちは、彼の英明さに感銘を受け、政界では次第にアルバートに対する信頼が広まっていった。

また一五人の子宝に恵まれたジョージ三世と同様に家族を大切にする姿勢は、ジョージ四世やウィリアム四世時代には見られなかったこともある。また、ヴィクトリア女王自身も家族を重視した。彼女とアルバートが大勢の子どもたちに囲まれて幸せそうに描かれた絵画は、複製が数多く作られ、中流家庭の理想の家族像として家々に飾られたほどだった。また、一八五〇年前後からはイギリスでも大衆消費社会が始まりつつあったが、アルバートがドイツから持ち込んだクリスマスツリーやその周囲にプレゼントを置く風習が絵入りの新聞に掲載されるや、この習慣は瞬く間にイギリス中に広まり、さらに世界へと拡がった。

ハノーヴァー王朝系図②

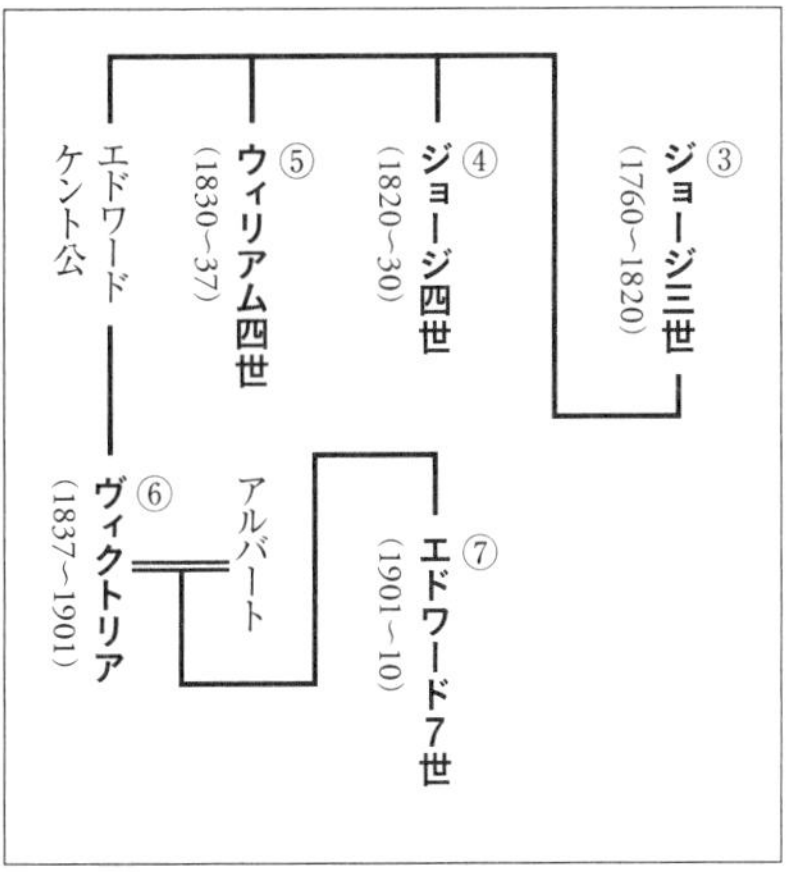

そのアルバートの名声が国民の間で確立されたのが、彼を総裁に企画立案・運営された第一回ロンドン万国博覧会（後述）だった。しかしその一〇年後にアルバートが腸チフスで急逝すると（一八六一年暮れ）、落胆したヴィクトリア女王はアルバートの設計によるスコットランド北部のバルモラル城やイングランド南部（ワイト島）のオズボーン離宮へと隠遁《いんとん》してしまい、ロンドンでの社交や議会開会式にも姿を現さなくなってしまった。

最初は寡婦《かふ》となった女王に同情を寄せていた民衆

ジョージ4世

ウィリアム4世

も、次第に「働かない女王」に怒りを感じるようになった。謹厳実直で働き者の女王はどこにいても政府文書に目を通し、法案に署名もしていたのだが、国民の前に姿をあらわさない女王の心情など人々は知る由もなかった。一八六〇年代末には、第二次選挙法改正の実現（後述）で工場労働者階級にも選挙権が付与され、ますます大衆の声が政治に反映されるようになっていた。隣国フランスでは普仏戦争での敗北で第二帝政が廃止され（一八七〇年）、イギリスでは「共和制運動」と呼ばれる王制廃止の声が上がることになった。

こののち女王は「国民の前に姿をあらわすこと」も君主にとっての大切な責務であることに気づき、一八七〇年代からは世界大に拡がった大英帝国の紐帯《ちゆうたい》としての役割まで加わり、以後は共和制運動は急速に衰退した。女王はいつしか七つの海を支配する大英帝国の象徴として、絶大な人気を集めるようになり、彼女はまたイギリスの最盛期を表象する、「ヴィクトリア時代」のまさに中心的な存在となっていったのである。

アジアでの帝国の拡大――自由貿易の影で

一九世紀半ばのイギリスは自由主義や自由貿易を前面に掲げて、世界を股にかけてその経済力を拡げていった。フランス革命やアダム・スミスの経済学などの影響もあり、「自由貿易」という言葉には単に保護関税の廃止という意味以上の重みが含まれ、「自由放任《レッセ・フェール》」はごく当たり前の観念で、そこから逸脱することは「悪」以外の何ものでもないと考えられた。

しかしこの自由貿易の影でイギリスは主にアジアにおいてその帝国の影響力を情け容赦なく拡大していたのである。すでに一九世紀半ばまでに、イギリスはオセアニアやカナダにも白人系植民地を確立していた。その一方でアジアには直接的な支配はしかず、貿易などを通じて間接的な影響力を強めていた。インドの支配にしても、前述のとおり、半国家的で官僚機構と軍隊を備えた東インド会社による間接統治に任せていたのである。

二〇世紀前半ぐらいまでは、一八五〇年代に黄金期を迎えた「自由貿易」（free trade）と七〇年代以降に本格化する「帝国主義」（Imperialism）とを分けて、前者はできるだけ植民地など持たずに経済的繁栄を追求するもので（小英国主義ともいう）、後者はごり押しの侵略に基づく領土的拡大であったと明確に区分する傾向にあった。それが近年では、自由貿易もかたちを変えた帝国主義にほかならず、財政・軍事的にも負担のかかる植民地経営はできるだけ避け、経済的な植民地という「非公式な帝国」として支配していたのが七〇年代より以前の状況であったと指摘されている。

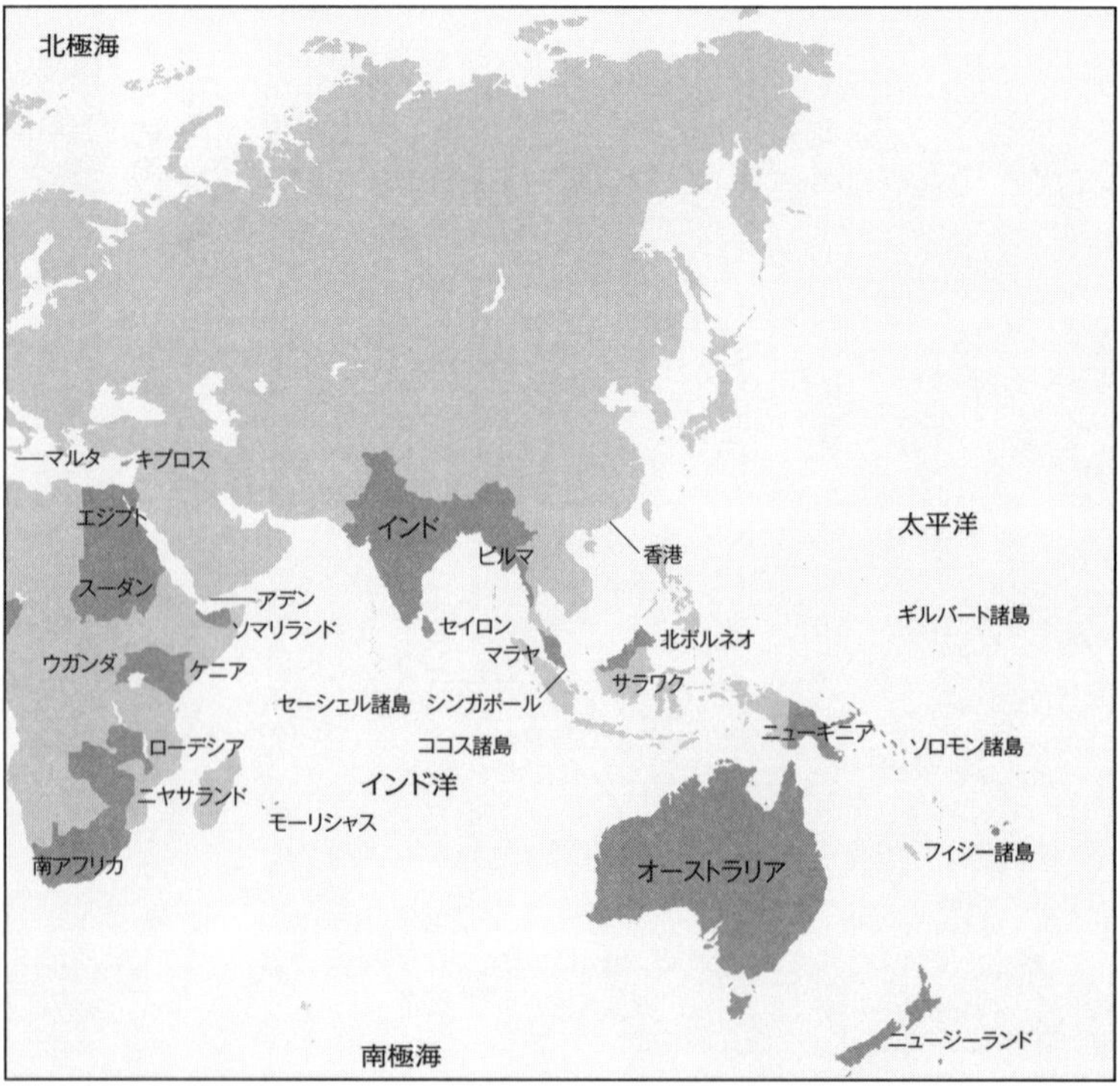

「自由貿易帝国主義」の時代である。

実際にイギリスは「自由貿易」を旗印にアジア各地に開港を迫り、それが聞き入れられなければ武力で屈服させる手段に出ていた。日本も、ペリー来航（一八五三年）以来、欧米の強大な軍事力を背景に列強の経済的な支配圏に組み込まれつつあった。そのさなかに結ばれた不平等条約を撤廃させるために、日本は急速な近代化を進めたのである。

こうしたイギリスによる「非公式」の支配が「公式」の支配に転じていくの

イギリス帝国の版図（1901年）

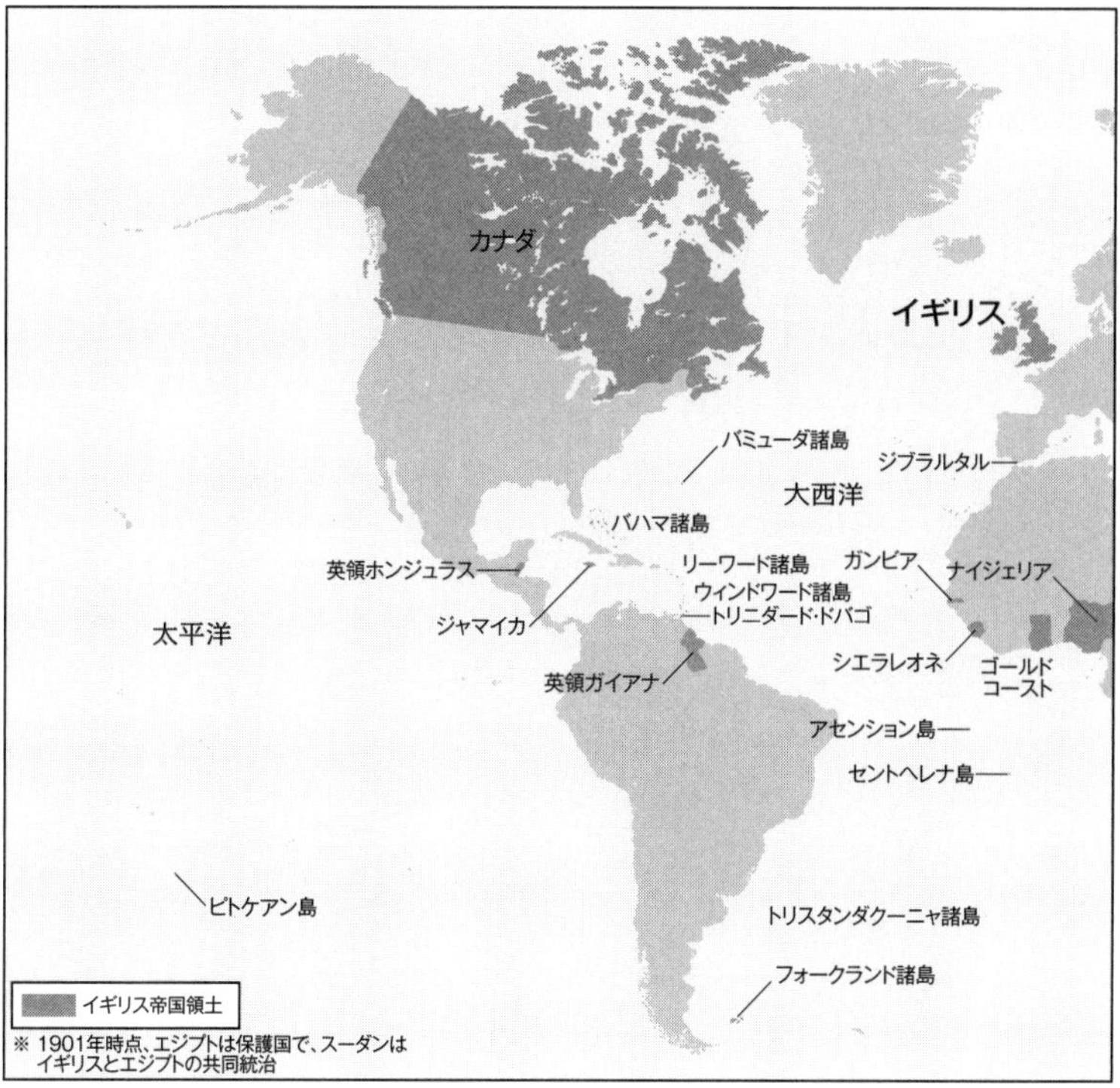

は、アジア各地での反乱や戦争に起因していた。

　まずは清王朝下の中国である。茶や陶磁器などをイギリスに輸出していた清国は「外夷《がいい》」の欧米諸国からは劣等な商品を輸入するつもりがなかった。そこで一八世紀後半からイギリスはインド産のアヘンを清国に密輸させ、それで茶の購入金を相殺《そうさい》するようになっていた。これに清国側が猛反発し対英貿易を禁じたことから生じたのがアヘン戦争（一八四〇～四二年）である。国内に分裂の見られた清国は東インド会社軍に敗れ、開港を迫られていく。最終的には第二次アヘン戦争（一八五六〜六〇年）での清国の敗北により、さらなる開港と北京への常駐公使館の設置が突きつけられた。力ずくでの自由貿易の押しつけだった。

さらにアヘン戦争で活躍した東インド会社軍（二〇万人）の実に八五％を占めたインド人傭兵（シパーヒー）が起こしたインド大反乱（一八五七〜五九年）も生じたが、これもイギリス軍により鎮圧され、インドはイギリスの直轄支配下に置かれていくこととなる。

この中国やインドへの強圧策を進めたひとりが、当時の外交を外相・首相として主導したパーマストンであった。彼は大西洋ではスペインやポルトガルが条約に反して続けていた奴隷の密貿易を厳重に取り締まり、イギリス自由主義を代表する存在となっていたが、アジアにおいてはまさに情け容赦のない態度で各地に自由貿易を押しつけ、「必要とあらば公式の帝国として」支配下に置くことを躊躇《ちゅうちょ》しなかった。彼の姿勢は一九世紀半ばのイギリスが自由主義の名の下に示した「二重の《ダブル・》基準《スタンダード》」を体現していたともいえよう。

ロンドン万博と学芸の振興

その自由貿易の黄金時代を表象した一大イベントが、一八五一年五月にロンドン中央部のハイドパークで開幕した史上最初の万国博覧会（Great Exhibition）であった。

博覧会のそもそもは、フランスで革命以後に産業振興を目的としたものだったが、イギリスで商工業の振興を目的に設立された技術協会により、国内だけではなく広く海外にも参加を呼びかけて開催することが提唱された。これに応じて万国博覧会の総裁に就任したのがヴィクトリア女王の夫君アルバートであった。しかし前代未聞のイベントに当初は各企業も及び腰だった。さらに新聞や雑誌もフランスの事例などを挙げて、博覧会が赤字に終わるだろうと悲観し、ハイドパーク自慢の楡《にれ》の木を切り倒して会場を設営するなどもってのほかだと非難を浴びせていた。

ロンドン万博の水晶宮

　しかしアルバートは有能な庭園技師ジョゼフ・パクストンの設計に基づきプレハブ工法により会場を設営することで、木は一本も切り倒されず「環境にやさしい」配慮が施された。およそ一〇ヶ月をかけて幅五六三メートル、奥行き一三八メートルという巨大な会場が設営され、それは二九万枚を超えるガラスと鉄骨でまるで巨大な温室のような姿となり、それまで非難囂々《ごうごう》だった新聞や雑誌はいっせいに静まるどころか、この会場に「水晶宮《クリスタル・パレス》」というあだ名までつけて、アルバートの企画を絶賛するようになっていた。

　そして五月一日の開会式にはヴィクトリア女王ら朝野の名士たちが一堂に会し、博覧会は幕を開けた。アルバートによる説得が功を奏し、世界三四ヶ国から一万四〇〇〇ほどの出品者が集まった。連日一〇万人を超す来場者が訪れ、一〇月に閉幕するまでに六〇〇〇万人以上の入場者を数えたとされる。それは当時のイギリ

ヴィクトリア女王とアルバートと家族たち

ス全体の人口で単純に換算すれば、イギリス人の四人に一人が万博を観にいったという計算になる。

これには新しい「商売」も関係していた。禁酒運動家のトマス・クックが飲酒に代わる娯楽として観光を思いつき、鉄道券や宿泊のついた団体旅行を始めたのがこの頃であった。クックが引率する団体旅行客も水晶宮や当時最新の発明品などに度肝を抜かれた。

これとも関連するが、一九世紀半ばのイギリスはまさに工業化社会の頂点にあったのだ。スティーヴンソンによる蒸気機関車の実用化で、一八五一年までにはイギリス各地に鉄道網が張り巡らされていた。一八世紀半ばにはロンドンからエディンバラに行くには二週間近くかかっていたが、それが鉄道の開発で一日もあれば到着できるように様変わりしていた。それまでイギリスの農村部に住む人々は、近隣に大きな町がある場合にはせいぜいそこに行く程度で、州をまたぐことなどありえなかった。

ロンドン万博は大成功に終わり、実に一八万ポンド以上の黒字を生みだした。これ以降は主要各国が万博を開催することが一等国の証《あかし》であるかのごとく、次々と万博を開いた。またこの収益金は、ロンドンのサウス・ケンジントン地区に大英博物館自然史部門（現在の自然史博物館）、科学博物館、国立鉱山学校などの自然科学研究を深める機関の創設に使われた。また、万博総裁だった故アルバートの名は、ヴィクトリア・アルバート博物館、ロイヤル・アルバート・ホールなど美術や技術、音楽の殿堂に冠された。

万博会場だった水晶宮は、その後解体されて、ロンドン南部のシドナムに移設された。その後も演奏会場や博物館、植物園、美術館などを併設した複合施設として利用されたが、一九三六年の大火事で焼失してしまうこととなる。

クリミア戦争の余波──ウィーン体制の崩壊

イギリスが世界最大の経済大国の地位にのぼりつめていた頃、ヨーロッパ大陸には波乱が生じようとしていた。

ナポレオン戦争後のウィーン体制は、一八四八年のフランス二月革命やドイツ三月革命で一時的に動揺をきたしたものの、その後も五大国間の勢力均衡に基づいた平和の体制は続いていた。しかし二月革命の果てにその年の暮れにおこなわれた史上初めての男子普通選挙に基づく大統領選挙で当選したのが、かのナポレオンの甥（弟の子）ルイ・ナポレオン・ボナパルトであった。彼はやがて本来の野心を露わにし、クーデタを決行したのち、一八五二年一二月には第二帝政を成立させ、皇帝ナポレオン三世に収まった。

その彼がヨーロッパに再び一大勢力を築こうとしていた。その過程でナポレオンはオスマン帝国に近づき、これに難色を示したロシアが一八五三年にオスマンとの戦闘に突入する。かつての強国オスマンはいまや「瀕死《ひんし》の病人」と呼ばれ、世界最強の陸軍大国ロシアを相手になす術《すべ》がなかった。

クリミア戦争でアゾフ海のタガンログ港を攻撃するイギリス軍

ロシアの地中海進出を嫌った英仏両国はオスマン側について参戦した。戦場はバルカン半島から黒海北部のクリミア半島へと移り、クリミア戦争（一八五三～五六年）と呼ばれるようになった。戦争は長期化・泥沼化したが、戦死者の大半は病死だった。ここに野戦病院の開設と傷病兵の看護に乗り出したのがフローレンス・ナイティンゲールであった。彼女のおかげで負傷した兵士たちの死亡率は四二％から五％へと激減した。

　戦争自体は両者痛み分けのかたちで幕を閉じた。しかしクリミア戦争はそれまで五大国の間で保たれてきた勢力均衡を大きく崩す結末を迎えた。鉄の絆を誇ってきた北方三列強は分裂し、バルカンをめぐる墺露間の対立に加え、ドイツ統一問題をめぐり普墺間の確執が生じた。この三列強の分裂に付け入るかたちでナポレオン三世が勢力の拡大に乗り出す。そしてクリミア戦争はイギリス陸軍の弱さまで露呈した。さらに鉄道の発達で、世界最強のイギリス海軍が見せつけていた港湾封鎖の威力も、かつてほどではなくなっていたのである。

これ以後は、イタリア統一戦争（一八五九～六一年）を皮切りにヨーロッパ大陸で戦争が相次いだ。特に一八六二年にプロイセン首相にオットー・フォン・ビスマルクが就くと、国民からの後押しを受けて、彼はプロイセン主導のドイツ統一を目標に掲げていく。これとも関連してデンマーク戦争（六四年）が生じたときは、かつてデンマークとドイツ諸国との仲裁を務めたパーマストンのイギリス政府が、ロンドン会議でこれを調整しようとしたが、失敗に終わる。その翌年にパーマストン首相は八〇歳の大往生を遂げた。

これと同じ頃、南フランスのビアリッツではナポレオン三世とビスマルクが密約を交わし、一八六六年には普墺戦争へと発展した。プロイセンがわずか七週間で勝利を収めて、次はナポレオンとの最終決戦に臨んだ。その独仏（普仏）戦争（一八七〇～七一年）でもプロイセンが圧勝し、ナポレオン三世は失脚し、ここにフランスに第三共和政が成立した。戦争それ自体は続いていたが、一八七一年一月一八日に占領中のパリ郊外のヴェルサイユ宮殿「鏡の間」にドイツ側の王侯が集まり、プロイセン国王ヴィルヘルム一世を「ドイツ皇帝」に推戴して、プロイセン主導でドイツ帝国が成立することとなった。

ナポレオン戦争後に築かれたウィーン体制はここに完全に瓦解し、ヨーロッパ国際政治は新たにドイツ帝国宰相となったビスマルクを調整役《バランサー》とする「ビスマルク体制」（一八七〇～九〇年）の時代へと突入していくのである。

二大政党制の確立

ピール保守党政権により穀物法が廃止されると（一八四六年）、前述のとおり、保守党はスタンリ男爵（のちにダービ伯爵を継承）を指導者とする保護貿易派とピールに従った自由貿易派（ピール派）とに分裂した。この結果、ジョン・ラッセル卿を首班に据えたホイッグ政権が登場した。しかしそのホイッグも、五〇年代初めまでには党内に対立を抱え、一八五〇年代のイギリス政党政治は未曾有《みぞう》の混迷期を迎えていた。五度に及んだ政権交替の後、一八五九年六月にそれまで離合集散を繰り返すことの多かったホイッグ、ピール派、急進派がひとつにまとまり、「自由党」を結成することとなった。

その初代党首に収まり自由党最初の政権を率いたのがパーマストンだった。この頃、イギリスではさらなる選挙法改正を要求する声が高まりを見せていた。それはパーマストン首相の死後、保守党と自由党のいずれが改正を実現していくかという、両党の拮抗《きっこう》につながった。このたびの選挙権拡大の対象は都市の労働者階級だった。自由貿易の黄金時代の原動力だったのが、都市の工場で働く労働者だったのである。

パーマストンの後を引き継いだラッセル率いる自由党政権は、党内の分裂にあって改正案を議会で通すことに失敗し、総辞職に追い込まれた。政権を獲得したダービ率いる保守党は、党内にくすぶっていた反対を封じ込め、一八六七年についに「第二次選挙法改正」と呼ばれる議会改革に成功を収める。これでイギリスの有権者は一三五万人から二四七万人へと拡大した。国民のおよそ一〇人に一人が選挙権を持つ時代となっていた。

この改正を機に、保守党も自由党も全国的な組織化を進めた。それまで両党を支持する団体は各地に散らばっていたが、保守党全国連合（一八六七年）と全国自由党連盟（七七年）がそれぞれ創設され、それらの団体を地方支部として統轄し、総選挙に備えて全国で組織化が進められた。また各地での支持者の確保、候補者の選出、選挙運動への支援を統轄する組織としては、保守党中央事務局（七〇年）、自由党中央協会（七四年）が各々に設置され、ここで資金集めや選挙への応援活動が一括してまとめられていく。

保守・自由両党が、かつての貴族中心のジェントルマン・クラブ的な党派から、大衆をも糾合《きゆうごう》した近代的な政党へと変容していくなかで、党指導者と所属議員たちの相関関係も確立されていく。そのために指導者たちは自党の議員らの利害などにも気を遣い、政党としてのまとまりを維持する必要があった。ピールの時代には議員らの意向を軽視して、最終的に党を分裂させる結果を招いたが、これを教訓としたダービが党内の調整に尽力した結果、保守党は第二次選挙法改正を推進する際にも大きな分裂に見舞われずに済んだ。

この改正が実現するや、保守・自由両党では指導者の世代交代もおこなわれた。保守党では、一八六八年二月にダービが引退し、庶民院の指導者で財務相だったベンジャミン・ディズレーリが党首と政権を引き継いだ。彼はユダヤ系の小説家だったが、苦労して庶民院議員となり、その才覚により頂点にのぼりつめていた。対する自由党でも六七年一二月にラッセルが党首を退き、やはり庶民院指導者だったウィリアム・グラッドストンが党首に収まった。彼はリヴァプールの貿易商人の家に生まれ、早くから議員として頭角をあらわしていた。

こうして保守党でも自由党でも、これまでのような生粋《きっすい》の地主貴族階級とは異なる出自の党首が登場し、新たに選挙権を獲得した労働者階級の有権者たちが政治に取り込まれ、保守党と自由党の二大政党が交互に政権を担当していく時代となった。

グラッドストン

大衆民主政治の萌芽《ほうが》

さらに庶民院議員を選ぶ総選挙が、「民意」として政権交代に直接的な影響力を及ぼすようになったのもこの時期であった。

一八六八年一一月にディズレーリ首相は議会を解散し総選挙に踏み切った。新たに有権者となった労働者階級に、自分たちに選挙権を与えてくれたのは誰なのかを確認するかのような選挙であった。ところがディズレーリはまんまと裏切られた。結果は野党自由党が与党に一〇〇議席以上の大差をつけての圧勝となったのである。ここでディズレーリは自身の手で新議会を開かずに、ヴィクトリア女王の許《もと》を訪れて辞意を表明し、後継首班に野党第一党の党首グラッドストンを招請《しょうせい》するよう女王に進言した。

これまでも総選挙に敗れた政権は見られたが、その場合には新議会を自ら開いて、議会審議で敗北して初めて政権交代となっていた。一八六八年の政権交代は、総選挙の結果がそのまま反映したイギリス史上初めての事例であった。女王はディズレーリの進言に基づき、グラッドストンに首相の大命を降下し、ここに自由党政権が誕生するのである。

このとき有権者が自由党を選んだのは、すでに「人民のウィリアム」と呼ばれて久しいグラッドストンが財務相時代に示した大衆のための改革を、今度は首相として実行に移してくれると期待したからである。彼らの期待どおり、グラッドストン政権は初等教育法で国民の義務教育を進め、官僚試験制度の導入や陸軍改革で地主貴族階級の縁故採用を抑え、労働組合法で労働者の権利拡大にも理解を示していった。

一八七四年の総選挙では今度は保守党が過半数を制し、すぐに第二次ディズレーリ政権が成立した。この政権でも職人住宅法や公衆衛生法、国民健康法など主には労働者階級を対象とする数々の改革が進められた。他方でディズレーリ政権は、次章で詳述するとおり、自由党政権に比べて積極的な帝国主義政策に乗り出していった。インドをロシアの魔の手から護るため、中間地帯にあたるアフガニスタンに侵攻したが、これが思いのほか苦戦を強いられる。これに穀物の不作や不況が重なり、一八七九年に政権の人気は急落していた。

これに目をつけたのが自由党党首から引退していたグラッドストンであった。七九年の秋から彼は自らの選挙区に選んだエディンバラ近郊を中心に「ミドロージアン選挙運動《キャンペーン》」と呼ばれる活動に乗りだした。それは鉄道を乗り継いでの各地での連続講演会形式により、車窓やプラットホーム、公会堂などで次々と遊説をおこない、演説の内容はすでに全国で読まれるようになっていた有力な新聞に翌朝にはいっせいに掲載されるという、画期的な手法によっていた。こうした運動が功を奏して、翌八〇年の総選挙では自由党が大勝し、グラッドストンは党首に返り咲くとともに、二度目の政権を率いることにもなった。

グラッドストンの自由党政権では、選挙違反が急増したことにも鑑《かんが》み、腐敗および違法行為防止法（一八八三年）が制定され、罰則の強化や連帯責任制の導入で選挙違反が厳しく取り締まられていく。そして翌八四年には「第三次選挙法改正」が実現し、地方の農場や鉱山で働く労働者階級にも選挙権が拡大された。これで有権者は四四〇万人に増えた。当時のイギリスでは国民の七五％は労働者階級で占められ、もはや彼らを無視しては政治は進められなかった。大衆民主政治の萌芽であった。ただし幾つかの都市自治体を除いて、国政選挙ではいまだに女性たちに選挙権が与えられず、男性優位の政治が続いていた。

イギリス芸術の爛熟期

政治や経済の安定は新たな文化の登場にも寄与した。ターナーなどの天才を生み出した王立美術院（二〇六頁）ではあったが、一九世紀半ばまでにはその権威に反発する若き芸術家らが登場する。ダンテ・ゲイブリエル・ロセッティはその代表格であり、ルネサンス以前の色彩豊かで綿密な描写による技法を重んじた「ラファエル前派」と呼ばれるグループを結成した。彼らの活動は美術評論界の巨人ジョン・ラスキンによって支持された。

またラスキンの思想に共鳴し、産業革命が生みだした機械による大量生産品に反発し、手仕事の美や労働の喜びをテーマに「アーツ・アンド・クラフツ運動」を展開したのが、ウィリアム・モリスである。彼らは家具や食器、壁紙など日常生活に用いるものを美しくデザイン化し「応用美術」という概念を生み出した。またラスキンやモリスらは産業化のなかで失われつつあった歴史的建造物や自然的景勝地の保存にも努め、それが一八九五年に設立される「ナショナル・トラスト」へと結実していった。

一九世紀後半に最も華やかな活動を見せるようになったのは音楽界であった。パーセル以来自前の優れた作曲家を生み出せなかったイギリスであったが、エドワード・エルガーが登場し、『エニグマ変奏曲』や『威風堂々』がヨーロッパ音楽界でも高い評価を受けて、イギリス音楽を一躍世界レベルにまで引き上げていく。エルガーの活躍は、王立音楽学校で本格的に作曲を学んだレイフ・ヴォーン・ウィリアムズやグスタフ・ホルストといった若い世代にも影響を与え、その後の二〇世紀イギリス音楽の礎《いしずえ》となっていく。

さらに一八世紀後半からイギリス各地で音楽祭や合唱祭が開かれるようになっていったが、一八九五年からは今日にまで続く夏の風物詩として「プロムナード・コンサート」（プロムス）が始まり、芸術音楽がより多くの聴衆を惹きつけていく一方で、ギルバート&サリバンの『ミカド』に代表される「サヴォイ・オペラ」も登場し、ロンドン市民を魅了した。またミュージック・ホールが各地に造られ、大衆向けの娯楽として定着した。

そして文学の世界にも新たな境地が生まれていった。一九世紀前半にはすでにバイロンやキーツ、ワーズワースやスコットに代表されるロマン派の詩人たちがヨーロッパ全体を席巻《せっけん》していたが、世紀半ばには小説の世界にも文豪たちが登場する。前述した『クリスマス・キャロル』や『大いなる遺産』で一世を風靡《ふうび》したディケンズがその筆頭であろう。

さらに、一九世紀初頭に『高慢と偏見』や『エマ』などで女性の心理を見事にとらえたジェーン・オースティンをはじめ、女流作家が次々と登場したことが特色としてあげられよう。シャーロットの『ジェーン・エア』、エミリーの『嵐が丘』などで有名なブロンテ姉妹、『ミドルマーチ市』のジョージ・エリオットなどがその代表格である。

また、農業大不況（一八七二〜九六年）を背景とする農村社会の暗部に注目した『帰郷』、『ダーバーヴィル家のテス』のトマス・ハーディや、『宝島』、『ジキル博士とハイド氏』など冒険小説や怪奇小説という新しい分野を開拓したロバート・ルイス・スティーヴンソンなど、優れた文学が生み出されていった。

そして世紀末文学を飾ったのが唯美主義の巨匠オスカー・ワイルドである。小説『ドリアン・グレイの肖像』や戯曲『ウィンダミア卿夫人の扇』が人気を博し、戯曲『サロメ』には新進気鋭の画家オーブリー・ビアズリーによって独特の挿絵が入れられ、ワイルドの優雅な文学の世界にさらに迫力を増していった。

近代スポーツの誕生

芸術とともにイギリス文化を世界に広める役割を果たしたのが、新たな娯楽として登場したスポーツであった。

中世以来、上流階級は狩猟、庶民は動物いじめ（牛や熊などに犬をけしかける）や闘鶏などを娯楽として楽しんでいた。しかし一八二〇年代になって、都市の中産階級を中心に動物愛護の運動が始まっていく。これもまたイギリス自由主義の思想と関係したが、動物虐待防止協会（二四年創設）はヴィクトリア女王からも後援を受け「王立《ロイヤル》」の称号を得た。

こうした娯楽に取って代わったのがスポーツであった。産業革命は物質的に人々の生活を豊かにする一方で、それまでの農業社会とは異なる時間概念を生みだした。工場で働く人々は、日が昇り日が沈むまで働くといったそれまでの農業社会とは違って、一日二四時間のうちの勤務時間に縛り付けられるようになったのだ。また、工場が休みのときには「余暇《レジャー》」を楽しむ余裕が庶民には定期的にできていった。

今日にも続く、サッカーやクリケット、ラグビーといったスポーツの原型は中世以来の伝統を誇る高級私立学校（パブリック・スクール）で徐々に形成されていった。一九世紀半ばにはそれが「アスレティシズム」（競技至上主義）という考え方と結びつき、青少年教育のための教養主義の一環として、主に団体競技による身体活動が重視されるようになった。パブリック・スクールは各校それぞれでこうしたスポーツを奨励した。

やがて学校同士の対抗戦も企画されるようになるがここで問題が生じた。サッカーでも、その名が名門パブリック・スクールに由来するラグビーでも、学校ごとに独特のルールが存在し、対抗戦などできなかったのだ。こうして様々な学校の出身者が話し合い、共通のルールが作られていった。一八四六年にはラグビーと、サッカー（フットボール：以後は足しか使えなくなる）でそれぞれ

「ルールブック」が刊行された。

さらに全国の高校・大学はもとより、ロンドンや北部工業都市、スコットランド各地にクラブが作られ、それはイングランドのサッカー協会（一八六三年）、ラグビー協会（七一年）の創設に始まり、スコットランド、ウェールズ、アイルランドでもそれぞれに協会が立ち上げられていった。さらにゴルフやテニス、クリケットにも同様のルールや協会が作られていく。土曜の午後や日曜、祝日などに時間ができた人々は、自らチームに入ってスポーツに興じたり、地元やひいきのチームを応援するため屋外に観戦に出かけた。

このようにして、中世に起源を持つ各種の競技は「近代スポーツ」として衣替えされ、厳格なルールの下にイギリス各地でおこなわれ、それはまたカナダやオーストラリア、ニュージーランドやインドなど帝国全体へも拡がると同時に、世紀末から二〇世紀初頭にかけては日本も含めた世界各地にも浸透していったのである。

それと同時に一九世紀末までには「スポーツ」をめぐる階級間の対立も露呈するようになった。上流階級にとってはスポーツはあくまで教養主義の一環であり、自己陶冶《とうや》の手段として愛好家（アマチュア）精神に徹しようとしていた。これに対して、競技人口の増加に伴い台頭してきた中産階級・労働者階級出身の選手たちのあいだでは、これを職業にして観客からお金を取る「専門職（プロ）化」が進行したのである。

こうして世紀末には各競技にプロ選手が登場する一方で、愛好家たちからのみ構成されるオリンピック大会の開幕など、スポーツの国際化・多様化が進んでいった。

進化論の衝撃

そして一九世紀半ばのイギリスが世界中に衝撃を与えることになったのが、チャールズ・ダーウィンが提唱した「進化（evolution）」という考え方であろう。

ダーウィンはイングランド中西部のシュールズベリに内科医の息子として生まれた。父方の祖父がエラズマス、母方の祖父がウェッジウッド（二〇五頁）という産業革命以降のイギリスを支える上層中産階級の申し子のような存在であった。ケンブリッジ大学を卒業後に、イギリス海軍の測量船ビーグルで世界一周の旅に出て、その途上で南太平洋のガラパゴス諸島にも立ち寄り、様々な調査をおこなった。帰国後、生物全体に生存と繁殖について優劣の差が見られるという「自然選択」という発想を固め、一八五九年に発表した研究が『種の起源』である。ここで言及された「進化」という概念は侃々諤々《かんかんがくがく》の論争を呼んだ。

チャールズ・ダーウィン

『種の起源』は一八六〇年代にはヨーロッパの各国語に翻訳され、これよりさらに進化論を深めた『人間の由来』（一八七一年刊）でダーウィンの名声は不動のものとなった。

キリスト教会では聖書の記述と異なる「進化論」に反駁《はんばく》し、ダーウィンと猿が抱き合う風刺画まで描かれて雑誌を賑わせたが、生物学の泰斗《たいと》たちはダーウィンの説を支持した。それと同時に、「進化論」はダーウィン自身が思いもよらない方向へと、当時のイギリスだけではなく、ヨーロッパ全体を導くことにつながってしまったのだ。

社会学の生みの親ハーバート・スペンサがダーウィンの学説から「社会進化論」という説を構築してしまうのである。生物が進化するのであれば、人間社会も進化するはずである。自然選択によって生き残る生物がいるのであれば、人間社会でも優れたものが生き残り、劣ったものは滅びる運命にある。スペンサはここで「適者生存」という概念を打ち出した。それは白人キリスト教文明が世界で最も優れており、それ以外の有色者による異教徒文明は白人たちによって文明化されなければならない、という思想につながったのである。

これは次章で詳しく論じるが、一八七〇年代以降にイギリスを嚆矢《こうし》にヨーロッパ列強が次々とアジアやアフリカ諸国を植民地化していく「帝国主義」の思想を正当化する概念として利用されることになったのだ。こうした思潮は「社会ダーウィン主義」とも呼ばれ、やがて人種差別や優生思想や性差別、障害者差別を正当化する理論にも使われていくこととなる。

ダーウィン自身は人種や性差で差別をすることなどなかった。むしろ差別に反対だった。さらに彼が唱える「進化」とは「進歩」を意味するわけではなかったが、こちらにしてもいつのまにか「国家間の優劣」「民族間の優劣」「人種間の優劣」を区分する概念のように使われるようになっていった。

ダーウィンの学説自体は、人類学界や生物学界でその後も賛否両論が出されたものの、基本的な考え方は継承されているといえよう。

また、ダーウィンの進化論がイギリス全体に衝撃を与えた背景には、当時の一般大衆が知的活動に熱心だったことも関係している。一九世紀後半のイギリスでは、定期刊行物は新聞も含めると二五〇〇以上にも及び、政治や経済（業界誌）、宗教やジェンダー、科学や芸術などあらゆる分野におよぶ「専門誌（紙）」が存在した。『種の起源』もこうした定期刊行物に採り上げられ、人々の関心を惹きつけていたのである。

二一世紀の今日において、世界中の科学者が自らの理論を認めてもらう登竜門として有名な科学誌『ネイチャー』も一八六九年に創刊されたものであり、こうしたイギリスにおける全国民的な知的関心の向上が、「進化論」が登場する気風を育《はぐく》んだといえるかもしれない。

第8章

帝国主義と第一次世界大戦

帝国主義の開幕

ヨーロッパ国際政治に新たに「ビスマルク体制」が形成されたのと時期を同じくして、列強はアジアやアフリカなど海外に植民地を拡大していった。その先陣を切っていたのがイギリスであった。一八七〇年代までには、白人系の植民地カナダ、オーストラリアや、インドなどアジア諸国、さらには南米などが、イギリスが統御する世界市場に第一次産品（農業・牧畜業）を提供する地域として編入され、イギリスは海外での鉄道建設への投資と海運業の発展により、「世界の工場」から「世界の銀行」へとその姿を変えつつあった。

世界中に通商網を築いたイギリスが最も重視した航路が「帝国のなかの帝国」ともいうべき「インドへの道」（Empire Route と呼ばれた）だった。イギリスから地中海（ジブラルタル）に入り、スエズ運河（一八六九年開通）を通り、紅海からインド洋にぬけていく航路は、決して他国から侵害されてはならないルートであった。第二次ディズレーリ政権の時代の一八七五年に、エジプトの総督が負債の支払のために手放すことになったスエズ運河会社株（の全株の四四％相当）を政府が購入し、イギリスは会社として最大の株主となった。

さらに到達地であるインドでは、大反乱（二二四頁）から二〇年の歳月をかけてイギリスはおよそ五六〇人ほどの藩王たちと交渉を重ね、一八七七年一月、ついに世界史上初めてひとつにまとまった「インド帝国」が建国された。初代皇帝にはヴィクトリア女王が収まった。これ以後は歴代のイギリス国王たちがインド皇帝を兼ねていった。

ところが帝国主義の拡大によりこの「インドへの道」を脅かす強国が登場する。ロシアである。国土の海岸部の大半が北極海に面していたロシアは冬場も大艦隊を停泊させられる「不凍港」を欲しており、この頃から南下政策を本格化させていった。それは「瀕死《ひんし》の病人」オスマン帝国へと向かっていく。この露土戦争（一八七七～七八年）でロシアが地中海に進出する可能性が高まり、ヨーロッパの調整役ビスマルクがベルリンでの会議でこれを解決していく。イギリスからはディズレーリ首相が会議に乗り込み、キプロス島を獲得した。

ハノーヴァー王朝といとこたちの系図

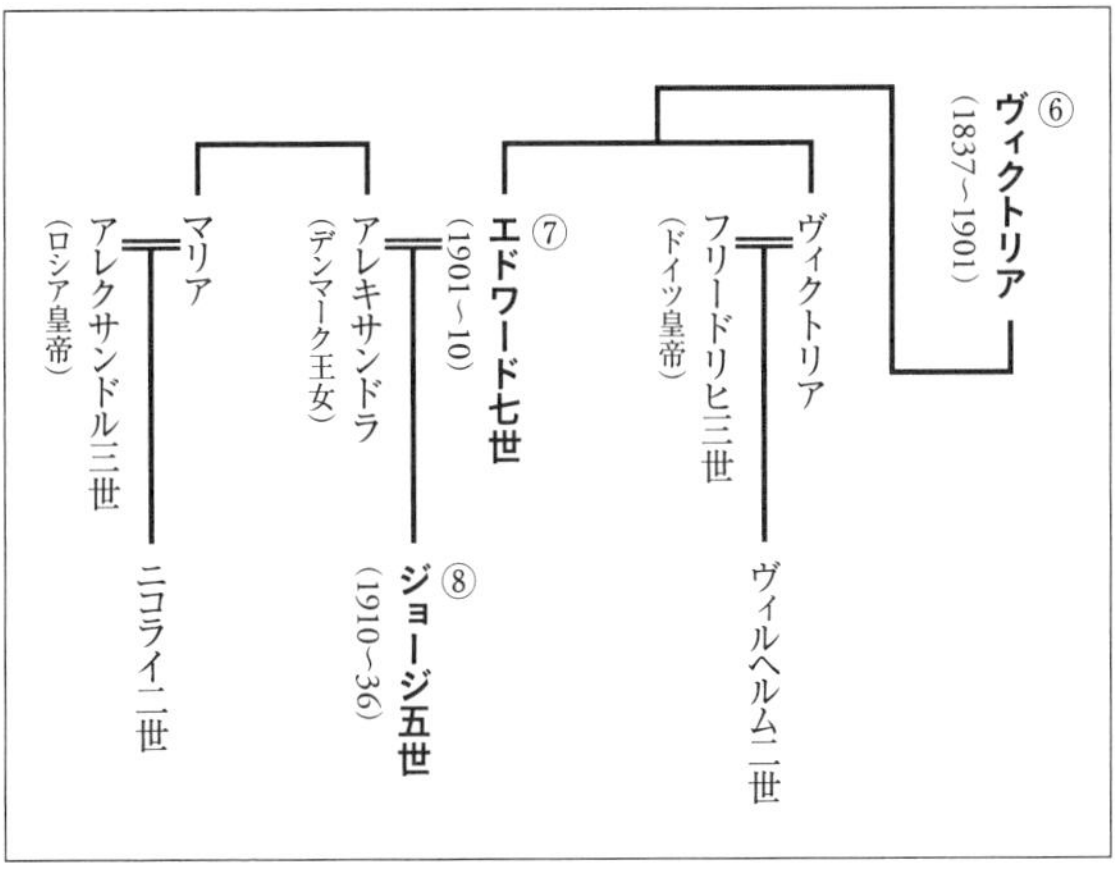

次の第二次グラッドストン自由党政権は、保守党政権に比べると貪欲な帝国主義を控える方針に出たが、それでも時代の趨勢《すうせい》がそれを許さなくなっていた。ロシアとの緩衝地帯アフガニスタンを事実上の保護下に置き（一八八〇年）、南アフリカのトランスヴァール共和国と一応の和平を結び（八一年）、エジプトで発生した国民主義に基づく反乱を武力で鎮圧し（八二年）、さらに南のスーダンにおける「マフディー教徒の反乱」にも介入した（八三～八五年：ただしこれは司令官ゴードン将軍の戦死とい

う悲劇に終わった）。

さらにビスマルクが再びベルリンで会議を招集し、アフリカ中央部をヨーロッパ列強で分割する取り決めが結ばれ（一八八四〜八五年）、一九世紀が終わるまでには世界の陸地面積の半分、人口の六割が列強に支配されることとなった。イギリスはその最大の帝国を築き、陸地面積の五分の一を領有する「大英帝国」（British Empire）となっていた。

これらの国々では「英語」が支配階級の言語として使われ、政治・経済・社会・文化のあらゆる面から、上昇したいものは英語を学ばざるを得なくなっていく。上流階級の子弟はこぞってイギリスのパブリック・スクールに留学した。こうして英語は世界言語となる。さらに世紀末にドイツやアメリカに工業力で追い抜かれたイギリスは、帝国を保持することでその経済力を保ち、英貨ポンドは世界の決済通貨としてその威力を発揮したのである。

アイルランド自治問題の紛糾

そして最も古くからイギリスにとっての事実上の植民地とされてきたアイルランドでも国民主義《ナショナリズム》が高まりを見せていた。これに素早い反応を示したのがグラッドストンだった。第一次政権が成立するや、グラッドストンはアイルランド国教会の廃止に踏み切り（一八六九年）、借地農らの権利を守ろうと土地法の制定もおこなった（七〇年）。借地農側の要求は、公正な地代（Fair rent）、農場保有権売買の権利（Free Sale）、農場保有権の保証（Fixity of tenure）といういわゆる「３Ｆ」だったが、この土地法はいまだ不十分なものであった。

一八七〇年代半ばになると、アイルランドの自治権（Irish Home Rule）を実現すべく、チャールズ・ステュアート・パーネルという指導者が登場する。彼は庶民院議員となって議事妨害戦術で帝国に関わる法案の審議を遅延に追い込み、自治推進派から支持を集めた。さらに一八七九年には土地同盟がダブリンで設立された。折からの大不況に加え、七七年からは毎年のように不作が続き、地主と借地農は地代をめぐり衝突していた。地代が払えずに強制的に立ち退きを迫られる借地農が激増し、土地同盟は新たな戦略を模索した。

こうしたとき西部メイヨー州で地代減額を求めた借地農らと所領管理人とが激しく対立し、ついに借地農ら地元社会の大半がこの管理人との接触を断ち、管理人一家は飢餓状態にまで追い込まれて、借地農らの要求に屈していく。この戦術は管理人の名前から「ボイコット」と呼ばれるようになり、アイルランド各地で採用されていった（一八八〇年）。

このような動きを受け、第二次グラッドストン政権は「３Ｆ」の法制度化を進めた新たな土地法を制定したが（一八八一年）、アイルランド側の次なる目標は自治の実現だった。翌八二年にアイルランド国民党が結成され、八五年の総選挙ではアイルランド選挙区の全一〇三議席中八五議席という圧倒的多数を獲得し、自由党と保守党とのあいだでキャスティングボートを握ることとなる。それは一八八六年に成立した第三次グラッドストン自由党政権による、アイルランド自治法案の議会提出へとつながった。

この法案には、王権や外交、国防などはイギリス（ブリテン）議会に追随するものの、アイルランドの内政については管轄できる新たな二院制議会の創設が盛り込まれていた。ただし総督の選任や警察の統轄権はそのままイギリス側が維持する。当時のイギリスには一八六七年に自治領となったカナダという先例があったが、大西洋の向こう側に位置するカナダとは異なり、アイルランドはあくまで連合王国の枠組みのなかでの自治とされた。

しかし法案に対する反発は強く政権内部も分裂に陥った。一八八六年六月に政権に造反を示した自由党の一部と保守党の反対で、自治法案は否決された。直後の総選挙で自由党は敗北し、保守党のソールズベリ侯爵が政権を樹立する。さらに同時期、アイルランド国民党のパーネルが同僚の妻と不倫スキャンダルを起こし、アイルランド国民党の結束も一時的に弱体化した。

一八九二年にはアイルランド国民党から閣外協力を得た自由党が政権を獲得し、八二歳のグラッドストンが四度目の組閣をおこなった。翌九三年、グラッドストン首相は再びアイルランド自治法案を議会に提出した。議員資格が修正され、イギリス（ブリテン）議会にもアイルランドの議席を残すという妥協案が盛り込まれ、庶民院は通過したものの（賛成三〇一×反対二六七）、貴族院では圧倒的大差で否決され（賛成四一×反対四一九）、またもや廃案となった。この翌年にグラッドストンは政界を引退し、アイルランド自治問題は解決を見ないまま、二〇世紀へと持ち込まれていったのである。

「光栄ある孤立」の現実

イギリス国内がアイルランド自治問題で揺れ動いていたとき、ヨーロッパ大陸では二〇年にわたり大国間の調整役を務めてきたドイツ帝国宰相ビスマルクが失脚した（一八九〇年三月）。新帝ヴィルヘルム二世は強大化したドイツの経済力を背景に、超大国への道を模索し始めた。この結果、ビスマルク体制の時代に築かれた勢力均衡は大きく崩れ、ヨーロッパは露仏同盟と三国同盟（独墺伊）の二つのブロックへと分断された。

大国のなかではイギリスだけがいずれのブロックにも与《くみ》せず、それは同盟など結ばずに大国として君臨できるゆえであると豪語し、「光栄ある孤立」（Splendid Isolation）などと形容された。しかし実際にはそれはきわめて危険な孤立にすぎなかったのだ。

ヨーロッパ大陸に列強との係争地は見られなかったものの、イギリスは地球規模で植民地争いに直面していたのである。フランスとはアフリカや東南アジアで、ロシアとは中央アジアをめぐり（「大いなる競争」（The Great Game）と呼ばれた）、ドイツとはアフリカや南太平洋で、さらに新興の大国アメリカ合衆国とは南北アメリカやカリブ海、そして日本とは東アジアで、それぞれ熾烈《しれつ》な勢力圏争いが見られた。しかもこの当時の最新鋭の兵力をもってしても、地球の反対側で同時進行的に事件が勃発すると、対応することは不可能だった。

それを如実に示したのが第二次ボーア戦争（一八九九～一九〇二年）だった。ボーア人（オランダ入植者と現地人の混血でブール人とも呼ばれる）の南アフリカにおける独立国家トランスヴァールで発見された黄金やダイヤモンドの利権をめぐり、イギリスは再び侵略を開始した。ところが戦争は思いのほか長期化し、最終的に勝利は収めたものの、四五万の兵力をつぎ込み莫大な財政赤字まで残した。これと同時期に北京で義和団事件（一九〇〇年）が発生し、南アフリカで足をすくわれていたイギリスは大規模な兵力を派遣することはできなかった。

ドレッドノート型戦艦

二〇世紀の幕開けとともに、イギリスはついに日英同盟の締結に踏み切った（一九〇二年）。もはやイギリスは独力で全世界に拡がる帝国を維持できない状態となっていたのである。さらに国王エドワード七世（在位一九〇一～一〇年）の巧みな外交にも助けられ、アフリカや東南アジアでの勢力圏をお互いに確認した英仏協商（〇四年）や、「大いなる競争」に終止符を打った英露協商（〇七年）を結び、またアメリカにもパナマ運河の建設をめぐって譲歩を示したことで、イギリスは「孤立」からの脱却を果たしていく。

一方で、英仏露三国によって逆に「孤立」させられていると強く懸念を感じたドイツは、世界最強のイギリス海軍に脅威を与えようとする。当時造られた日本語の「超弩級《ちょうどきゅう》」の語源となった、イギリス最強のドレッドノート型戦艦の開発は、ドイツとの間に「英独建艦競争」（一九〇六～一二年）と呼ばれる軍拡競争をより激しいものにした。最終的にはイギリス側が優位のうちに幕を閉じるが、この間に戦艦の建造にかかる莫大な費用をめぐってイギリス政権内部には対立が生じていった。

他方で、日露戦争（一九〇四～〇五年）では大方の予想に反して日本側がロシアに善戦してしまったため、英露協商の締結でインド洋に南下できなくなったロシアは、再び侵略の矛先をバルカン半島（オスマン領）に向けるようになっていた。二〇世紀初頭までにはブルガリア、ルーマニア、セルビア、ギリシャといった国々は、次々とオスマンに挑戦をしかけ、その領土を拡大していた。こうした状況を北西部から眺めるオーストリアと北東部から眺めるロシアを尻目《しりめ》に、ヨーロッパは一九一四年六月二八日という日を迎えることになる。

労働党の結成と「人民予算」の余波

ヨーロッパが緊迫していたこの時期、イギリスには新しい党派が議会内に登場した。一八七〇年代から労働組合運動が活発化していたが、それは知識人階級による社会主義思想の普及とも呼応した。一八八四年にウェッブ夫妻や劇作家で批評家のバーナード・ショウらによって創設されたフェビアン協会がそのよい例である。彼らによって労働者の権利が理論化される一方で、八〇年代末から九〇年代に労働者自身による、賃上げと労働条件の改善を要求するストが多発した。

こうしたなかで一八九二年の総選挙で鉱夫出身のケア・ハーディが独立派の労働者として初当選し、翌九三年独立労働党の結成へと動いた。それまでも労働者出身の議員はいたが、彼らは改革派の自由党傘下《さんか》で政治活動を展開し、その政治路線に追随する場合が多かった。この路線を見直す意味から、一九〇〇年には独立労働党やフェビアン協会などが労働組合の代表らと新たに労働代表委員会を結成し、自由党からの組織的独立を図った。

委員会には六五の各種労働組合と三つの社会主義団体が加わり、当初から連合体としての性格が強かったため、そのまま社会主義政党としてまとまることはなかった。一九〇六年からは「労働

エドワード7世

党」と名称も改め、急増する労働組合員（一九〇一年の二〇〇万人から一三年には四一〇万人に倍増）を糾合していく。しかし当時はまだ成人男子の六〇％が選挙権を有しておらず、議会内ですぐに勢力を築いていくというわけにはいかなかった。

　とはいえ労働者たちが自身の政党を立ち上げ、これを支援していく状況は、それまで彼らを傘下に収めていた自由党にとっては脅威に映った。労働者の動向に敏感だったデイヴィッド・ロイド＝ジョージ財務相は、労働者階級の関心を惹きつけようと様々な社会福祉政策に乗りだした。その一環が一九〇九年に議会に提出された予算案であった。そこには前記のドレッドノート型戦艦の建造費用とともに、老齢年金制度の導入も盛り込まれた。

　ところがその財源として、所得税率の引き上げに加え、不動産に対する相続税の大幅な課税案も含まれていたため、地主貴族階級《ジェントルマン》から猛烈な反発が生じた。予算案は労働党などからの支持を取り付け庶民院を通過したが、貴族院で圧倒的大差（賛成七五×反対三五〇）で否決されてしまう。主要な新聞各紙を味方につけていたロイド＝ジョージはこの予算案に「人民予算」（People's Budget）というあだ名をつけさせ、人民のための予算を貴族たちが阻止していると、マスメディアを通じて階級闘争をあおるような戦略にでた。

　こののち国王エドワード七世の仲裁で、与党自由党（庶民院で優位）と野党保守党（貴族院で優位）の指導者間に密約が結ばれ、総選挙の翌年である一九一〇年に人民予算は議会を通過した。しかし問題は予算にとどまらなかった。国民のために税金の使い道を検討する庶民院を通過した予算案が、選挙の洗礼も受けずに世襲で議席に着く特権階級の貴族院により否決されるなど前代未聞だった。そこで、ハーバート・ヘンリ・アスキス率いる自由党政権は、この貴族院の権限を大幅に縮減する議会法案を提出したのである。

ここに再び与野党（さらには両院）間に激しい対立が生じたが、エドワード七世の急逝であとを受けたジョージ五世（在位一九一〇～三六年）の仲介で、最終的に議会法も成立した（一九一一年）。これにより金銭に関わる法案（予算案など）は庶民院を通過すれば貴族院で否決されても法制化され、それ以外の法案についても、庶民院を三会期通過すれば貴族院で否決されても法制化されることが決まった。もはや貴族院には、中世以来連綿と見られてきた影響力が失われつつあったのである。

第一次世界大戦――総力戦の時代へ

イギリス議会が国論を二分して紛糾していた頃、バルカン半島では風雲急を告げる事態が生じていた。一九一四年六月二八日、ボスニアの首都サライェヴォを訪れていたオーストリアの帝位継承者がセルビア系の国民主義者の青年に暗殺され、これにドイツとロシアが関わるかたちで戦争に発展した。ドイツが中立国ベルギーを通過してフランスになだれ込む作戦を採ったため、八月四日についにイギリスも対独宣戦布告する。

募兵のためのポスター

当初は年内に戦争は終わるだろうと楽観視されていたが、大量殺戮《さつりく》兵器の開発により、戦争は長期化・泥沼化していった。一九一五年五月にはイギリス史上初の「挙国一致政権」（National Government）がアスキス首班で形成され、物資や食糧（酒類）は完全に国家の統制下に置かれ、新たに作られた軍需省によって軍需物資の生産・供給も統轄された。機関銃や砲弾が飛び交う西部戦線（仏独国境）では兵員が足りなくなった。翌一六年一月についにイギリスに初めて徴兵制度が導入され、一八歳から四一歳までの独身男性が戦場へと送られていった。彼らの多くは工場で働く労働者であったが、その穴を埋めていったのが銃後を護る女性たちだった。

いまや老若男女すべての国民が国家総動員のかたちで戦わなければ敵に勝てない状況となっていた。「総力戦」（Total War）の時代の到来である。

一九一六年一二月からは、より戦争指導に長《た》けたロイド＝ジョージを首班とする政権に替わり、効率的な戦争指導が進められた。新首相は議会での煩雑な答弁や国王への報告を怠り、自ら西部戦線などを視察して国軍を統制下に置いた。彼はイギリス史上で初めて「王権と議会」を蔑《ないがし》ろにした政治家だった。しかし彼の背後にはマスメディアがついていた。ロイド＝ジョージの辣腕ぶりは絶賛され、国王も議会も彼に反駁《はんばく》できなかった。

ところが戦場での膠着《こうちゃく》状態は続いた。オスマン帝国がドイツ側について参戦したため、「インドへの道」が危うくなると、イギリスは外務省や諜報機関などを使ってオスマン支配下のアラブ諸部族に蜂起を促した。のちに映画にもなった「アラビアのロレンス」ことトマス・エドワード・ロレンスがその代表的な活動家だった。しかしその裏側でイギリスがアラブの首長や同盟国フランス、ユダヤ資本などと取り交わしたパレスチナ周辺の領土に関わる密約が、戦後の新たな火種となるのである。

また戦前から陸軍省内に設置された秘密情報部もこのとき各地で暗躍し、そのうちのひとつが戦後に「ＭＩ６」(Military Intelligence 6) と呼ばれる諜報機関となった（かの「００７シリーズ」で小説や映画を通じて有名となる）。

トマス・エドワード・ロレンス

一九一七年に入ると、さしもの経済大国イギリスがカネもヒトもモノも尽き果てていたところに、同盟国ロシアが革命により倒れ、東部戦線が崩壊してドイツは西部に全力を注ぐ構えに出ていた。こうしたとき、大西洋でのドイツ海軍による潜水艦作戦に業を煮やしたアメリカが英仏側について参戦し、翌一八年一一月一一日にドイツ軍の降伏で、この戦争は終結した。

主な戦場はヨーロッパであったが、イギリスの参戦とともに自治領カナダやオーストラリア、植民地インドなどもこれに加わり、さらに同盟国日本も加勢したため、戦後にこの戦争は「大戦争」（The Great War）と呼ばれ、二〇年後に生じたもうひとつの大戦ののちには「第一次世界大戦」（一九一四〜一八年）と形容され、物質的にも精神的にも、いまだにヨーロッパの人々にとって忘れがたい戦争として記憶に残されている。

大衆民主政治の確立

総力戦はこの大戦に関わったすべての国に大きな影響を与えた。それまでヨーロッパの戦争は貴族や上流階級出身の陸海軍将校や義勇兵のみが実際の戦闘に関わり、国民の大半は海外の遠い戦場の話を聞くだけというのが普通であった。ところが国家総動員により、すべての国民が自らを犠牲にして戦争に協力したのである。中世以来の「高貴なるものの責務」（Noblesse oblige）に換わり、国を護るのは「国民全体の責務」（National oblige）となった。責務を果たしたのであるから、権利を与えるのは当然のことであろう。

大戦の終結が見えてきた一九一八年に人民代表法（第四次選挙法改正）が成立し、二一歳以上のすべての男性に選挙権が与えられた。さらに勤労動員などのかたちで国防に協力した女性にも、三〇歳以上という制限はまだ見られたが、国政選挙の選挙権が与えられた。

イギリスでは一八六九年の時点で、地方自治体に関する選挙では女性納税者に選挙権が認められていたが、国政への参政権は与えられていなかった。世紀転換期には、婦人社会政治連合などが結成され、パンクハースト母娘《おやこ》に代表される婦人参政権運動家たちが登場し、場合によっては選挙妨害や示威活動で選挙権の拡大を訴えていた。それがこのたびの大戦への協力を機に、新たに八五〇万人の女性有権者を生み出した。なお二一歳以上の女性に普通選挙権が与えられるのは、一九二八年以降のことになる。

一九一八年の選挙法改正でイギリスの有権者は一挙に二一〇〇万人以上に増え、一〇年後に女性も普通選挙権を得てからは、全国民の実に六三％が有権者となったのである。

今や国政選挙を左右するのは、懐中選挙区（pocket borough）や腐敗選挙区（rotten borough）を私物化していた地主貴族階級ではなく、新たに有権者の大半を占めるようになった大衆となっていた。しかも大戦の初期には戦場に駆けつけたジェントルマンやその子弟が大量に戦死し、最初の四ヶ月間だけで地主貴族階級の男性の一九％が命を落としたとまでいわれている。しかも戦後には「人民予算」のあおりを受けて、彼らには莫大な相続税も降りかかってきた。大戦後の数年（一九一八〜二六年）だけで、イギリスでは大規模な土地所有者の交代が見られ、それは「ノルマン征服（六八頁）以来の規模」とまで形容された。

こうしてそれまでのイギリスを支配した「貴族政治」（Aristocracy）は、新たな有権者を主体とする「大衆民主政治」（Mass Democracy）へと大きく変容を遂げていったのである。

大衆民主政治は、イギリスだけではなく、大戦で勝った側にも負けた側にも広まった。さらにイギリスの場合には、大戦は帝国の支配構造にも大きな変化をもたらした。戦争は「帝国の総力戦」になっていたのだ。イギリスの参戦とともに、カナダ（四六万）、オーストラリア（三三万）、ニュージーランド（一一万）、インド（一四四万）といった具合に自治領や植民地も兵力を動員した。最終的には、大英帝国全体で九一九万人以上が動員され、最新の調査では八八万八二四六人の戦死者を出したとされている。

特に一九一五年四月二五日に開始された対オスマン攻撃のためのガリポリ上陸作戦では、オーストラリアとニュージーランドから派遣された兵の多くが命を落とした。現在でも両国ではこの日を「戦没者追悼記念日」（Anzac Day といわれる）に指定している。

こうして多大な犠牲の上に自治領や植民地がイギリス本国に協力した姿勢は、戦後にはこれら各国にさらなる権限を付与することにつながり、場合によっては「独立」の機運を高める大きな要因となっていったのである。

自由党の没落と労働党の台頭

第一次大戦終結後初めての総選挙（一九一八年一二月）では、「大戦の英雄」ロイド＝ジョージ率いる連立政権側が圧勝した。ところがこれより二年前の政変で彼自身が首相に就《つ》くにあたり、自由党はロイド＝ジョージ派とアスキス派に分裂していたため、政権基盤の実に七割以上を保守党に依存していたのである。「王権と議会」を蔑《ないがし》ろにしたロイド＝ジョージの政治手法は、世界大戦という非常事態においてのみ通用するものだった。

戦後には、彼が大戦中に爵位や准男爵《バロネット》、勲爵士《ナイト》といった名誉をばらまいて党の運営資金に充てていたことなどが露呈した。ついに一九二二年一〇月に保守党が連立政権からの離脱を表明し、ロイド＝ジョージは首相を辞任する。直後におこなわれた総選挙では、保守党（三四五議席）が単独過半数を得て第一党となり、野党の最大会派には労働党（一四二議席）が収まった。自由党はロイド＝ジョージ派（六二議席）とアスキス派（五四議席）をあわせても労働党に届かない状況となっていた。

自由党内部には、起死回生のために両派の和解を訴えるものもいたが、いまだロイド＝ジョージに恨みを抱く有力者もおり、統合はなかなか進まなかった。それと同時に、戦前には国民保険法を制定するなど（一九一一年）、大衆のための政治に奔走したロイド＝ジョージではあったが、戦後に急速な進展を見せる労働組合運動にはもはやついていけなくなっていた。すでにロシアでは労働者の手により帝政が倒壊され、ロイド＝ジョージが忌み嫌う社会主義政権まで誕生していた。社会主義の波はもちろんイギリスにもおとずれていた。

これに対して労働党は、戦後の労働組合運動のさらなる興隆を背景に着々と勢力を伸ばしていった。大戦前に比べ、戦後の労働組合員は戦前よりさらに倍の八〇〇万人を超えていた。しかも戦前とは異なり彼らの大半が今や有権者であった。一九二三年一二月の総選挙でも、労働党（一九一議席）はさらに議席を伸ばし、保守党（二五八議席）に次ぐ野党第一党の座を維持した。翌二四年一月、保守党政権の関税改革案に、労働党と自由党（一五九議席）が反対し、議会審議で敗北した政府は総辞職を余儀なくされた。

ここに国王ジョージ五世は野党第一党の党首ラムゼイ・マクドナルドを招請し、首相の大命を降下することとなった。労働党は大戦中の挙国一致内閣にも加わっていたが、単独で政権を担当する

ラムゼイ・マクドナルド

のはこれが初めてのことだった。国王は日記にこう記した。「二三年前の今日、愛するおばあちゃまが亡くなった。労働党が政権を樹立したと聞いたら、彼女はどう思ったことだろう」。貴族政治の頂点にあったヴィクトリア女王の死から四半世紀も経たないうちに、イギリスに大衆民主政治はしっかり根を張るようになっていたのだ。

　ところが労働党政権はわずか九ヶ月で崩壊し、保守党政権が後を継いだ。一九二五年に金本位制が復活し、国際通貨としてのポンドの地位を高めようとした。しかしそれは現状に合わない政策だった。石炭などの輸出産業に悪影響が出た。労働賃金のカットを提案する企業に対し、炭坑労働者が頑強に抵抗し、これに全国の労働者組合が加勢した。一九二六年五月についにイギリスはゼネストに突入する。労使間の協調により八日間ほどでゼネストは穏便に解決されたが、労働者の力が侮《あなど》れないことを示した事件であった。

　一九二九年の総選挙では、労働党（二八八議席）が第一党を勝ち取り、保守党（二六〇議席）を抑えて政権を獲得した。自由党は五九議席にすぎず、一九三〇年代には保守党と労働党の二大政党制の時代が完全に定着していくこととなる。

アイルランド自由国の成立

世界大戦をはさんだ時期にイギリス政治の超難問となっていたのがアイルランド問題であった。グラッドストンによる二度の試みが失敗に終わった後、一九一二年にはアスキス自由党政権によって三度目のアイルランド自治法案が議会に提出された。アイルランドに新たな議会を開設し、王権や外交、国防以外の内政に関わる立法権を持たせようとしたのである。この点はグラッドストンの自治法案と基本的には変わらない内容であった。

ところがこの間にアイルランド自体の状況が大きく変わってしまっていた。北部（アルスタ）にはプロテスタント系の住民が多く、アイルランド全島に自治権が与えられると、島内で少数派にすぎない彼らには不利に働いてしまう。しかもアルスタはもともと商工業地帯で、自治権が付与されるとシティからの資金が引き揚げられてしまう可能性があった。そこでアルスタを自治の対象地域から除外すべきであるとの声が高まったのである。

アイルランド島内は自治推進派とアルスタとの間で一触即発の状態となり、議会内も自治に反対する勢力が貴族院で法案を否決した。しかし一九一一年に成立した議会法の適用により庶民院の優位が成り、庶民院を三会期連続して通過したアイルランド自治法案がやっと一四年に成立する見通しとなった。国王による仲裁で諸党派間での話し合いももたれたが、第一次世界大戦の勃発により、自治問題は一時的に先送りされる。

イギリス（ブリテン）が対独戦で東に目を向けている間に、アイルランドを共和化してイギリス支配から完全に解放することを掲げたアイルランド共和主義同盟（ＩＲＢ）が、首都ダブリンで反乱を起こしたが（一九一六年のイースター蜂起）、イギリスの駐屯軍により鎮圧された。他方で、議会内勢力としてシン・フェイン（アイルランド語で「われら自身」の意味）が台頭し、彼らもまたアイルランド全島の独立を目標とした。

一九一八年一二月の総選挙ではシン・フェインが七三議席（全一〇五議席）を獲得し、今やアイルランド国民党に代わる勢力となっていた。しかし治安維持法でアイルランドに強硬な態度を示したイギリスとの間で、激しいテロ活動をも伴った闘争が始まっていく。一九二一年にロンドンでロイド＝ジョージ首相とシン・フェイン総裁エイモン・デ・ヴァレラが会談をおこなったが、あくまでも「共和国」としての独立にこだわるデ・ヴァレラ側の主張と国側の主張が折り合わず交渉は決裂した。

イースター蜂起中のダブリン市内

こののち交渉の主役はアーサー・グリフィスとマイケル・コリンズに引き継がれ、一九二一年一二月に調印された英愛条約により、北部のアルスタ六州を除いた、南部二六州からなる「アイルランド自由国」（Irish Free State）が成立し、自由国はカナダと同等の自治領と見なされることになる。自由国は関税自主権も獲得し、大戦の影響で自治領が本国と対等な地位に変化しつつあるなかで、この条約は多くの支持を集めた。ところがデ・ヴァレラの一派はこれを共和国に対する裏切りと非難し、自由国は内戦に突入する。

一九二二年八月にグリフィスが急死し、その直後にはコリンズも反政府軍によって暗殺されたが、同年一二月六日にここにアイルランド自由国が正式に発足することとなった。自由国ではやがてデ・ヴァレラの一派が勢力を盛り返し、三六年のエドワード八世の退位問題（二七六頁）を機にイギリス国王と総督の権限を縮減させ、翌年には国名の表記もゲール語（ケルト系）でアイルランドを意味する「エール」（Éire）に変更した。続く第二次世界大戦でも中立を保ってイギリスへの協力を拒否したことも、大戦後の完全独立の布石となった。

インド独立運動の勃興

国民主義の台頭はアジアの植民地でも見られるようになった。なかでも「帝国のなかの帝国」とも呼ばれたインドには、イギリスに対する積年の恨みがたまっていた。東インド会社による間接統治の時代から、イギリスはインドの先進的な綿産業を壊滅させ、自国の綿製品を強制的に購入させていった。三億に近い人口を抱えたインドは、イギリス製品にとって格好の市場となり、金融面では莫大な資金の投資先となった。二〇世紀が始まる頃までに、イギリスの総輸出と海外投資の二〇％がインドに向けられ、その投資額も実に三億ポンドに迫ろうとしていた。

こうしたイギリスによる収奪に怒りを感じた人々は国民会議派を形成し、二〇世紀初頭にはイギリス製品不買、国産品愛用《スワデーシー》、自治《スワラージ》・独立、国民教育の振興を唱えるようになった。これに対してイギリスはインド国内における宗教対立に目をつけ、国民会議派の中核をなすヒンドゥーと敵対するムスリム（イスラーム教徒）に有利な選挙制度を導入するなどして、インド国内の分断を図った。

しかし、自治権の獲得のために国民会議派とムスリム連盟が結束を示し、第一次世界大戦への協力も背景となり、終戦後にはインド統治法が制定され（一九一九年）、中央ではイギリスによる統治権を残しつつ、地方では二つの宗教の両頭政治によってある程度の統治を託すことになった。

ところがその裏側で同じく一九一九年には、破壊活動の容疑者に対して令状のない逮捕や、裁判のない投獄などを許したローラット法が制定されると、民衆の怒りは爆発した。北西部（パンジャーブ）ではイギリス軍の銃撃により数千人の死傷者を出した「アムリットサルの虐殺」（一九一九年四月）と呼ばれる大惨事にまで発展した。南アフリカで差別を受けインドに帰国し、国民会議派に合流したマハトマ・ガンディーは、これを機に「非暴力」を基本とした不服従運動を全国的に展開する動きに出る。

イギリス製の綿製品の不買を訴え、自ら糸車で糸を紡ぐガンディーの姿は不服従運動の象徴となった。さらにイギリスが課す塩税（塩の専売）への反発から海岸沿いを行進して砂浜に上がった塩の利用を呼びかけた「塩の行進」（一九三〇年）などで、ガンディーは次第にインド独立運動全体にとって象徴的な存在となっていった。

この間にインド総督府は、インドに「自治領」の地位を与えるという妥協案を検討したが、すでに紹介したとおり、一足先に自治領となってデ・ヴァレラの下で事実上の独立の道を歩み始めていたアイルランド自由国の先例からも、イギリス本国ではインドを自治領とすることには反発が強かったのである。

一九三一年九月にはガンディーらがロンドンに招かれ円卓会議が開催されたが、解決策は見つからなかった。三五年に制定された新たなインド統治法では、地方各州に責任政府を導入し、中央ではヒンドゥーとムスリムの両頭政治を保持し、インド帝国全体の外交と防衛は総督府が実権を維持することが盛り込まれたが、この法は国民会議派はもとより、イギリス国内の独立反対派勢力からも非難されるありさまとなった。

しかしインド統治法に基づいておこなわれた州選挙（一九三七年）では、全一一州中六州で国民会議派が過半数を占め、選挙を指導したジャワハルラル・ネルーが声望を高めていく。他方でムスリム連盟の側では、ムハンマド・アリー・ジンナーの指導下で結束力を強め、一九三〇年代の終わり頃までにはインドは宗教区分に基づく分割が明確となっていく。

二〇世紀前半の芸術の興隆

一九世紀までに学問や芸術の世界でもヨーロッパの大国となっていたイギリスは、二〇世紀前半にはそれぞれの分野で独自の境地を切り開いていった。

すでに一九世紀半ばにルイス・キャロルの『不思議の国のアリス』によって開拓されていた児童文学の分野では、ビアトリクス・ポターが見事な挿絵とともに発表した『ピーター・ラビットのおはなし』や、劇作家ジェームズ・バリーによる『ピーターパン』などが、イギリスだけではなく全世界で読まれていく。またフェビアン協会に参画した社会主義者としても知られたH・G・ウェルズは、『タイム・マシン』『透明人間』『宇宙戦争』など空想科学（SF）小説で数多くの傑作を残した。

『シャーロック・ホームズの冒険』の挿絵

さらにイギリスに独特のジャンルとして登場したのがミステリー小説であろう。一九世紀末から雑誌への連載が始まった『シャーロック・ホームズの冒険』のコナン・ドイルを嚆矢《こうし》に、一九二〇年代からは名探偵エルキュール・ポワロが活躍する『アクロイド殺人事件』や『オリエント急行殺人事件』で一世を風靡《ふうび》したアガサ・クリスティなどが登場し、イギリスは一躍ミステリー文学の中心地となっていく。

またイギリスは、シェイクスピア以来の演劇の国でもある。アイルランド出身のバーナード・ショウ（『ピグマリオン』：のちに映画『マイ・フェア・レディ』の原作に）やジェームズ・ジョイス（『追放者たち』）が活躍する一方で、自ら役者でもあったノエル・カワード（『大英行進曲』）などがロンドンのウェストエンドの劇場街を賑わせた。

そして一九二〇年代からは、アメリカで開発が進んだ映画産業がイギリスにも進出してきた。ウェストエンドの劇場ですでに名声を得ていたローレンス・オリヴィエらの名優によるシェイクスピア劇の映画化。スリラー映画の巨匠アルフレッド・ヒッチコックによる『暗殺者の家』『バルカン超特急』など。映画史に残る名作が生まれた。

そして、イギリスが生んだ初期の映画界で最大のスターがチャーリー・チャップリンであった。

ロンドンのミュージックホールの芸人の家に生まれた彼は、幼くして救貧院での生活を余儀なくされ、両親と同じくミュージックホールの芸人として苦労した末にアメリカに渡り、当時最新だった映画産業へと飛び込んでいった。無声映画時代に自ら監督・主演を兼ねた「放浪の紳士チャーリー」のシリーズは世界中の人々から愛され、『黄金狂時代』『街の灯』『モダン・タイムス』といった傑作を次々と世に送り出していった。

一九世紀後半にエルガーによって切り開かれたイギリス音楽界にも数々の新星が登場していった。王立音楽学校の同級生同士だったヴォーン・ウィリアムズとホルストは、それぞれに優れた楽曲を残した。前者はイギリス各地の民謡にヒントを得た『グリーンスリーヴスによる幻想曲』や幾つもの交響曲を、後者は斬新なオーケストレーションに基づいた組曲『惑星』を発表し、イギリス音楽の名声をさらに高めていった。

また二〇世紀生まれの作曲家のなかからは、演劇や映画の音楽を数多く担当するとともに、ジョージ六世とエリザベス二世の戴冠式のための行進曲を作曲したウィリアム・ウォルトンや、歌劇『ピーター・グライムズ』や『青少年のための管弦楽入門』でも知られるベンジャミン・ブリテンなどが登場し、音楽の新たな可能性を生みだしていった。

こうして二〇世紀前半のイギリスには、伝統を引き継ぎながらも、新たな分野を開拓する気風が、文学、演劇、映画、音楽の世界に顕著に見られるようになっていった。

新たなる大戦の予兆 ― 世界恐慌の影響

四年にわたる文字どおりの死闘によって、第一次世界大戦はイギリスのみならずヨーロッパ全体を打ちのめす事態となった。大戦で敗退したドイツ、オーストリア、オスマンの三帝国が滅亡し、戦争中に革命で倒れたロマノフ王朝のロシア帝国も消滅し、それぞれが多民族に分かれた共和国になった。大国のなかで君主制を採るのはイギリスだけとなってしまった。そのイギリスも大戦中に背負った負債は七八億ポンド以上に膨れ上がっていた。ヨーロッパが世界を席巻《せっけん》した時代は終焉を迎えようとしていた。

戦後の国際経済、さらに国際政治を主導したのはアメリカだった。それまで世界最大の債務国だったアメリカは、ヨーロッパのお互いの首の絞め合いにモノやカネを大量に投下し、戦後には世界最大の債権国になっていたのだ。このアメリカのウッドロウ・ウィルソン大統領も参加し、一九一九年一月にパリ郊外のヴェルサイユ宮殿「鏡の間」を舞台にドイツに対する戦後処理問題を討議する国際会議が開かれた。

総力戦は人々の心を貪欲なものにしてしまった。六月に調印されたヴェルサイユ条約は敗戦国に対する懲罰的な内容に満ちあふれ、その後に決まったドイツへの賠償（一三二〇億金マルク）の金額は天文学的な数字となった。ドイツはハイパーインフレに襲われ、賠償金が取れなくなると焦ったフランスは石炭や鉄鉱石が豊富なルール工業地帯の占領に踏み切った。

こうした状況は経済大国アメリカの支援や仲裁により、ドイツへの資本投下や賠償金額の減額などで少しずつ改善された。しかしそのアメリカが戦後に再び「孤立主義」に戻り、一九二〇年に恒常的な国際紛争調停機関として設立された国際連盟（League of Nations）に加わらなかったので、ヨーロッパの平和はヨーロッパ自身の手に委ねられることとなった。戦後の混乱も一段落収まった一九二五年に、スイスで英仏独を中心にロカルノ条約が締結され、国境紛争などは今後はお互いを仲裁役とする話し合いで解決し、軍事力に頼らないことが確認された。翌二六年に、ドイツも国際連盟に加盟し、平和ムードが漂った。

他方で戦後は「軍縮」も進められていった。一九二一年にはアメリカの首都ワシントンで海軍軍縮会議が開かれ、列強間の主力艦の保有率などが定められた。またこの過程で、アメリカに嫌われていた日英同盟は、更新の可能性がなくなっていく。軍縮会議はこの後もたびたび開かれ、一九三〇年にはロンドンを舞台に補助艦の保有率などが決められた。

しかしこのように大国間はもとより、中小国まで含めた平和ムードの高まりは、各国が経済的にゆとりを持てて初めて実現できたのである。再び不況に陥ればこうした状況も長くは続かない。それは意外に早く現実のものとなった。一九二九年一〇月に今やロンドン（シティ）に代わり世界経済の中心地となっていたニューヨーク（ウォール街）で株価が大暴落した。戦中や戦後直後には、ヨーロッパの疲弊により大量生産を続けていたアメリカ企業は、明らかにバブルの状態となっていたのだ。この泡がついにはじけたのである。

一九世紀のイギリスと同様に、自由放任主義や自由経済が金科玉条となっていた当時のアメリカでは、政府がほとんど市場に介入せず、企業や銀行が次々と倒産に追い込まれた。アメリカの投資や貸付で何とか保たれていたドイツ経済は混乱し、イギリスやフランスに賠償金を支払えなくなった。その賠償金を元手に戦後復興に乗り出していた英仏は、今度はアメリカへの戦時債務を返済できなくなった。アメリカ経済の不振はそのまま「世界恐慌」と呼ばれる一連の深刻な事態へと発展してしまったのである。

英連邦の成立

世界恐慌の影響はすぐにイギリスにも及んだ。一九三〇年には失業者は二五〇万人を超え、三一年になると国際収支は赤字に転じていく。財政赤字に悩まされていたイギリス政府は、ついに失業手当を一〇％切り下げる緊縮案を提示する。

ところが当時の政府は、マクドナルド率いる労働党政権であった。党の支持基盤となる労働組合からの突き上げを受け、党内の大半は失業手当の縮減に反対であった。閣内分裂を理由に、マクドナルドは辞任を決意した。ところがこの直後に国王ジョージ五世の指導力により、マクドナルドを首班とする挙国一致政権が樹立される運びとなった。今は党派間で対立している時期ではない。世界大戦に続き、すべての党派が一致団結して世界恐慌に立ち向かうときだった。

一致団結するのは国内の諸党派に限らなかった。大英帝国全体が一丸となって世界恐慌に立ち向かう必要があったのだ。

アメリカでは一九三三年に成立したフランクリン・ローズヴェルト政権によってニューディール政策が推進され、公的資金の投入で銀行や企業が復活し、大規模な公共事業によって失業者の救済が図られていた。しかしイギリスにはアメリカのような経済力はなかった。そこでイギリスが頼ったのが「子どもたち」ともいうべき帝国だった。

すでに一九二六年の帝国会議で、イギリス本国と自治領（Dominion）は「地位において平等であり、王冠に対する共通の忠誠で結ばれているが、国内あるいは対外問題のあらゆる点において他に従属しない」ことが明言されていた。この「英連邦諸国」（British Commonwealth of Nations）の加盟国として、本国と自治領は自由意志によって協同する帝国内の自治共同体を築くという文章が、そのまま反映されたのが、一九三一年一二月にロンドンで締結された「ウェストミンスタ憲章」（Statute of Westminster）である。

こうしてそれまでピラミッド型の構造をとっていた本国と自治領とは、長方形型の対等な構造によって結ばれていく。それは経済協力にもすぐにあらわれた。

発足と同時に金本位制を廃止した挙国一致政府は、対等の関係で結ばれた自治領諸国とポンド（スターリング）圏ブロックを形成し、自由貿易体制から完全に脱却して保護貿易を採用したのである。一九三二年七月にはカナダの首都オタワで帝国経済会議が開かれ、ここで結ばれた協定に基づき、イギリスは自治領諸国やインドからの輸入品への関税を免除し、逆に自治領諸国やインドもイギリス製品への関税で優遇措置をとることに決まった。この「帝国内特恵関税」の設置により、イギリスはブロック経済で恐慌を乗り切ろうとした。

しかし長い目で見ればオタワ協定の経済的な成果はあまり上がらなかった。自治領諸国とイギリスとの経済は、国ごとで相互依存関係の度合いがまちまちであり、ニュージーランドのように資本投下でも農産物輸出でもイギリスに全面的に依存している国もあれば、カナダのようにアメリカとの取引の多い国もあった。そして当のイギリスにとっても協定のおかげで自治領諸国への投資の比率が急激に上がったものの、帝国内では輸出より逆に輸入が増えたため、貿易赤字が拡大してしまったのである。

さらにイギリスがブロック経済を形成したことは、いまだ自由貿易を提唱する経済大国アメリカの反感を買ったばかりか、かつての同盟国日本など、広大な帝国に頼ることができない国々（ドイツやイタリア）をイギリスから引き離していく遠因になっていく。それは一九三〇年代にヨーロッパ、さらには世界規模で、政治的混乱や戦争の嵐を巻き起こしていく要因のひとつにもなっていったのだった。

第9章

第二次世界大戦の衝撃

ファシズムの台頭と宥和政策

アメリカに端を発する世界恐慌のあおりを最も受けたのは、第一次世界大戦での敗戦国ドイツであった。ヴェルサイユ条約等で莫大な賠償金を押しつけられ、軍備も制限され、さらに植民地まですべて没収されたドイツは、アメリカのように大々的なニューディール政策を実現することも、イギリスのように自治領や植民地とブロック経済を形成することもできなかったのである。

第一次大戦後のドイツは俗にヴァイマール共和国と呼ばれる共和制国家が建設されたが、議会内では諸党派間の対立が絶えず、一二年ほどの間になんと一九回もの政権交代が見られるほど混乱していた。特に世界恐慌の影響は甚大であり、一九三二年には六〇〇〇万人を超える失業者を生みだし、人々は紙くず同然となったマルクの札束を抱えて、パンひとつを買うために長蛇の列を成すありさまとなっていた。

ここに登場したのがアドルフ・ヒトラーであった。彼は一九二〇年代から国民社会主義ドイツ労働者党（ナチスと蔑称された）を率い、マルクス主義とユダヤ資本こそが諸悪の根源であると訴えた。経済にゆとりのある時代であったならば、彼の主張など簡単に退けられたかもしれないが、大不況にあえぐ人々は次第にヒトラーに期待を寄せていった。

総選挙での勝利により、一九三三年一月にヒトラーは首相に就任した。その後の政変を経て、大統領職も兼任して「総統」に就いた彼は、ここにナチスの一党支配体制を確立する。ヒトラーの政治スタイルは、一九二〇年代に一足早くイタリアでファシスト党の一党支配を実現していたベニート・ムッソリーニ政権に倣ったものであるが、三〇年代にはいるとヨーロッパにはこのように、個人の利益よりも国家全体の利益を優先する「全体主義」（ファシズムとも呼ばれた）を採る政権が、各国に次々と形成されていった。

イギリスでもサー・オズワルド・モズリーを指導者とするファシズム運動が展開されたが、各国でファシズムの基盤となった中産階級が、イギリスでは経済的・社会的な不満を独伊ほどには抱いていなかったこともあり、あまり大きな勢力には成長しなかった。

世界恐慌の余波はファシズム国家による海外侵略を活発にしてしまった。一九三五年にヒトラーはドイツの再軍備を宣言し、翌三六年三月には大戦で奪われ非武装地帯とされていたラインラント（ベルギーとの国境）に進駐し、ここの再武装まで表明した。同じく三五年からムッソリーニはエチオピアに侵攻し、翌年五月に併合を宣言する。さらに一九三六年七月には、社会主義政権下の共和制に移行していたスペインでフランシスコ・フランコ将軍を首謀者とする反乱が勃発したが、ドイツとイタリアはフランコ軍側に加勢し、三九年までにスペイン内乱はフランコ軍側の勝利で幕を閉じることとなった。

加えてはるか極東の地では日本が中国に対する侵略戦争をすでに開始していたが、これらいずれの動きに対しても、イギリスは相手をなだめすかす「宥和政策」（Appeasement）で応じていた。大戦後のイギリスでは国民の平和志向が強く、いまだ不況にあえぐ国民に、対ドイツ戦のための増税など強いることはできず、一九三〇年代の時点でイギリスの軍事力も軍需産業もかなり弱体化していたのが、宥和政策を採らざるを得なかった原因だった。

ジョージ5世

20世紀後半の英王室系図

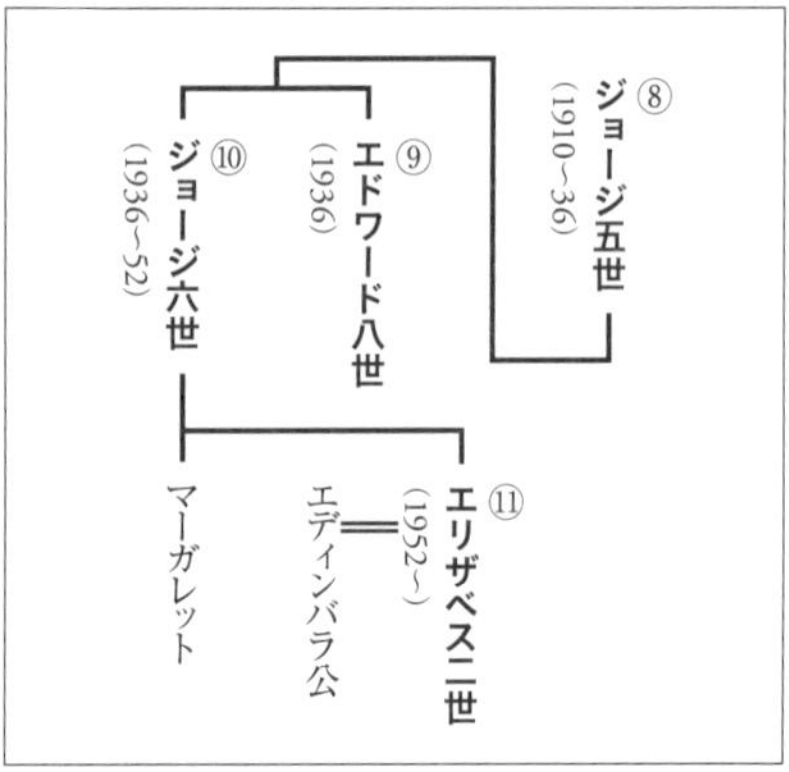

それと同時に、全体主義国家が世界を席巻していた一九三六年という年に、イギリスは前代未聞の事態に直面していたのである。

王冠を賭けた恋 ― エドワード八世の退位

一九三六年一月、第一次世界大戦を国民とともに乗り切り、戦後のイギリスを「国父」として支えた国王ジョージ五世が崩御《ほうぎょ》した。死の床にあった国王を見舞いにきた首相は、この老王から意外な言葉を聞くことになる。「あの坊やは、私が死んだあと一二ヶ月以内に、身を破滅させることになるだろう」。この「坊や」こそが、老王のあとを継いで国王に即位する、エドワード八世（在位一九三六年一〜一二月）にほかならなかった。

ウィンザー王朝二代目の君主となったエドワードは、謹厳実直《きんげんじっちょく》に公務を続けた父とは異なり、若い頃から羽目を外したがる皇太子だった。幼少期からひとつ年下の弟ジョージ（のちの国王ジョージ六世）とともに海軍に入っていた彼は、大戦の勃発とともに安全な陸軍近衛連隊

ジョージ6世

エドワード皇太子と裕仁皇太子（後の昭和天皇）

に編入された。弟は大戦中の最大の海戦（ユトランド沖海戦）で九死に一生を得ている。そして兄エドワードには大戦後に大切な公務が待ち受けていた。今次の世界大戦で協力してくれた自治領や植民地へと順次お礼に廻るという役割である。

大戦終結の翌一九一九年にカナダ（及び合衆国）を訪問したのを皮切りに、二〇年にはオセアニア、そして二一年にはインドを訪れ、その帰り道には日本にも立ち寄った。前年にイギリスを訪問した裕仁皇太子（のちの昭和天皇）とも親交を結ぶ一方で、おしゃれでダンディな彼は日本にも「エドワード旋風」を巻き起こすほどの人気ぶりであった。

ところが彼はこうした公務がいやで仕方なかった。訪れた各地でも突然予定を変更し、多くの人々に迷惑をかける状況が続いた。このため皇太子の周囲からは側近たちがひとり消え、ふたり消えと、いつしか心から信頼できる重臣から見放される事態となっていた。これが国王に即《つ》いてからのエドワードにとって命取りとなったのである。

「魅惑の王子」（Prince Charming）とも呼ばれたエドワードは社交界の人気者でもあり、数々の女性たちと浮名を流していたが、一九三六年一月に王位を継いだときまだ彼は独身であった。しかし意中の女性はすでにいたのである。エドワードより二歳年下のウォリス。ところが彼女はアメリカの中流家庭に生まれ、夫の家庭内暴力で離婚したのちにイギリスに渡り、二度目の結婚をしていた女性だった。いつしか皇太子とは恋仲になっていたが、それは不倫の恋だったのである。

エドワードとウォリスとの関係は、政界上層部とマスメディアのほんの一部にしか知られておらず、しばらくは両者の「紳士協定」により伏せられていたが、一九三六年一二月にこの協定が期限切れとなり、新聞はいっせいにふたりの仲を報じた。もともと王族も、政府も、宗教界も反対であったふたりの関係であるが、「アメリカ人」を嫌う上流階級と「離婚歴」を嫌う中産・労働者階級の意見が合致し、ウォリスを「王妃」（Queen）に迎えることに、国民の大半が反対する状況となったのである。

ついに政府から「王冠を採るのか、ウォリスを採るのか」を迫られ、エドワードが選んだのはウォリスだった。一二月に国王は退位を表明し、弟がジョージ六世（在位一九三六〜五二年）として即位することに決まった。ふたりの父ジョージ五世が今際《いまわ》の際《きわ》に残した言葉はいみじくも的中してしまったのである。

エドワードとウォリスは、退位の翌年にパリ近郊で結婚した。しかしこののちイギリスが直面することになる大事件を前にしては、エドワードではなく父譲りの謹厳実直な性格で知られたジョージ六世が国王となったことが、国にとっても国民にとっても幸運だった。

第二次世界大戦の勃発

俗に「王冠を賭けた恋」と呼ばれたエドワード八世の退位をめぐる騒動でイギリス全体が振り回されているあいだに、ヨーロッパでも極東でも、全体主義国家が巻き起こす嵐がますます吹き荒れていった。

エドワード退位の翌年、一九三七年七月には日中戦争が始まった。三八年三月には、ドイツはヒトラーの故郷オーストリアを併合し、次なる標的はチェコスロバキアとなった。同国の北西部ズデーテン地方は第一次大戦後にドイツからチェコに割譲されたが、ここには約三〇〇万人のドイツ系住民がおり、それは全住民の六割にも及んでいた。ヒトラーはズデーテンをドイツに返還するよう迫り、ここにイギリス、フランス、イタリア各国の首脳がヒトラーの要請に応じて、ドイツ南部のミュンヘンに集まった。

ネヴィル・チェンバレン

イギリスからはネヴィル・チェンバレン首相が参加した。フランスをあまり信用せず、戦後に孤立主義を採ったアメリカ（ナチス・ドイツを警戒していた）に信頼を寄せておらず、共産主義（ソ連）に警戒心を抱いていたチェンバレンは、ズデーテン地方の割譲ぐらいで平和が保障できるのならと、最終的にはヒトラーの要望に応じてしまったのだ。ミュンヘン会談を終えてロンドンの空港に戻ってきたチェンバレン首相は、イギリス国民の多くから「名誉ある平和」をもたらしたと歓呼して迎えられた。

しかしチェンバレンもイギリス国民もすぐにその期待が裏切られることを思い知ることになったのである。一九三九年三月、列強との約束どおりにドイツ軍はズデーテンに進駐したが、そこで止まることなくチェコスロバキアの首都プラハまで占領してしまった。ヒトラーの次なる目標がポーランドにあることは明白であった。英仏両国はポーランドへの安全保障を宣言するが、ドイツは東の大国ソ連と独ソ不可侵条約を結び（八月）、満を持して九月一日にポーランドへと侵攻した。三日には英仏両国が対独宣戦布告し、ここに戦争が始まった。

先の世界大戦の教訓をいかして、一九三九年夏からすでに戦争の準備に入っていたイギリスでは、食糧と生活必需品の供給や確保、海上輸送や諜報活動、国内の治安等に関わる担当省が設立され、ガソリンや食糧品の配給制度も開戦とともに整備されていった。とはいえ武器弾薬や戦車・戦闘機・戦艦などの軍備については、いまだ拡張の途上というのが現実であった。それはイギリスとともにドイツに宣戦布告したフランスも同様であった。

さらにドイツの側でもポーランドに侵攻し、英仏がポーランドの救援に駆けつける前に、半月ほどで西半分を制覇してしまったが（東半分はソ連が占領した）、その後の西ヨーロッパへの侵攻についてはいまだ準備が整っていなかった。

英仏とドイツがお互いに宣戦を布告していながら、こののち一九四〇年春まで実際には両陣営に戦闘は見られず、一時は「奇妙な戦争」(Phony War)などとも呼ばれていた。

この間にチェンバレンは、先の世界大戦のときと同様に挙国一致政権を樹立しようと、労働党や自由党にかけ合ったが、宥和政策を進めた張本人でもあるチェンバレンを支持しない両党派は協力を拒絶した。それでも保守党のチェンバレン政権は、世論からの一定の支持を得て政権を引き続き運営できていた。一九三九年一二月に実施された世論調査でも、政府による戦争指導に満足していると回答を寄せた国民は六一%に達しており、不満足と答えたもの(一八%)を大きく上回っていた。しかしそれは「奇妙な戦争」のなせる結果であり、ドイツとの間に実戦が始まると、次第に国民の感情は変化を見せていくのである。

チャーチルの登場

「奇妙な戦争」は突如、一九四〇年四月九日に幕を閉じた。この日、ドイツ軍は北欧のデンマークとノルウェーに侵攻を開始した。前者は一時間で、後者は二ヶ月ほどの抗戦ののちにドイツの軍門に降《くだ》った。この北欧での戦いで英仏軍は反撃を狙ったものの、失敗に終わった。五月にはいると、ついに保守党内部からも稚拙で脆弱なチェンバレン首相による戦争指導のあり方に批判が集中するようになった。

こうして五月一〇日、チェンバレンに代わり、海相のウィンストン・チャーチルが新たに首相に就任することとなった。彼は早くからヒトラーやムッソリーニの欺瞞《ぎまん》を見破り、ファシズム国家に対する政府の宥和政策に異を唱えてきたが、逆に「戦争屋」と罵られ、長らく政界では孤立していた。チャーチルが首相に就くや、労働党や自由党も政権に加わり、ここに挙国一致政権がようやく誕生する。

しかし戦況は相変わらず振るわなかった。チャーチル政権成立のその日に、ドイツ軍はオランダ、ベルギー、ルクセンブルク、フランスに同時に襲いかかり、各国を順次支配下に収めていった。各国の王侯や政府はロンドンに亡命し、ＢＢＣ（英国放送協会）ラジオを通じて祖国に徹底抗戦を訴えた。

ロンドンへの空爆の被害

六月にはついにフランスまで降伏し、シャルル・ド・ゴール将軍の自由フランス政府がロンドンに樹立されたが、イタリアがドイツについで宣戦布告してくるや、ヨーロッパはいまやヒトラーとその盟友たちによって征服された様相を呈していた。それでもチャーチルは議会の内外で雄弁をふるい、国民に徹底抗戦を呼びかけた。

七月にはいると、ドイツ空軍によるイギリスへの空爆が始まった。世に言う「ブリテンの戦い」(Battle of Britain) のはじまりである。ロンドンやコヴェントリなど都市への空襲が特に激しく、九月から一〇月にかけてだけで一万二〇〇〇人もの被害者が出た。ロンドンでは家を失った人々が地下鉄の駅で生活し、チャーチル首相や国王夫妻が見舞いに訪れた。

ドイツによる空爆は霧で視界が悪くなる一〇月まで続けられたが、イギリス側が早くから準備を開始していたレーダーや空軍力のおかげで、ドイツ空軍をひとまず撃退することに成功を収めた。とはいえまだ戦争は始まったばかりである。イギリスでは、ヒト・モノ・カネのすべてが早くも枯渇しようとしていた。

第一次大戦時のロイド＝ジョージとは異なり、チャーチルは王権とも議会とも協調しながら戦争指導を進めたが、経済的にも軍事的にもイギリスは限界にきていた。そのようなときに大西洋の向こう側のアメリカでは、チャーチルと文通で結ばれていたローズヴェルトが大統領選で史上初の三選を飾った（一一月）。ナチス・ドイツの快進撃を目のあたりにし、アメリカ市民も強力な指導者とともに立ち向かう覚悟ができていたのかもしれない。

そのローズヴェルト政権が議会に諮《はか》り、一九四一年三月にアメリカ議会で武器貸与法が成立し、武器弾薬や軍需品、食糧がイギリスへと供給されていく。またイギリス側は帝国内の海空軍基地をアメリカに貸す代償に、駆逐艦を提供された。ただし艦はいずれも老朽化しており、明らかにアメリカがイギリスの足下を見たような取引であった。それでもヨーロッパで孤立したイギリスとしては有り難かったのである。

とはいえこのままの状況で戦争が続く限り、イギリスの限界は目に見えていた。四一年の春には再びドイツ空軍がイギリスめがけて来襲する可能性が高まっていた。

連合国の形成と頂上会談（サミット）

そのような矢先に歴史を揺るがす大転換がおとずれた。飛ぶ鳥を落とす勢いのドイツ軍は、その主力をイギリスではなくソ連に向けることとなったのである。一九四一年六月、独ソ戦が始まった。これでイギリスはソ連と同盟を結ぶことになった。さらに一二月にはドイツと同盟を結ぶ日本軍がハワイの真珠湾を攻撃し、日米開戦となった。チャーチルはアメリカをようやく自陣に引き入れることができ、歓喜したと言われている。戦争は英米ソの連合国側と、日独伊の枢軸《すうじく》国側とに分かれての一大決戦へと発展した。

とはいえすぐさま連合国側が優位に立ったわけではない。一九四二年二月には、アジアにおけるイギリスの拠点シンガポールが、日本軍によって陥落した。ソ連もドイツ軍の攻撃に遭って後退するしかなかった。北アフリカでもドイツ軍の優勢が続いた。この形勢が徐々に逆転を見せるようになったのは、一九四二年の後半になってからのことだった。特にソ連軍がスターリングラードの戦いで勝利を収め（四三年二月）、ドイツ軍を押し戻した意義は大きかった。太平洋でも北アフリカでも連合軍は相次いで勝利を収めた。

連合国側の優位が明確になり始めると、各国政府は早くも「戦後構想」までをも協議し合う首脳会談を開催していく。チャーチルの言葉を借りれば「頂上会談」（Summit）である。すでにチャーチルはアメリカが参戦する直前、一九四一年八月に世間には極秘でローズヴェルトと大西洋上で初の会談をおこなっていた。このときに結ばれた「大西洋憲章」が、すでに戦後の国際政治のゆくえを決める幾つもの条項を含んでいた。

一九四三年九月にイタリアが降伏するや、連合国首脳はイランの首都テヘランで対独戦略（英米ソ）、エジプトの首都カイロで対日戦略（英米中）を協議するための会議を開いた。テヘランではソ連の最高指導者ヨシフ・スターリンが、ヨーロッパの西側に第二戦線を構築し、ドイツ軍の戦力を二分するよう英米両国に強く要請した。しかしヨーロッパの西海岸に強力な防衛戦を築いていたドイツに、容易に攻撃を仕掛けるのはあまりにも危険であった。慎重な討議の末、アメリカから派遣された連合軍総司令官ドワイト・アイゼンハワー将軍により、一九四四年六月六日にノルマンディ上陸作戦が決行され、成功した。

これ以後はドイツ軍は東西から連合軍に挟み撃ちにされ、徐々にその勢力を減退させていった。大戦初期に、ドイツに占領されたフランスやベネルクス諸国などが、次々と連合軍により解放された。太平洋では、ダグラス・マッカーサー将軍率いるアメリカ主導の連合軍が、やはり日本軍を各地で追い込んでいった。

こうしたなかで、一九四五年二月に、ソ連領クリミア半島のヤルタで英米ソ三巨頭会談が開かれた。主な議題は、いまや風前の灯火《ともしび》となっていたドイツの戦後処理問題とともに、ヨーロッパの分割であった。貪欲なスターリンはソ連赤軍によって解放した東ヨーロッパの大半を、戦後は自らの支配下に置こうと躍起になっていた。すでに四四年一〇月にモスクワを訪れたチャーチルとの間で、バルカン半島での勢力圏を確定していたスターリンではあったが、その野望はとどまるところを知らなかった。

ヤルタ会談。前列左から、イギリスのチャーチル首相、アメリカのローズヴェルト大統領、ソ連のスターリン首相

チャーチルはアメリカを味方につけてスターリンの野望を防ごうとしたが、瀕死の病人だったローズヴェルトは耳を貸さなかった（会談の二ヶ月後に死亡）。もはや大戦後の世界のゆくえを決めるのは、アメリカとソ連という超大国であり、イギリスは「大英帝国」の座から転げ落ちる以外に道はなかったのである。

連合軍の勝利とチャーチルの敗北

ヤルタ会談から三ヶ月後の一九四五年五月八日にドイツ軍は降伏し、ヨーロッパにおける大戦はここに終結した。その日チャーチル首相は、ジョージ六世一家とともにバッキンガム宮殿のバルコニーから、集まった二〇万人以上の群衆とともに勝利を祝った。それから二ヶ月後の七月から、ヨーロッパの戦後処理を話し合う頂上会談がベルリン郊外のポツダムで開催された。アメリカからは、亡くなったローズヴェルトの後をうけたハリー・トルーマン大統領が出席し、早くもスターリンとの間に火花を散らしていく。

ところがこの両首脳の間で、チャーチルだけは上の空のような状態で会議に臨んでいた。イギリスでは大戦が開始した後、ドイツが降伏するまでは総選挙は実施しないという申し合わせが諸党派間で合意を得ていたが、一九四五年七月についに総選挙をおこなうことが決まったのである。世界中に散らばる将兵たちからも票を集め、七月下旬に開票結果が明らかにされることになった。このためポツダム会談は一時中断され、チャーチルは急遽ロンドンに戻ることになった。

選挙戦では、保守党側は「大戦の英雄」チャーチルがお得意のＶサインでポーズを決めるポスターで大戦での勝利を喧伝したが、結果は労働党が三九三議席を獲得して圧勝した。保守党は二一三議席にとどまった。なぜ、かのチャーチルが大敗を喫したのか。

のちの世に「第二次世界大戦」と呼ばれることになるこの戦争も、当初から「総力戦」の様相を呈していた。戦争が始まる四ヶ月前の一九三九年五月には、早くも平時において徴兵制が施行され、一八歳から四一歳までの男性が兵役登録された。それはイギリス史上初めてのことだった。さらに四一年一二月には女性にも徴兵制がしかれ、二〇歳から三〇歳の独身女性が婦人補助部隊や軍需工場に配備されたのである。大戦中には全労働人口のうち実に五五％が軍務や戦争関連の業務についていた。

特に女性の就業率はそれまでにない規模にのぼり、一九四三年には軍需産業や公務員など七七五万人もの女性が仕事に就き、それは全女性人口の三〇％以上を記録していた。

前述したとおり、大戦の初期には各地への空爆で家を失うものが都市部で後を絶たず、戦争が終結すれば元の職に戻れるのか、不安な国民も多かったはずである。こうしたときに、労働党は「将来に目を向けよう」という選挙綱領を掲げ、社会保障制度や国民医療制度を実現し、完全雇用の維持を約束するとともに、主要産業の国有化などを公約とした。

こうした戦後の生活保障については保守党側も訴えてはいたが、国民はいまひとつ保守党を信用できなかった。確かに大戦での勝利に大きく貢献したのはチャーチルや、連合国間の外交を巧みに取り持った外相のアンソニー・イーデンらではあった。しかし、彼らがヤルタやポツダムで華々しく外交活動に勤《いそ》しんでいる間、本国で銃後の護りを固め、労働者や兵士たちの生活を保障するために地道に尽力していたのが、労働党に所属する副首相クレメント・アトリーであり、同じく労働相アーネスト・ベヴィンらだったのである。

戦争終結を間近に控えていたイギリス国民にとっては、大戦での勝利という「過去」ではなく、戦後の生活保障というまさに「将来」のほうが大切であり、それを実現してくれるのは保守党ではなく労働党であるという現実感覚が強く働いたのではないかと考えられる。チャーチルは潔く首相を辞任し、イギリス政府を代表してポツダム会談の場へと戻ったのは、新首相となった労働党政権のアトリーであった。

ゆりかごから墓場まで ── 福祉国家の形成

ポツダム会談終結から数日後、広島と長崎に原子力爆弾が投下され、日本はポツダム宣言を受諾、一九四五年九月二日に正式に連合国に対して降伏した。第二次世界大戦は丸々六年にわたって続いたことになる。その六年の間、途中で降伏した国（イタリアやドイツ）があった一方、途中から参戦した国（ソ連やアメリカや日本）もあったが、最初から最後まで戦い続けた唯一の国、それがイギリスであった。それだけイギリスの負担は大きいものでもあった。

新たなる総力戦となった第二次大戦のさなかから、イギリスでは現代にふさわしい社会改革の機運が見えていた。それが一九四二年一二月に発表された「ベヴァリッジ報告書」と呼ばれるものに結実した。イギリスでは二〇世紀初頭から、健康保険や失業保険、各種年金が存在はしていたが、それぞれ別個のもので、しかも国民の半分以下にしか適用されていなかった。これを全国民を対象に、統一した制度の下で均一に給付していくシステムを構築しようとしたのが、この報告書のねらいであった。それは各省庁間をまとめる省間委員会の長を務めた、ウィリアム・ベヴァリッジだからこそできる荒技であった。

ベヴァリッジはこの報告書をすぐに国民に公表して欲しいとチャーチル政権に要請したが、報告書の内容を実現するには富裕層への大幅な増税（所得の再配分）が必要となり、保守党幹部や財務省、財界は公表に及び腰となっていた。これに対して、労働党や自由党、労働組合会議などは報告書の内容を早期に実現すべきであり、国民にも積極的に公表すべきであると主張した。このあたりの両党派の対応の違いが、一九四五年七月総選挙の結果に少なからぬ影響を及ぼしていたともいえよう。

国民生活をまさに「ゆりかごから墓場まで」保障していく政策は、労働党政権によって実現されていく。一九四六年から立法化された一連の社会福祉政策により、それまで保険の対象とされてこなかった人々にまで、手厚い保障が約束されることとなった。傷害の認定に関わる「産業傷害法」（四六年）、失業者や疾病者に充分な給付金が支払われる「国民保険法」（同年）、それまでの地域ごとの医療内容の差を改善し無料で医師にかかれることまで可能にした「国民保健サービス法」(同年)、そして罹災者や傷害者に対する保護を実現する「国民扶助法」(四八年)が次々と制定された。

もちろん一連の法制化に反対する声も見られた。特に国民保健サービス法は、イギリス全土での医療水準の均質化を促す利点はあるものの、医師の平準化につながると、全国の医師会から反対意見が寄せられた。これに対して労働党政権が幾つかの譲歩を示し、最終的に一九四八年までには全国の医師会に加盟している医師の九割以上が保険医として登録し、誰でも無料もしくは低額で医師の診察を受けられるようになったのである。

こうして戦後のイギリスは「福祉国家」としての道を本格的に歩み始めていった。また、医療や保険、年金以外の問題で、最も深刻化していたのが国民の住宅環境であった。ドイツによる空襲で家を失った人々に、臨時でプレハブ住宅(一五万戸)が提供されるとともに、一九四六年からは「ニュータウン法」や「都市・地方計画法」が制定され、土地問題の解消が図られる一方で、政府は大急ぎで一〇〇万戸もの住宅を建設し、被災した人々に順次供給していった。

第二次世界大戦は国民に大きな犠牲を強いる惨禍となったが、他方でこのようにイギリス社会に新たなる改革を実現していく契機にもなったのである。

アトリー政権と戦後復興

しかし第二次世界大戦は明らかにイギリスの国力を大きく衰退させる決定打となった。大戦勃発時にイギリスの対外債務は七億六〇〇〇万ポンドであったが、終戦時にその額は三三億ポンドにまで膨れ上がっていた。しかも一〇億ポンド以上もあった海外資産のすべてが失われていたのである。国内の生産施設は空爆により破壊され、そのうえ資金がないではとても工業生産を再開させるどころではなかった。これに加えて、労働党政権は福祉国家を支えていくために完全雇用や社会保障まで実現しなくてはならないのである。

大戦の盟友アメリカは、戦争が終結するや途端にイギリスに冷徹な態度を示すようになった。今や世界最大の経済大国であるアメリカに頼る以外に道がなかったイギリスは、財務省顧問で経済学者として令名の高かったジョン・メイナード・ケインズを特使としてワシントンに送り、交渉を開始した。ケインズは六〇億ドルの贈与もしくは無利子での貸与を希望していたが、三七億五〇〇〇万ドルを二％の利子で五〇年債のかたちで貸すというのが、最終的なアメリカからの回答であった。しかもオタワ会議で結ばれた帝国内特恵関税（二七一頁）を廃止し、ポンドの自由交換性まで回復するという条件付きの厳しいものであった。

「戦勝国」であったにもかかわらず、戦後のイギリスの国民生活は敗戦国と変わらない劣悪な状態が続いていた。食糧や灯油などの配給制度は大戦中から続いたままであり、人々は配給券《クーポン》を手に長蛇の列に並ぶ生活を強いられた。

こうしたなかでアトリー首相率いる労働党政権は、福祉国家の実現とともに、一九四五年七月総選挙時に公約として掲げた主要産業の国有化も実現していくこととなった。まずはイングランド銀行（四六年）を手始めに、民間航空（同年）、石炭と電気通信（四七年）、運輸と電力（四八年）、ガス（四八年）、最後には鉄鋼（五一年）に至るまで国家の基幹産業はすべて国有化され、政府の庇護下に置かれた。

これらの産業は、鉄鋼を除くといずれも業績の悪いものであり、国有化によって企業として成り立たせるような意味合いが含まれていた。それゆえ鉄鋼業の国有化を実現する際には、企業側からもそれとつながる保守党や貴族院からも強い反発が見られたが、最終的には労働党政権による巧みな懐柔策で実現に至ったのである。

とはいえ戦後のイギリス経済がこれですぐに順風満帆になったわけではない。ケインズの交渉によってアメリカから借りたドルは、当のアメリカ国内におけるインフレによって価値が損なわれたうえに、借款の条件となったポンドの自由交換が実施されたことで、ドルが急激に国外へ流出してしまったのだ。これではなんのために借りたのかわからない。アメリカとの再度の交渉で自由交換は停止され、政府は奢侈品の輸入を制限するとともに、輸出策を奨励し、国内での生産増強が図られていった。

イギリス経済がようやく上向きになるのは、米ソ冷戦（次章を参照）の影響もあって、アメリカが西ヨーロッパ諸国を中心に総額一〇二億六〇〇〇万ドルにも及ぶ贈与・借款に乗りだした「マーシャル・プラン」のおかげであった。このときに援助を受けた一六ヶ国のなかで、イギリスへの支援額は二六億七五〇〇万ドルと最大であり、全体の四分の一以上を占めていたほどである。

こうしたアメリカからの援助と国民の耐乏生活のうえに築かれたイギリスの戦後復興策は、徐々に軌道に乗りつつあった。

インド帝国の解体

自国の経済復興に必死となっていたイギリスが、もはや「大英帝国」とは呼べない状況となっていたのは誰の目から見ても明らかであった。最盛期には地球の陸地面積の四分の一近くを支配した帝国を、戦後には解体せざるを得ない状況となっていたのである。

まずは「帝国のなかの帝国」とも呼ばれたインドだった。一九四二年に日本軍が東南アジアを侵略するや、イギリスは戦後に自治領とすることを約束してインドへの全面協力を要請した。しかしインドの要求は「完全な独立」であり、四二年夏頃からはインド全土で「インドを立ち去れ」（Quit India）という大衆運動に発展した。日本軍がビルマ（現在のミャンマー）にまで迫ると、インドにとって大戦は他人事ではなくなり、総計二五〇万もの兵力を動員することとなった。その数は帝国内ではイギリス本国の兵力数（約五九〇万人）に次ぐ膨大なものとなった。この戦時協力で戦後のインドの独立は確実となっていく。

第二次世界大戦が終結し、イギリス労働党政権もいよいよインドの独立問題に向き合うことになったが、難問が山積していた。その最大のものが、ヒンドゥー教徒とムスリムの対立だった。ジンナー率いるムスリム連盟は、現況で新たなインドとして独立してしまえばムスリムが少数派となることを恐れ、ムスリムの分離独立を訴えた。これに対してネルー率いる国民会議派（ヒンドゥー）は真っ向から反対の意を表明した。

一九四六年三月にアトリー政権はインドに特使を送り、ヒンドゥーとムスリムが数多く住むそれぞれの地域に強力な自治権を与え、それらを統制する中央政府を支えていく連邦体制にしてはどうかと提案したが、結局、話し合いは平行線をたどって終了した。

これ以上の混乱を避けるために、アトリー首相はイギリス議会で演説し、イギリスは一九四八年六月一日までにインドから完全に撤退すると発表した。これを実現するための「最後のインド総督」に任命されたのは、イギリス王室ともゆかりの深い、大戦中の東南アジア方面総司令官マウントバッテン子爵（のち伯爵に陞爵《しょうしゃく》）であった。四七年二月にインドに赴任したマウントバッテンは、国民会議派とムスリム連盟の双方の指導者たちと個別に会見を重ね、ヒンドゥーとムスリムの分離独立以外に道はないと悟った。

このマウントバッテンの方針にあくまでも全領土を統一した上での独立を主張していた国民会議派は反発を示したが、総督による粘り強い交渉で納得した。しかしイギリス本国が示した期日では今後もどのような反発が出てくるかわからない。このためマウントバッテンは本国からも了解を取り付けて、インド独立の期日を早め、一九四七年八月一五日に設定した。こうしてヒンドゥー教徒が多数派を占めるインド帝国の中央部にインド共和国が、ムスリムの多い西北部にパキスタン・イスラム共和国がそれぞれ形成された。

なお、ムスリムの多い東部の東ベンガル州は東パキスタンとなるが、一九七一年からは「バングラデシュ」として独立する。他方で、インドに編入された北西部のパンジャーブではパキスタンに移動しようとするムスリムとヒンドゥーの間で衝突が起こり、二五万人以上もの犠牲者を出してしまった。また同じくインドに編入された北部のカシミール地方にはムスリムがかなり在住し、独立の二ヶ月後には早くも両国の間での戦争（第一次印パ戦争）へと発展してしまった。

さらに独立の翌一九四八年一月には、ヒンドゥー原理主義者によって「独立の父」ガンディーが暗殺され、インド帝国の解体は数々の波乱を伴って実現されることとなった。

アイルランド共和国の成立

宗教をめぐる多数派と少数派との深刻な対立は、グレート・ブリテン島のすぐ隣アイルランド島でも見られた現象であった。

一九二二年にアイルランド自由国が成立した直後に、ヨーロッパ各国やアメリカに独自の在外公館を置き、カナダなど他の自治領と協力してイギリス本国と対等な関係を構築してきたなかで、自由国はイギリスからの完全なる独立をめざすようになっていく。それを主導したのが一九三二年から首相を務めたデ・ヴァレラだった。指導者としては毀誉褒貶《きよほうへん》の激しいデ・ヴァレラではあるが、共和主義運動を武力衝突から議会での政治活動へと転換し、暴力を伴わないかたちで共和国の建設に道筋をつけた功績は絶大であった。

デ・ヴァレラの下で新たな憲法の制定が模索され、一九三七年に定まった憲法により、国名は「エール」に変更された（二六三頁）。それればかりではなく、前年に「王冠を賭けた恋」で退位したエドワード八世の一連の事件を利用し、国王と総督が持っていた権限も大幅に縮減してしまった。いまだにイギリス国王を戴く他の自治領諸国とは異なり、エールでは国家元首は国民の直接選挙で選ばれる大統領に替わった。ただし新憲法には「共和国」という文字はいっさい記されていなかった。

さらに新憲法ではアイルランド全島がエールの領土であると規定され、北アイルランドに対する領有権も主張された。こののち第一公用語はゲール語とされ、カトリック信仰とゲール文化を基軸とする新たなエールの憲法は、議会と国民投票で圧倒的な賛同を得た。

新憲法の制定から二年後の一九三九年九月に第二次世界大戦が勃発した。カナダやオーストラリアなど他の自治領諸国は自らの判断に基づき、次々とイギリス側について参戦を決めていったが、ここでもエールは独自の路線を打ち出した。デ・ヴァレラ首相は中立を保ち、非常事態宣言を発して政府の権限を強化した。エール議会もこれを承認していく。

本国のチャーチル首相はアイルランドの軍事戦略的な位置をも重視し、戦後に南北統一を約束する代わりにエールに参戦を求めたが、デ・ヴァレラは拒否した。ただし「中立」は必ずしも厳密な意味で守られたわけではなく、あくまで連合国側に友好的なものだった。エールとしても、ナチス・ドイツがイギリスを征服することなど想像したくなかったのだ。自国の領土や領海、領空をイギリス軍が通過、航行することを許し、沿岸・空域・気象に関する情報を連合軍側に積極的に提供もした。

さらにエールから義勇兵が連合軍に加わることにもいっさい制約を設けなかった。実際に六万の義勇兵がイギリス陸軍に志願し、軍需・民需部門の生産活動に従事した人々の数も二〇万人を超えていた。これらをあわせれば、エールの労働人口の六分の一もの人々が実際にはイギリスに戦争協力をしていたことになる。

こうした「実績」も影響したのであろう。大戦後にデ・ヴァレラの長期政権が倒され、共和主義政党も加わった連立政権の下で、一九四八年にアイルランド共和国法が制定され、翌四九年に正式に「アイルランド共和国」という名前が冠せられることになったのである。さらに同年、「イギリス」（British）の名称がはずされ、イギリスと自治領諸国との完全な対等性が改めて確認された「コモンウェルス」（旧英連邦）が形成されたものの、アイルランド共和国はここからも離脱し、完全独立の道をとったのである。ただしアルスタ（北部アイルランド）との南北問題は解決されず、「北アイルランド紛争」として禍根を残していくこととなる。

パレスチナ問題の深刻化

さらに宗教間で深刻な対立が見られるようになったのがパレスチナであった。第一次世界大戦で英仏と対峙したオスマン帝国の統治下に長らくあったパレスチナのイェルサレムにはユダヤ教、キリスト教、イスラーム教の聖地が置かれ、様々な民族や宗教が入り交じっていた。ここに一九世紀末にロシアや東欧で迫害を受けたユダヤ系の人々が「シオンの地」（イェルサレム旧市街の南西部にある丘）に自分たちの国家を造ろうとする、シオニズム運動が高揚していく。

第一次大戦でオスマンが敗退するや、中東地域は国際連盟の委任統治下に置かれたが、現実には戦時中の密約でイギリス（イラク、パレスチナ、ヨルダン）とフランス（シリア、レバノン）の勢力圏に組み込まれていた。パレスチナを影響下に置いたイギリスは、これまた戦時中にバルフォア外相とユダヤ資本の大立者ロスチャイルド男爵との間で結ばれた密約（バルフォア宣言）に基づき、ユダヤ人たちの「民族的郷土」をここに設立することを後押ししていく。こののち世界各地からユダヤ人がパレスチナに入植し、一九四四年の段階では五〇万人以上（全人口の約三〇％）が定住し、彼らはここに「ユダヤ人国家」を建設しようと計画していた。これにフサイン・マクマホン協定で独立を約束されていたアラブ人たちが猛反発したのである。

アトリー労働党政権はこの問題に慎重な姿勢を示していたが、親ユダヤ勢力が政財界に幅を利かせるアメリカからの圧力を受け、一九四五年一一月に「英米合同調査委員会」を設置することとなった。この合同調査委員会により、パレスチナの分割を認めないばかりか、トルーマン大統領が推す一〇万人のさらなるユダヤ人入植まで認める提案が出されたが、それはユダヤとアラブの対立という、火に油を注ぐような内容であった。

そこでイギリス政府は、翌四六年にパレスチナをユダヤとアラブの自治区に分け、各々に統治させる提案をおこなったが、双方から理解を得られることはなかった。経済がどん底に陥っていたイギリスとしては、パレスチナに駐留している軍隊の費用にも苦しんだ。イギリス政府はついに委任統治を放棄し、パレスチナを新たに創設された国際連合（国連：United Nations）に委託したいと伝える。一九四七年五月に国連は特別委員会を発足させ、半年後にパレスチナの分割案を決議し、これが採択されていく。

一九四八年五月一四日にイギリスの高等弁務官がイェルサレムをあとにした。同日には、ユダヤ人地域にイスラエル国が建国されたが、この翌日に周辺のアラブ諸国がこれに反発してパレスチナへの侵攻を開始した。第一次中東戦争の始まりである。翌四九年七月には戦争は終結するが、ここに中東で最強勢力を誇るイスラエル国防軍が結成されるとともに、アラブ系のパレスチナ人が数十万人も故郷を追われ難民となる結果となった。イスラエルは四九年の五月には国連加盟国として正式に承認を受けた。

こののちもエジプト、シリア、レバノン、ヨルダン、サウジアラビアなど、周辺を取り巻くアラブ諸国とイスラエルとの間で三度にわたる中東戦争が勃発するとともに、民族間・宗教間の小競り合いや日常的なテロ活動なども含めて、「パレスチナ問題」は二一世紀の現代においてもいまだに解決できていない地域紛争のひとつとなっている。

この中東和平をめぐっては、アラブ＝ユダヤ間の仲裁役は主にアメリカ政府が担うことが多いが、もとをただせば、第一次世界大戦前後から中東地域に介入してきたイギリス帝国主義の残滓《ざんし》であり、深刻な問題なのである。

戦中・戦後のイギリス文化

第二次世界大戦のさなかに国民を勇気づける娯楽となったのはラジオであった。二〇世紀初頭にアメリカで初歩的な発明がなされたあと、ラジオは全世界へと拡がった。イギリスでは一九二七年にジョージ五世の勅許により、「英国放送協会」（British Broadcasting Corporation：ＢＢＣ）が創設され、三二年には帝国全土の臣民を対象に国王自らラジオを通じて「クリスマス・メッセージ」を寄せている。それは孫のエリザベス二世の代から、毎年欠かすことのない冬の風物詩としてイギリスに定着していった。

大戦中にはチャーチル首相が実に三三回も国民向けの演説をラジオでおこない、亡命中のヨーロッパの王侯やド・ゴール将軍らも、ラジオを通じて祖国にドイツへの徹底抗戦を呼びかけた。またラジオは様々な娯楽番組や音楽番組も放送し、国民の心を慰めた。

そのBBCが母体となる交響楽団も一九三〇年に創設され、名指揮者エイドリアン・ボールトと数々の名演を残した。また実業家の家に生まれたトーマス・ビーチャムは私財を投じてロンドン・フィルハーモニー管弦楽団を設立し（三二年）、第二次大戦後にはロイヤル・フィルハーモニー管弦楽団の創設に尽力するなど、イギリス音楽界に多大な貢献を果たしている。また大戦後には、戦後復興を象徴するかのように、ロンドン万博の一〇〇周年を記念し、テムズ河畔にロイヤル・フェスティバル・ホールが開館し（五一年）、ビーチャム率いるオーケストラの演奏にさらに彩りを添えることとなった。

ラジオとともに国民にとっての娯楽となったのが映画である。『ヘンリ五世』や『ハムレット』などシェイクスピア演劇を見事な映画作品に仕上げたローレンス・オリヴィエは、国策映画として『美女ありき』にも出演し、ナポレオンのフランス艦隊を完膚なきまでに打ち砕いたネルソン提督の役を演じ、ヒトラーのドイツに立ち向かう英国民を鼓舞することとなった。こうした国策映画は大戦中に数多く作られている。

戦後になると、のちに『アラビアのロレンス』や『ドクトル・ジバゴ』などスケールの大きな作品を生み出すデイヴィッド・リーン監督が、『逢びき』を発表し、ハリウッドとは異なる独特のイギリス映画を作り上げた。またシェイクスピアに限らず、H・G・ウェルズのSF小説やシャーロック・ホームズ、フランケンシュタインなど、イギリスで作られた数々のキャラクターを題材とする映画作品も次々と生み出されていった。

一九四〇年代になると美術の世界にも新たな分野を切り広く巨匠たちが登場してくる。デフォルメされた具象絵画で人間存在の不安を表現したアイルランド系のフランシス・ベーコン、彫刻家のヘンリ・ムーアは大理石やブロンズを縦横に用いて、抽象彫刻に新時代を築いた。またそれまでイギリス美術界では低く見られがちであった陶芸の世界にも、日本における民藝運動から刺激を受けたバーナード・リーチがあらわれ、日用品に新たな美を見いだすなどして、のちのモダニズム・デザインに絶大な影響力を残した。

文学界では、大戦前から小説『人間の絆』や『月と六ペンス』で名声を確立していたリマセット・モームや、戦後に『第三の男』で有名になるグレアム・グリーン、『自由論』で著名な哲学者アイザイア・バーリンなどが、MI6などの秘密諜報部や外務省の諜報部に勤務して、大戦中のスパイ活動にもひと役買った。こうしたスパイ小説の傑作がイアン・フレミングによる「ジェームズ・ボンド（007）」シリーズであろう。

また『一九八四』で全体主義に支配された近未来世界を見通したジョージ・オーウェルは、反フランコの立場からスペイン内乱に従軍していた（その記録は『カタロニア讃歌』にまとめられる）。この時代に活躍したイギリスの作家たちは独特の世界観を生みだした。

第10章

米ソ冷戦と大英帝国のたそがれ

「鉄のカーテン」と冷戦のはじまり

第二次世界大戦の衝撃は世界中に拡がったが、なかでも大きな打撃を受けたのが、先の第一次世界大戦のときと同様に、ヨーロッパであった。一時はナチス・ドイツ軍によって征服された地域は、米英の連合軍とソ連の赤軍によってすべて解放された。ところが前述したように（二八五頁）、戦争末期のヤルタ会談の時点ですでにスターリンは東ヨーロッパをソ連の傘下《さんか》に置こうと暗躍していたのである。

ただしヨーロッパの分断をめぐる米ソの対決姿勢が鮮明になるのは、まだしばらく先のことであった。それを予兆したのが、のちに名著『第二次世界大戦』でノーベル文学賞を一九五三年度に受賞するチャーチルのひと言であった。一九四五年七月の総選挙で首相の座を追われたチャーチルは、翌四六年三月にアメリカのトルーマン大統領のお膝元であるミズーリ州フルトンで名誉博士号を授与され、その演説で次のような言葉を述べた。

「バルト海のシュテッティンからアドリア海のトリエステに至るまで、大陸を横断して鉄のカーテンが降ろされてしまった」。

このとき会場でチャーチルの演説を実際に聴いていた人々の多くがこの言葉の意味するところを理解できていなかったが、ちょうどこの一年後に事態は急展開を見せる。一九四七年の冬はヨーロッパを厳冬が襲い、イギリスでは燃料や食糧の不足が深刻化していた。そのようなときに、国内に共産主義勢力が台頭していたギリシャとトルコへの経済・軍事支援など、イギリスには到底無理であった。ここで巧みな外交手腕を発揮したのがアトリー政権のベヴィン外相だった。彼はすぐさまこの窮状をアメリカに訴え、これに呼応するかたちでトルーマン大統領は三月、連邦議会でギリシャとトルコへの支援を表明したのである。世に言う「トルーマン・ドクトリン」である。

さらに同年六月には、アメリカのマーシャル国務長官がハーヴァード大学の卒業式での演説で、ヨーロッパ諸国への経済支援を約束した。この演説をラジオで耳にしたベヴィンはすぐさまフランスと協議し、アメリカへの支援要請をおこなった。これが「マーシャル・プラン」（二九二頁）へとつながっていく。イギリスはその最大の恩恵に浴することになった。

この経済支援は、もともとはヨーロッパ全体に向けられたものであったが、ソ連がこれを辞退し、共産主義陣営に組み込まれた東ヨーロッパ諸国もそれに追随せざるを得なかった。

ベヴィン外相は戦後早くから「西欧同盟」構想を掲げ、米ソ両大国に対抗する「第三勢力」の構築を訴えていたが、それが現実のものになる事態が生じた。その舞台はかつてのドイツの首都ベルリンである。大戦後にベルリンは西側（英米仏）と東側（ソ連）に分かれて占領政策がおこなわれていたが、西側が経済統合や通貨改革を推し進めるのを見て、ソ連が西ベルリンの封鎖を断行した。ベルリンはソ連が占領する東ドイツ領内にあった。

これに対してトルーマン政権は、食糧や日用品、燃料などを毎日の大空輸作戦で西ベルリンへと送り届け、およそ一一ヶ月後の一九四九年五月に封鎖は解除された。この間に、アメリカはヨーロッパ防衛に積極的に関わる必要性を痛感し、同年四月にアメリカ、カナダと西欧五ヶ国とで「北大西洋条約機構」（NATO）が形成される。

このようにチャーチルの「鉄のカーテン演説」から五年も経たないうちに、ヨーロッパではのちに「米ソ冷戦」（Cold War）と呼ばれる分断がはっきりと姿を現したのである。

「三つのサークル」のはざまで

それではアメリカとソ連という超大国が実質的に支配する国際政治のなかで、イギリスは単なるアメリカ側（西側諸国）の「筆頭の子分」のような位置に甘んじなければならないのか。もはやイギリスは大国の一員ではないのか。

こうした問いかけにまたもや名言を残したのがチャーチルだった。一九四八年秋の保守党大会でチャーチル党首は「変転しつつある人類の将来のなかで、わが国の将来に考えを馳せるとき、私は自由な諸民族と民主主義諸国家からなる三つの偉大なサークルの存在に気づくのである。（中略）この相互に結びついたサークルを思い浮かべるならば、わが国こそ、三つのサークルのすべてにおいて大きな役割を占める唯一の国である」と述べた。

チャーチルがここで述べた三つとは彼自身の言葉を借りれば、「英連邦と帝国」、「合衆国を中心とする英語世界」、「統一したヨーロッパ」となる。

よりわかりやすく区分すれば、まずは二度の世界大戦で同盟国としてともに戦い、それぞれの国家の主流派がアングロ＝サクソン系と英語文化で結ばれたアメリカとの「特別な関係」（Special Relationship）。かつては植民地として支配されていたが、現在では自治領や独立国としてお互いに結ばれるようになった「コモンウェルス」（旧英連邦）。そしてイギリスが最も古くから関係を持つヨーロッパ。この三つのサークルのいずれにも属し、その中心部に位置できるのは世界広しといえどもイギリス一国だけとなる。

チャーチルはこの強みをいかして戦後の国際政治のなかで米ソに準ずるだけの発言力を維持しようと図ったわけである。第二次世界大戦の終結とともに設立された国際連合でも、イギリスは安全保障理事会の常任理事国としての地位を得ていた。また戦後に続々と形成される同盟や組織においても、イギリスはその中核的な存在となっていた。

アメリカとの「特別な関係」が明確となったのは、一九五〇年六月に勃発した朝鮮戦争（〜五三年）のときだった。この戦争にイギリスも派兵をおこなったが、大韓民国政府を支援する軍事作戦の大半はアメリカが主導した。ところが前年に成立した中華人民共和国が北朝鮮を援護し、アメリカ側が劣勢に立つや、トルーマン大統領は一一月に中国東北部への核兵器使用を示唆する演説をおこなう。これが中国の本格的な参戦を招くと懸念したアトリー首相はすぐさまアメリカへ渡り、トルーマンに直談判してイギリスとの事前協議なしには核兵器は使用しないとの約束を取り付けることに成功を収めたのである。

他方でイギリスがヨーロッパと関わる際に、それは「ヨーロッパのなかのイギリス」ではなく「ヨーロッパとイギリス」という対等の関係を強調するような動きが見られていた。それは特に「三つのサークル」という言葉の生みの親であるチャーチルら保守党指導者に、より明確であった。

一九五一年一〇月の総選挙で保守党が勝利を収め、チャーチルが六年ぶりに首相に返り咲き、外相にはやはりイーデンが戻ってきた。当時の西欧ではフランスを旗振り役に、ヨーロッパ石炭鉄鋼共

アンソニー・イーデン

同体（ＥＣＳＣ）やヨーロッパ防衛共同体（ＥＤＣ）が相次いで形成されたが、チャーチルもイーデンもこれらに加わる気がなかった。

イギリスは西ヨーロッパの統合を歓迎し、そのための協力は惜しまないものの、それに加わることは「ヨーロッパの一角」に落ちぶれることを意味したのである。チャーチルもイーデンもイギリスはいまだ「世界大国」であるとの幻想にとりつかれており、イギリスはこうして西欧諸国のなかで取り残されていくこととなった。

エリザベス二世の即位

チャーチルが六年ぶりに政権に復帰し、国王ジョージ六世から首相の大命を降下されたとき、七七歳の老宰相は自分より二〇歳以上も若い国王の顔色が優れないのを心配した。翌一九五二年二月六日、国王は就寝中に五六年の生涯を閉じた。兄の「王冠を賭けた恋」により突然王位に即《つ》けられ、その直後からは国民とともに第二次世界大戦に直面し、王のストレスはかなりのものになっていた。戦後にはガンに冒されあっけなく崩御してしまう。

父王の訃報を、公務のため訪れていた英領ケニアで聞いたエリザベス王女はすぐに帰国した。ヒースロー空港ではチャーチル首相やアトリー労働党党首ら重臣たちが、タラップの下でこの新しい君主を待ち受けていた。ここにウィンザー王朝四代目のエリザベス二世（在位一九五二年〜）が即位することとなったのである。

ジョージ六世の長女として生まれた彼女は、伯父エドワード八世の突然の退位でわずか一〇歳で王位継承者第一位となった。父や祖父ジョージ五世譲りの謹厳実直な性格で知られたエリザベスは、第二次世界大戦末期には婦人部隊にも入隊し、軍用トラックで物資の輸送にあたった。一九四七年一一月にはギリシャ王家の血を引くフィリップと結婚し、翌四八年には長男チャールズが誕生した。

エリザベス2世の戴冠式

二五歳で女王に即いたエリザベスは、一九五三年六月二日にウェストミンスタ修道院で華やかな戴冠式を挙行した。当時はまだ食糧や燃料などが配給制を取っていた時代である（この翌年に配給制は終わる）。女王の戴冠式はイギリスの戦後復興を飾る大切な行事となった。当日は朝早くから何十万という人々が沿道に陣取って、世紀の大典を見守った。式典はこの当時から一般市民にも拡がったテレビによって中継もされた。女王の戴冠式はイギリスにテレビが普及するきっかけを作り、当時の人口の半分に相当する二〇〇〇万人以上もの人々がこの放送を見たとされている。

イギリスでは一九五〇年の段階では全世帯の四％しかテレビを保有していなかったが、それがわずか一〇年で実に八〇％もの家庭がテレビを楽しむように変わっていく。

戴冠式の挙行という世紀の大任を果たしたのがこの年に七九歳を迎えるチャーチル首相だった。対外的には「三つのサークル」を基軸に積極的な路線を進め、戴冠式の年にソ連でスターリンが亡くなり、アメリカでアイゼンハワー共和党政権が樹立されるや、英米ソ三国の頂上会談を実現して冷戦の終結を図ろうとした。しかし米ソ双方の国内事情で、この試みは挫折していく。

一方でチャーチルの保守党政権は国内政治においては慎重な姿勢を崩さなかった。戦後にアトリー労働党政権によって築かれた福祉国家路線を継承するとともに、労働党政権が次々と国有化した基幹産業のなかでも、鉄鋼と道路輸送など一部は民営に戻し、あとはほとんどそのままとしたのである。大戦中から戦後にかけては、福祉国家の実現にも産業国有化にも消極的な姿勢を示していたチャーチルも保守党も、より現実主義的な政策を採ったのだ。

第二次大戦後のイギリス政治は、このように「合意（コンセンサス）の政治」が保守・労働両党の間で実践された。特に経済政策や労働組合に対する対応で両党の間にそれほどの差異が見られず、『エコノミスト』誌は当時の保守党政権の財務相バトラーと労働党の前財務相ゲイツケルの名前をかけ合わせ「バッケリズム」の時代と揶揄《やゆ》したが、おかげで国内政治は比較的安定した状況が続いたのである。

スエズ危機――帝国のたそがれ

「大戦の英雄」チャーチルは一九五五年四月、八〇歳でついに首相から退き、外相として彼を支えてきたイーデンがあとを継いだ。チャーチルより二三歳若かったイーデンは、大戦中の外交を実質的に取り仕切っただけではなく、戦後も目を見張る活躍を続けていた。一九五四年四月にはフランス領インドシナ（現在のベトナム、カンボジア、ラオス）の独立戦争に関わり、スイスのジュネーヴで開かれた国際会議でこれを休戦へと導くことに成功した。さらに首相になって三ヶ月後には、同じくジュネーヴで米ソ英仏四国首脳会談が開催され、米ソ和解（「雪解け」と形容された）に光明が差したかのようにも思われた。

ところがそのわずか一年後に、外交のプロともいうべきイーデンがその外交でつまずく事態が生じてしまう。

かつてイギリスの事実上の支配下にあったエジプトでは一九五二年に革命で王制が倒され、ナセル大統領が経済改革を進めていた。その基盤となるアスワン・ハイ・ダムの建設に米英両国が協力できなくなると、折からの国民主義《ナショナリズム》にも煽られ、ナセルはスエズ運河の国有化を宣言したのである（五六年七月）。運河会社の株式の大半は英仏両国が握っており（二四四頁）、イーデンはナセル打倒に動き出す。そしてついに一〇月、英仏とイスラエル三国によりエジプト侵攻が進められ、エジプト軍はあっという間に蹴散《けち》らされた。

ところがこの侵攻にはアメリカが強い反対を示したのである。特にイーデンとたびたび衝突した

ケープタウンで演説するマクミラン

ダレス国務長官が強硬な姿勢を示し、イギリスの威信は低下し、世界的なポンド売りで英貨は危機に瀕した。さらに国連安全保障理事会でも英仏の軍事行動は非難され、ナセルの盟友であるインドのネルー首相は、スエズから撤退しなければインドはコモンウェルスから離脱すると脅してきた。そしてナセルと緊密な関係を築くようになったソ連まで、英仏に核攻撃を示唆するような脅迫を突きつけてきたのである。

　世界的に孤立するなかで一一月に、ついに英仏両軍はスエズからの撤兵を決定した。もはや時代は帝国主義の世ではなく、アジアやアフリカで続々と独立国が誕生する状況に変化していたのである。それは「大英帝国」が幻想のかなたに消えてしまったことだけでなく、外交のプロだったイーデンが「戦争に勝って、外交で負けた」瞬間でもあった。さらにはイギリスが「三つのサークル」のはざまで不覚にもバランスを失い、無様《ぶざま》な敗退につながった象徴的な事件でもあったのである。

　病身でもあったイーデンは一九五七年一月に辞任し、保守党指導部の話し合いでハロルド・マクミランが後継首相に選ばれた。アメリカのアイゼンハワー大統領とは北アフリカ戦線以来の戦友だったマクミランは、三月には英領バミューダで首脳会談をおこない、スエズ危機で傷ついた英米の「特別な関係」の修復に努めた。また一〇月にはエリザベス女王も訪米し、両国の「特別な関係」は再び強固なものへと作り直されていく。

マクミラン政権期のイギリスは、大幅減税や投資控除制の導入などで積極的な景気刺激政策が採られ、自動車やテレビ、冷蔵庫、洗濯機、電話など耐久消費財が各家庭にあふれ、イギリス国民が世界大戦後にようやく現代的な「豊かさ」を享受できる時代となっていた。こうした状況を背景にマクミランは一九五九年の総選挙でも労働党に対して勝利を収め、当時の政治漫画家が描いた「スーパー・マック」像とも相まって、国民から絶大な信頼を寄せられるようになっていた。

帝国からコモンウェルスへ

そのスーパー・マックが、スエズ危機以後にアメリカとの「特別な関係」を再構築するとともに、新たな関係を築こうと尽力した相手がコモンウェルスの諸国であった。

一九四七年に独立を果たしたインドとパキスタンに加え、四八年にはセイロン（現在のスリランカ）が自治領となり、翌四九年から「英」の字が消えて「コモンウェルス」へと衣替えした共同体の首脳会議にも、彼ら非白人系の代表が参加するようになっていった。一九五三年六月のエリザベス二世の戴冠式の折には、これに出席した首脳たちが新女王をコモンウェルスの「首長」に選出し、ここに新たな時代が始まった。

一九五〇年代後半に入ると、東南アジアのマラヤ連邦（現在のマレーシア、シンガポール）、アフリカ西部のガーナ、地中海のキプロスなどが次々と独立を果たしていき、一九六〇年には英領も含めた一七の国家がアフリカ大陸に新たに誕生した（「アフリカの年」と呼ばれた）。

こうしたなかで一九六〇年一～二月にマクミラン首相はアフリカ各国を歴訪し、最後に立ち寄った南アフリカ連邦のケープタウンで「変化の風がこの大陸全体に吹いている」と演説し、各地で高揚しつつあった国民主義の動きを正確に捉え、その後のイギリス植民地の独立のあり方にも細心の注意を払っていくこととなる。

特にアフリカ大陸は、一八八〇年代以降に西欧列強が現地の部族やその勢力圏などを無視して、勝手に国境線を引いて領土にしてしまったため、独立後の各国に大きな問題を残すことにもなった。とりわけ世界的なダイヤモンド・シンジケートを築いた実業家セシル・ローズによって造られた「ローデシア」は、第二次大戦後には南北ローデシアとニヤサランドからなる中央アフリカ連邦として再編されたが、白人入植者が絶大な力を持つ南ローデシアと現地人が大半を占めるその他の地域とではまとまるはずもなく、一九六二年に連邦は解体された。北ローデシアはザンビア、ニヤサランドはマラウイとして独立する。

同様の現象はイギリス領東アフリカ（ケニア、ウガンダ、タンザニア）でも生じたが、こうした過程で激しい闘争が生じ、それは多くの犠牲者を生み出すことにつながった。

ところで先に紹介したマクミランの「変化の風」演説は、当の南アフリカ連邦が世界中から非難されるなか、いまだに「人種隔離政策」（アパルトヘイト）を続けていることへの痛烈な皮肉が込められていたのである。こうした状況を受けて、一九六〇年一〇月には南アフリカで国民投票が実施され、同国は自治領から完全独立を果たし共和制に移行した。コモンウェルスの首相会議に出席した折にも、特に非白人系の首脳たちから槍玉に挙がる機会の多かった南アフリカは、ついにコモンウェルスから脱退し（六一年五月）、イギリスはアパルトヘイトについての見解をコモンウェルスを通じて表明できる機会を失ってしまうこととなった。それは他の加盟国にしても同様だった。

帝国主義時代に植民地を拡大した国家としては、フランスがインドシナやアルジェリアで独立戦争を泥沼化させていたのとは対照的に、イギリスは比較的穏便なかたちで各国に独立を与え、独立した国の大半がそのままコモンウェルスに加盟していった。一九五三年の時点ではわずか八ヶ国しかなかったコモンウェルスではあるが、ビルマ（ミャンマー：一九四八年）やアイルランド共和国（エール：四九年）、南アフリカなど脱退した数ヶ国を除き、二〇世紀末までに加盟国は五〇ヶ国を超えるまでに成長を遂げていった。

EECへの加盟失敗

この時期にイギリスが「三つのサークル」のなかで最も対応に出遅れていたのがヨーロッパに関してであった。先にも見たとおり、チャーチルにしろイーデンにしろ、イギリスにとってヨーロッパは対等な関係にあり、その一部に成り下がるつもりはなかった。このためＥＣＳＣにもＥＤＣにも加わらなかったイギリスを尻目に、これら加盟国は一九五七年三月のローマ条約に調印し、翌五八年にヨーロッパ経済共同体（ＥＥＣ）を発足させた。

フランス、西ドイツ、イタリア、ベネルクス（ベルギー、オランダ、ルクセンブルク）の六ヶ国からなるＥＥＣは、特恵関税によりお互いが得意な分野の経済を発展させることに成功を収め、加盟国の経済は飛躍的に上昇した。イギリスはこれにも加わらず、北欧やスイスなどとヨーロッパ自由貿易連合（ＥＦＴＡ）を結成するが（一九六〇年）、ＥＥＣのような団結力がなく、経済成長はあまり望めない状況が続いた。

アメリカとの大西洋同盟の秩序再編も兼ねて、イギリスはついにＥＥＣへの加盟交渉に乗り出していくこととなった（一九六一年七月）。ただし、すでにイギリスと特恵関税で結ばれ、農作物や酪農製品の対英輸出で利益を得ていたカナダやオーストラリア、ニュージーランドといったコモンウェルス諸国からは大きな反発が生じた。

さらに事態を深刻化させたのが米ソ冷戦の帰趨《きすう》するところであった。イギリスがＥＥＣへの加盟申請を決めた前月（一九六一年六月）、ウィーンでアメリカのケネディ大統領とソ連のフルシチョフ首相が会談をおこない、これ以後、フルシチョフは対米強硬路線に出ることとなった。八月にはベルリンの壁が構築され、東ベルリン経由で西側に人々が逃亡する手立てが失われた。壁はまた、このの ち四半世紀以上にわたって米ソ冷戦を象徴する建造物にもなった。

そして翌一九六二年一〇月、アメリカのすぐ隣に位置する社会主義国キューバにソ連がミサイルを持ち込み、これが米ソ間に緊迫を生みだした（キューバ危機）。最終的には、ソ連側がミサイルを撤去したものの、フルシチョフの攻勢にマクミランも警戒を示した。すでにイギリスは一九五二年から核保有国になっていたが、当時の最新技術はアメリカが握っていた。一二月に英領バハマ諸島の首都ナッソーでケネディ大統領と会談をおこなったマクミランは、アメリカからポラリス型ミサイルの供与を受けることに成功する。

ところがこれを「アメリカがヨーロッパに乗り込むためのトロイの木馬」と罵《ののし》り、一九六三年の年頭記者会見でイギリスのEEC加盟申請を拒否したのが、フランスのド・ゴール大統領であった。もともとド・ゴールは、第二次大戦中からアングロ＝サクソン（米英）が主導権を握って世界を席巻していく状況に嫌悪感を抱き、第五共和政（一九五八年発足）の初代大統領に就いてからも、事あるごとに英米両国と衝突してきたのである。EECに加盟できるのは現加盟国すべての承認が必要となる。イギリスの加盟は失敗に終わった。

こののちマクミランは、プロヒューモ陸相の愛人機密漏洩事件等が発覚し、自身の病気もあって、一九六三年一〇月に突然首相と保守党党首からの辞任を発表する。このときはいまだ党内で隠然たる影響力を振るっていたマクミランがいわば「禅譲」するかたちで、外相のヒューム伯爵が後継者に選ばれた。このときまでにイギリス政治においては、貴族院議員が首相に就《つ》く慣例がなかったが、その年に制定された貴族法でヒュームは彼一代に限って爵位を放棄し、庶民院議員に当選して事なきを得た。しかし翌六四年一〇月の総選挙で僅差ながら労働党に敗れ、ここに政権は一三年ぶりに労働党へと移ることとなった。

スエズ以東からの撤退

六一歳のヒュームに代わり労働党政権を率いることになったのは、四八歳という若さのハロルド・ウィルソンであった。彼が第一課題として掲げたのが、国が経済運営能力を有することを国民に認めてもらうこと、具体的にはポンドの切り下げの回避であった。一九六六年五月に海員組合ストライキが発生するや、ポンドに対する国際的な信用は低下した。通貨の価値を維持しようと、ウィルソン政権は財政支出を削減し、増税と金利引き上げ、物価と所得の引き上げの六ヶ月凍結という引き締め政策に乗り出すが、逆に経済成長は停滞してしまう。

ウィルソン政権期のイギリスは国際政治のなかでも苦しい立場に立たされていた。一九六五年からアメリカによるベトナム戦争への介入が本格化するや、ジョンソン米大統領はイギリス政府にも派兵を要請してくるが、ウィルソンはこれを頑なに拒否した。逆に彼は両国の関係を取り持とうとするが、今度はジョンソンから拒絶される。この時期の英米は「特別な関係」とはほど遠い状況となっていた。

さらに一九六七年六月に生じた第三次中東戦争によりポンド危機は深刻化した。これまでポンドの切り下げ回避を声高に主張していた財務省やイングランド銀行までが、政府に切り下げを提言するようになっていた。同年の一一月、ついにウィルソン首相は一ポンドを二・八〇ドルから二・四〇ドルに切り下げる決定を下した。ポンドの国際通貨としての役割はこの時点で終結したとまで言われている。

イギリスの経済力を回復するためには、今や飛ぶ鳥を落とす勢いのＥＥＣに加盟しなければならないのは必定である。ウィルソン政権は再び加盟申請に乗り出すが、ここに立ちはだかったのがまたもやフランスのド・ゴールであった。米ソの二極化に対抗し、多極化を掲げていたド・ゴールは一九六四年には中華人民共和国を承認し、六六年にはＮＡＴＯの軍事機構から脱退、さらにはアメリカのベトナム政策を外遊先のプノンペン（カンボジア）で厳しく非難するなど、アメリカの覇権的な影響力がヨーロッパに及ぶことに反発していた。

ポンド切り下げが断行された直後に記者会見をおこなったド・ゴール大統領は、国際通貨としてのポンドの価値が下がったことに加え、イギリスとアメリカとの関係がＥＥＣに悪影響を与えると訴え、再びイギリスのＥＥＣ加盟に「否《ノン》！」を突きつけたのである。

一九六八年一月一六日、ウィルソン首相は庶民院で演説し、「スエズ以東」に駐留するイギリス陸海空軍を七一年末までにすべて撤退すると発表した。イギリスはそれまでアデン（現在のイエメン）、インド洋、シンガポール、香港などに軍を置いていたが、それは明らかに当時のイギリスの軍事力・経済力には見合わない規模に及んでいたのである。

こののちペルシャ湾岸諸国や東南アジア各国からの要請でイギリス軍の駐留が若干延期される場面も見られたが、もはやイギリス自身が「大英帝国」という立場から身を引いた瞬間が、この一九六八年一月のウィルソンによる表明であったことは間違いあるまい。

それと同時にチャーチルの唱えた「三つのサークル」は、一九六〇年代が終わろうとする頃までには、アメリカとヨーロッパの「二つのサークル」へと変容を遂げ、イギリスにとって、「帝国」はもとより「コモンウェルス」も、もはや大きな意味を持たなくなっていたことも、この「スエズ以東からの撤退」表明は物語っていたのである。とはいえその後のイギリスは、今度はアメリカとヨーロッパの間で右往左往しながら、国際政治のなかでその立ち位置を決めていかなければならなくなっていく。

大英帝国の溶解 ― 脱植民地化のなかで

「イギリスは帝国を失い、いまだ新しい役割を見いだすに至っていない」。これはかつてトルーマン政権で国務長官を務めたディーン・アチソンが、一九六二年一二月にウェストポイント陸軍士官学校でおこなった演説の一節である。それまで帝国主義的な支配下に置かれてきた世界各地で「脱植民地化」(Decolonization) が進むなかで、米ソ冷戦に翻弄されながら、もはや「大英帝国」ではなくなったイギリスが国際政治で新たな役割を見いだそうとする苦悩を、皮肉なかたちで表現しているが、けだし適切な指摘であろう。

実際にイギリスは、「スエズ以東からの撤退」を表明する以前から、帝国の後始末に手こずっていたと言える。先に見た南アフリカ共和国の独立とコモンウェルスからの脱退はその一例であろう。さらに南アフリカの北隣に位置する南ローデシアでも、少数派の白人による黒人差別政策が採られ、それがコモンウェルス首脳たちから非難を受けるや、イギリスからの完全独立とコモンウェルスからの脱退につながる(一九六五年一一月)。

さらにそのコモンウェルスの内部でも、カシミール他方をめぐるインドとパキスタンの第二次印パ戦争が深刻化していたが(一九六五年八月)、かつての宗主国イギリスにはなすすべがなく、北の超大国ソ連が仲介役となり、その後は国連の仲裁で調停が成立した。

ウィルソン労働党政権のときに、外交の重心は帝国(コモンウェルス)からヨーロッパへと移されていくが、それはそのまま対外政策を決定する官公庁の再編にもつながった。一九六六年には長い歴史を誇った植民地省が廃止され、新たにコモンウェルス省に吸収された。さらにこれが六八年からは外務省に統合され、「外務及びコモンウェルス省」（Foreign and Commonwealth Office：FCO）となり、現在に至っている。今やコモンウェルスはイギリス外交のなかの一部にすぎない存在なのである。

さらに「スエズ以東からの撤退」が完了するとされた一九七一年からは、コモンウェルスにも新たな風が吹き始めていた。それまではイギリス本国と自治領もしくは独立国の首脳（主には首相）のみが、コモンウェルス首相会議に参加していた。しかし開催地はいつもロンドンで、イギリスの都合が優先され、実質的にはいまだイギリスの官僚には「本国＞植民地」のような帝国意識が根強く残っていた。

それがイギリス自体の国際的な地位が低下したことにともない、首脳たちの会議は二年に一度、加盟国が輪番制でホストになって開催されることに決まったのである。加盟国には共和制を採る国も多く大統領が出席する場合もある。名称も「コモンウェルス諸国首脳会議」（Commonwealth Heads of Government Meeting：CHOGM）と改められ、第一回の会議はシンガポールで開催され、その後はカナダ、ジャマイカ、ザンビアなど世界各地で開かれることになった。

イギリスはもはや会議の主役ではなく、構成国の一員にすぎなくなっていた。ここでは経済や軍事といった問題も話し合われるが、各国に共通するより巨視的な案件、たとえば人権や地球環境といったグローバルな問題が主に討議されていった。それは時として歴史的な偉業を成し遂げることもあった。南ローデシアでの黒人差別を終結させ、一九八〇年に黒人政権の下で新生「ジンバブエ」を生み出し、南アフリカで反アパルトヘイトの闘士ネルソン・マンデラを釈放させ、最終的にアパルトヘイトを廃止に追い込んだのもこの会議であり、ここで影の主役を演じたのはイギリスの首相ではなく、女王陛下であった。

ブリティッシュ・ロックの衝撃

一九六〇年代のイギリスは、国際政治や国際経済の分野ではその存在感を徐々になくしていったのかもしれないが、こと音楽界においてはその名声を確立したといっても過言ではなかろう。その牽引役となったのが、一九六二年にレコードデビューを果たした「ザ・ビートルズ」に代表される、ブリティッシュ・ロックだったのである。

もともとロック&ロールは、アメリカで黒人系のリズム&ブルースと白人系のカントリー&ウェスタンが融合するかたちで一九五〇年代半ばに生み出されたものである。その新しいリズムとハーモニーは、たちまち世界中の若者たちを魅了した。この輸入盤のレコードを大西洋のかなたからいち早く手に入れ、独自の音楽を築き上げたのが、ジョン・レノンやポール・マッカートニーといった港町リヴァプールに住む若きミュージシャンたちだった。

彼らはアメリカのロックに影響を受けながらも、歌詞やメロディも重視し、イギリスはもとより逆にアメリカの音楽界にも衝撃を与えることになった。イギリスで最大手のレコード会社ＥＭＩや英国放送協会（ＢＢＣ）も彼らと契約を結び、ビートルズの楽曲は世界の音楽シーンを席巻していった。またテレビの普及とも相まって、彼ら独特のファッションや髪型は、若者のあいだにいちはやく流行した。

これに刺激を受け、イギリスにはミック・ジャガーを中心とするザ・ローリング・ストーンズなどのバンドやエルトン・ジョンなど、数多くのスターたちが登場し、ロック音楽界にとってイギリスは本場アメリカと並ぶ一大拠点へと成長していく。

クラシックやジャズに代わってロックが音楽界を主導した背景には、それまでの社会規範に基づく束縛が緩み、性的な解放にも象徴される「寛容な社会」が始まった一九六〇年代のイギリスに特有の文化がある。また六〇年代後半には、ベトナム戦争に対する反戦運動や、黒人や女性への差別に反対する動きなどが欧米各地で見られ、それは六八年からの世界的な学生紛争にもつながった。アメリカでは、ブリティッシュ・ロックからの影響を受けたボブ・ディランが、この時代を象徴する音楽家となった。

また一九七〇年代にはいると、ロックも新たな局面を迎えた。ファッション業界とのつながりだ。デザイナーのマルコム・マクラーレンが後援したセックス・ピストルズは、パンク・ロックの先がけとなり、彼らの髪型やファッションは、マクラーレンや共同経営者ヴィヴィアン・ウエストウッドがデザインするボンデ

世界中に衝撃を与えたザ・ビートルズ

ージ・タータンやモヘアの穴あきセーターに代表されるパンク・ファッションとして、瞬く間に若者のあいだに広まっていった。

ビートルズによって始まったといえるブリティッシュ・ロックの世界は、一九八〇年代からはデュラン・デュランやカルチャー・クラブ、スコットランド出身のデイヴィッド・バーン、アイルランド出身のU2など、新たな電子楽器を積極的に駆使して新しいサウンドを生み出すバンドに引き継がれていく。またこれもアイルランド出身のボブ・ゲルドフを主唱者に、彼らスターたちが中心となり「バンド・エイド」が結成され、アフリカで飢餓に苦しむ人々のためのチャリティ・レコード（Do They Know It's Christmas?）が作られるなど、社会貢献にも尽力している。

その後も、スパイスガールズやバックストリートボーイズ、ワン・ダイレクションなど、イギリス音楽界は二一世紀になってからもアメリカ音楽界とはひと味違った世界を築き、また彼らのファッションもその時々の若者たちに大きな影響を与え続けていった。ロックは今やクラシックやジャズと並ぶ重要な音楽のジャンルとなっている。

EC加盟の光と影

音楽界では華やかな存在となったイギリスであるが、経済では苦しい状況が続いていた。今や国民総生産（GNP）でも、第二次世界大戦の敗戦国である西ドイツやイタリア、さらには日本にまで追い抜かれ、ヨーロッパではかつてのオスマン帝国に倣い「瀕死の病人」と呼ばれ、日本では「英国病」という言葉まで造られる有様だった。

一九七〇年の総選挙では保守党が勝利を収め、ウィルソンと同年齢のエドワード・ヒースが首相となった。ヒースの第一課題はイギリスを何としてでもEECに加盟させることだった。翌七一年にはアメリカでニクソン大統領が金とドルの兌換《だかん》を一時停止し、七三年までにはそれまでの固定相場制を変動相場制に切り替える決定を下すなど（ニクソン・ショック）、イギリス経済にとっては厳しい局面が続いていた。

EC加盟に調印するヒース

ところが国民の間ではEECへの加盟は盛り上がりを見せていなかった。たとえ加盟したとしても、共通農業政策（CAP）により生産物の価格上昇の恩恵を受ける農業関係者以外にはこれといった利点はなく、むしろ食糧価格の上昇や外国製品との競合など、短期的には負担のほうが多いと考えられていたからである。しかし長期的に見れば、やはりEECに加盟しておいたほうが経済成長にはプラスになると政府は必死になって喧伝し、他方でヒースは加盟国と個別に会談も重ね、加盟への道筋をつけた。特にフランスでド・ゴールが引退していたことはイギリスの加盟に有利に働いた。

一九七三年一月についにイギリスは、ECSCなど他の機構と合同して拡大した「EC」（ヨーロッパ共同体）に加盟を果たすこととなった。

ところがその年の秋に第四次中東戦争が勃発し、それまで欧米の巨大石油資本に価格等が統制されてきた原油価格が中東産油国の支配するところとなり、いわゆる「石油危機《オイル・ショック》」が生じ、イギリスの経済成長率は一挙に低下し、国際収支までが赤字に転落していく。

もともとヒース政権は、それまでの福祉国家政策を見直し、経済への国家介入を減らし、公共支出の削減やストの規制を強化するなど、それまでの歴代政府とは異なる政策を掲げて発足した。ところが現実には労働組合による賃上げ要求に屈し、インフレと経済停滞を併せ持つ「スタグフレーション」に悩まされ、結局は経済に対する介入に乗り出さざるを得ない状況に陥っていく。それは「Uターン」政策などとも揶揄された。

特にヒースが悩まされたのが、石油危機を契機に労働条件の改善と賃上げを強硬に要求してきた全国炭鉱労組（NUM）のストライキであった。一九七三年一一月に政府は非常事態を宣言し、国民にエネルギー使用を制限するよう要請した。工場への送電を制限するために「週三日労働」が強要され、街灯やネオンの使用も制限された。テレビ放映も午後一一時半で終了するなど、様々な規制が設けられた。それでもNUMとの妥結はならず、翌七四年二月に総選挙が実施された。結果は僅差ながら保守党が敗北し、労働党のウィルソンが再び政権を担うことになった。

このウィルソン政権ではなんと国民に「EC加盟の是非を問う」国民投票がおこなわれることになった。食糧価格の上昇やEC予算に対する分担金軽減など、イギリスにとっての問題が浮上していたのである。一九七五年六月にイギリス憲政史上初めておこなわれた国民投票（レファレンダム）でEC残留に票を入れたのが六七・二％となり、イギリスはECに留まった。しかし経済の回復は見込めず、国民の間には不満が溜まり続けていった。

移民問題の余波

さらに一九六〇年代からイギリスで深刻化していたのが移民の流入であった。もともとヨーロッパ西北端の島国という地理的環境とも関連して、イギリスには一六世紀頃から大陸で宗教的迫害を逃れてきたプロテスタント系の人々を受け入れたり（一二五頁）、革命で国を追われたフランスの亡命貴族《エミグレ》や政治的迫害を受けたイタリアやポーランド市民、逆に彼らを迫害したのちに失脚したメッテルニヒやナポレオン三世、さらにはユダヤ人など、様々な理由で故国を追われた人々を受け入れる素地が長い歴史のなかにはあった。

しかしここで見る移民とは、主には旧植民地から職を得るためにやってきた非白人系の人々のことをさす。第二次世界大戦で失われた労働力を補う意味もあって、一九四八年に国籍法が制定され、コモンウェルスの人々もイギリスに自由に移民・定住できるようになった。このため西インド諸島やインド、パキスタンから多くの移民が押し寄せた。ところが一九六一年にはその数が年間で一〇万人を超え、労働組合なども警戒心を強めていく。

翌一九六二年には移民法が新たに制定され、移民は規制されていく。しかしこの頃までに初期の移民が家庭を持ち、彼らはロンドンやバーミンガムなどの大都会に集団で住み、雇用や賃金、さらに教育などで差別を受ける対象となった。この点は一九六五年から数次にわたり制定された人種関係法によって差別は禁止されてはいたが、実際には「肌の色」や「宗教」に基づく各種の差別は依然として存在していたのである。

保守党の政治家イノック・パウエルなどは、彼ら非白人系の移民を強制的にでも故国に送還しなければ、「血の河」が生み出されることになるだろうと警告を発した。

こうした背景もあって、一九七〇年代から八〇年代のはじめにかけての景気が低迷した時期に、失業した白人青年や右翼団体などが非白人系の移民街を襲撃する都市暴動が起こった。これに報復するかたちで、各種の差別を受けてきた非白人系の人々もこれまでの不満を爆発させ、暴動を起こしてイギリスの諸都市を不穏な空気に包みこんでいった。

一九八〇年代のサッチャー革命（三四二頁）以降、イギリスの景気が上向いてくると移民と白人系市民の対立はかつてほどではなくなったが、一九七三年にイギリスがECに加盟し、これがのちにEUとなって加盟国が増大すると、二一世紀にはいってからは東欧系移民が多数流入するようになった。特に彼らは商工業都市の郊外に集団で生活するようになり、その地域の学校の大半が東欧系移民の子どもで占められるようになると、元々のイギリス系の住民たちから反発があがり、これがのちに二〇一六年の「ブレグジット」をめぐる国民投票の結果にも少なからず影響を与えることとなった（三八三頁）。

また近年では、二〇〇一年のアメリカにおける同時多発テロ以降、ムスリム（イスラーム教徒）に対する偏見が強まり、それは二〇〇五年にロンドンで発生した地下鉄・バスの同時多発テロによってさらに激しさを増してしまった。

このように長い歴史のなかで、イギリスは「外国人」に対する強い偏見が存在する一方、様々な理由で国を追われた人々を寛容に受け入れる風土でもある。近年では人種や宗教の違いを乗り越えた結婚も増えている。一九八〇年代には異なる民族間の結婚に反対するという意見が五〇%を超えていたのに、二〇一二年の調査ではそれが一五%にも減少し、特に若者世代ではわずか五%にすぎない。多文化社会としてのイギリスに住む人々の意識も徐々に変化しつつあるようである。

北アイルランド紛争の深刻化

一九七〇年代のイギリスは、これまで見てきたとおり労働組合のストライキや移民問題に端を発する都市暴動など、不穏な空気に包まれていた。これにさらに輪をかけて全国を震撼《しんかん》させたのが、北アイルランド問題に起因するテロ行為だったのである。

アイルランド自由国さらにはのちの共和国（エール）には加わらず、イギリス領に留まったアルスタ（北アイルランド）では一九六〇年代後半からカトリック系住民とプロテスタント系住民（さらに治安組織）とのあいだで暴力を伴う激しい対立が生じるようになった。特にカトリック系の「アイルランド共和軍」（ＩＲＡ）暫定派の活動は過激化していく。アルスタではカトリック教徒が政治的に差別を受けており、これを是正すべく立ち上がったのが北アイルランド公民権協会（ＮＩＣＲＡ）であった。しかしここに悲劇が生じる。

一九七二年一月三〇日、北アイルランド第二の都市デリーでＮＩＣＲＡのデモにイギリス特殊部隊（ＳＡＳ）が発砲し、多数の死傷者を出す大惨事に発展した。「血の日曜日事件」と形容された

北アイルランド・デリーの「血の日曜日事件」

この惨事への報復で、ダブリンのイギリス大使館が焼き討ちにあった。ヒース政権は北アイルランド議会と政府の権限を一年間停止し、北アイルランド担当大臣（ウィリアム・ホワイトロウ）を通じて直接統治に踏み切った。

こののち政府とＩＲＡ暫定派のあいだで協議が続けられたが交渉は決裂し、同年七月にはベルファストのバス停にＩＲＡによって爆弾が仕掛けられ、多数の死傷者を出してしまう（これも「血の日曜日事件」と呼ばれる）。

イギリス政府は一〇月に『北アイルランドの将来』と題する討議文書を発表し、ここで「アイルランドの特性尊重」（Irish Dimension）「権力分有」（Power Sharing）という二つの概念が問題解決のために提起された。前者は北アイルランド問題の解決のためにはエールの協力が不可欠であるとし、後者はプロテスタントとカトリック双方から閣僚を出すなど両派で権力を分かち合う方式を提唱するものだった。

この討議文書は、翌一九七三年に『北アイルランド基本法提案』と題する白書によってさらに具体化され、そこには比例代表制による八〇名の議員から構成される北アイルランド議会を新たに設置する案が示されていた。この選挙で新議会が開かれ白書は合意を見た。新政府は各党派から閣僚が参加したが、あくまで白書に反対するプロテスタント系の党派はこれには加わらず、対立は激化した。

イギリス（ブリテン島）本土自体が経済不振に見舞われていた一九七〇年代に、北アイルランドでも失業率は二倍に膨れ上がり、農業、造船業、機械工業、リネン産業といった主要産業が軒並み衰退した。北アイルランドはますますイギリス本土に頼らざるを得なくなっていく。そのような矢先の一九七九年八月、女王の夫君フィリップの叔父にあたり、第二次世界大戦の英雄にして、最後のインド総督も務めたマウントバッテン伯爵（二九四頁）が、アイルランド北西部のスライゴで家族と休暇中にIRAが仕掛けた爆弾で暗殺されるという痛ましい事件が生じた。

IRAの側でもテロ活動などで投獄された幹部らが、獄中でハンガーストライキを決行し、死亡する事態も起きている。さらにこののちIRAによるテロは、一九八四年一〇月に保守党大会に出席していたサッチャー首相の命を狙うホテルの爆破事件にまで発展し、首相自身は一命を取り留めたが、保守党議員やその家族に死傷者が出た。北アイルランド問題は、ますます混迷の度合いを深めていくこととなった。

第11章

サッチャー革命の時代

「不満の冬」と政権交代

ＥＣ残留が決まった国民投票の翌年、一九七六年三月に労働党のウィルソンは突如首相の座から降り、党首選挙でジム・キャラハンが後任に選ばれた。財務相や外相などの要職を歴任し、「ジムおじさん」の愛称で親しまれたベテランのキャラハンではあったが、前途はまさに多難であった。その年の九月の党大会で彼は「私たちの快適な生活は永遠に続くと言われてきた。（中略）しかしその快適な生活は過ぎ去ってしまった」と悲観的な演説をおこなった。

経済的にも財政的にも破綻に瀕《ひん》していたイギリスには、もはや公共事業や福祉事業などをこれまでどおりにおこなうのは難しかった。党大会の翌月には一ポンドがついに一・五ドル台に下落し、政府が介入しても下げ止まらない状態が続いた。ここでキャラハン政権はＩＭＦ（国際通貨基金）に、次年度と次々年度の歳出を一〇億ポンドずつ削減することを条件に、二三億ポンド（約三九億ドル）の借款を取り付けることとなったのである。イギリスは「快適な生活」どころか、世界で初めて産業革命を牽引し、財政＝軍事国家としてヨーロッパで最大級の経済大国であった過去の栄光を失っていたのである。

さらにキャラハン首相は一九七八年の年頭ラジオ放送で、賃金上昇の限界もインフレも五％以内に抑えると宣言したが、これに異論を唱えてきたのが全国の労働組合を束ねる労働組合会議（ＴＵＣ）だった。労働党の支持基盤となる労働組合の影響力は絶大であり、翌七九年には全国の組合員の数も一三〇〇万人と過去最大に達していた。七八年秋におこなわれたＴＵＣ大会でも、労働党大会でも、政府の五％方針は否決されてしまった。

その後も政府とＴＵＣとの交渉は続けられたが決裂し、ここに一九七八年暮れから七九年にかけて空前の規模のストライキが発生した。とりわけ公務員のストは市民生活に深刻な打撃を与えた。電気やガスが止まっただけではない。医師や看護師が病院を閉じたばかりでなく、救急車の運転士まで出動を拒否したのだ。清掃職員のストによりロンドンは街中でゴミの山ができた。さらに衝撃を与えたのが墓掘人のストだった。遺体は棺のまま放置されていた。

ストを起こした公務員の気持ちもわからないではなかったが、国民の多くはこのような状況に怒りを感じた。やがてシェイクスピアの傑作『リチャード三世』の冒頭に出てくる有名な台詞《せりふ》から「不満の冬（Winter of Discontent）」と呼ばれるほど、この冬にはまさに国中から様々な不満があがった。さらに一九七九年三月には、政府の後押しでスコットランド議会の開設をめぐる住民投票が実施されたが、規定の票を得られずに挫折してしまった。

ついに議会内では野党保守党からキャラハン政権に対する不信任案が提出され、わずか一票差（三一一対三一〇）で可決される事態となった。政府が不信任案に敗北を喫したのは、一九二四年（ボールドウィン保守党政権）以来実に五五年ぶりのことであった。

キャラハン首相は庶民院の解散を決め、一九七九年五月に総選挙がおこなわれた。結果は野党保守党の勝利（三三九議席）となり、労働党は二六九議席で敗退した。キャラハンはすぐさま辞任し、ここに保守党党首マーガレット・サッチャーが首相に就任した。

ウォルポールがのちに初代首相として位置づけられてから（一八二頁）、イギリス史上で初めて

マーガレット・サッチャー

の女性首相であった。子育てをしながら苦労して一九五九年に庶民院議員となり、当時まだ男性ばかりだったイギリス政界のなかでたくましく這い上がってきたサッチャー女史の手腕に、国民の多くが期待を寄せることになった。

サッチャー登場

サッチャー首相がまず取り組まなければならなかったのがインフレの抑制だった。彼女が首相に就いた一九七九年は、イラン革命に端を発する第二次石油危機が生じ、四月には小売物価の上昇率が一〇%を突破していたのである。労働党政権とは異なり、労働組合との協議に頼らず、サッチャーは貨幣供給量の抑制によってインフレを抑える手段に出た。

さらに公共支出と政府債務の削減にも尽力して、戦後の福祉国家体制を根本から見直す姿勢を取った。サッチャーは可能な限り「小さな政府」をめざそうとしたのである。その一環として彼女が進めていくのが、国営企業の民営化であった。アトリー政権により第二次世界大戦後に基幹産業の大半が国有化され（二九一頁）、その後はチャーチルによって鉄鋼や道路輸送など一部が民営化はされたものの（三一〇頁）、ほとんどの産業がいまだ国営だった。その間に「ぬるま湯体質」に慣れてしまった企業は健全な競争力を失い、政府が財政赤字を生み出す諸悪の根源と化していた。

さらにサッチャーが目をつけたのが「不満の冬」で国民から顰蹙《ひんしゅく》を買った労働組合の行きすぎた

行動だった。これは一九八〇〜八二年に制定された一連の雇用法で規制した。

しかしサッチャーが「革命」ともいうべき大なたを振るうには、今しばらく時間がかかった。何しろ女性として男社会の政界でのし上がってきた首相である。強力な派閥はいまだバックに備えておらず、政権発足時に主要閣僚を務めたのはヒース政権などを支えた守旧派が多くを占め、首相を根底から支える側近は、財務相のジェフリ・ハウや産業相のキース・ジェゼフら数人しかいなかったのだ。サッチャーは守旧的なベテランたちを「ウェット派」、自身の側近を「ドライ派」と呼び、徐々に後者を増やして脇を固めていくことになる。

こうしたイギリス政界に特有の事情も影響し、サッチャー政権の初動はあまりうまくは運ばなかった。インフレの沈静化も公共支出の削減も思うようには進まず、インフレ対策のため公定歩合を引き上げたものの、逆に金融を逼迫《ひっぱく》させ、多くの企業を倒産に追い込んでしまった。一九七九年に五％だった失業率は、八一年には倍の一〇％にまで跳ね上がり、巷《ちまた》には二七〇万人以上もの失業者があふれかえったのである。

特にこのとき失業した人の多くが低学歴・低所得層の白人青年や、非白人系の移民出身の青年たちであり、彼らが都市部を中心とする暴動を起こす核となったことは前述したとおりである（三二八頁）。さらに中産・労働者階級の国民的スポーツであるサッカー（フットボール）の競技場で、熱狂的なファンが時として暴力・破壊行動に出る状況も見られ、彼らは一九世紀末に生まれた言葉から「フーリガン」と名づけられた。

一九八〇〜八一年には、ブリストル、ロンドン、リヴァプール、マンチェスタといった大都市で暴動や焼き討ち、掠奪などが相次ぎ、警官隊と衝突して多数の逮捕者を出す結果となった。彼らは暴力に訴えたとはいえ、社会の弱者を強力な警察力によって抑え込み、労働組合運動に抑制を加えるサッチャーの態度は、多くの国民に反感を抱かせると同時に、いつまで経っても景気が回復せず、インフレも抑制できないなかで、失望感が拡がった。

政権発足時には四一％あったサッチャー政権に対する満足度は、一九八一年暮れまでには二五％にまで低下した。政権最初の四年間の平均値でも三九％の満足度しか見られず、それはどん底の経済を体現したウィルソンやキャラハン（四六％）よりも低いものだった。一九八二年初頭の段階では、サッチャー政権は短命に終わると誰もが予想していた。

どん底の時代の王室の慶賀

このように政権が交代してもなかなかイギリス経済が浮上しないなかで、国民を勇気づける存在となっていたのが王室だった。

一九七五年夏、EC残留を決めた国民投票がおこなわれた直後に、ウィルソン労働党政権は二年後の七七年にエリザベス女王の「在位二五周年記念式典」（シルヴァー・ジュビリー）を国民とともに盛大に祝いたいと発表した。この当時はイギリスの景気も悪く、労働組合のストライキやIRAによるテロ活動など、街には不穏な空気が流れていた。キャラハン外相などは女王にもしものことがあってはと、派手な式典には反対だったくらいだ。

現にこの前年（一九七四年）の三月には、バッキンガム宮殿の目の前で女王の長女アンの誘拐未遂事件が生じ、護衛警官が撃たれるようなこともあった。ところがこういう暗い不穏な世相だからこそ、王室が先導役となって国民に明るい気持ちを取り戻して欲しいと主張したのが、ほかならぬエリザベス二世自身だったのである。この女王の真摯な熱意に、大臣たちもついに折れたのだ。

一九七七年は、まずは女王夫妻によるコモンウェルス諸国歴訪の旅からスタートした。二月の西サモアに始まり、オセアニア、カナダ、カリブ海と、夫妻は世界各地で大歓迎を受けた。その合間には国内巡幸がおこなわれた。グラスゴウを皮切りに、女王夫妻は連合王国の三六の州を訪れた。この年に夫妻が旅した距離は実に九万キロに達したとされる。軽く地球を二周できる距離に相当した（赤道の周長は約四万キロ）。

そしてこの年の六月には、ウィンザー城近くで巨大なかがり火がたかれ、同時刻に全国の一〇〇ヶ所でいっせいに点火された。そしてメインはセント・ポール大聖堂での記念礼拝である。宮殿から「黄金の公式馬車《ゴールド・ステート・コーチ》」に乗ってロンドンを横断した女王夫妻は、沿道を埋め尽くした一〇〇万人以上の市民が見守るなか、国民とともにこの慶事を盛大に祝ったのである。この年のCHOGM（コモンウェルス諸国首脳会議。三二一頁）は久方ぶりにロンドンで開催され、コモンウェルス諸国の首脳たちもこの偉大なる首長の記念の年を心から祝福した。

さらに一九八一年七月、セント・ポール大聖堂が再び国民の注目を集めることとなった。女王の後継者であるチャールズ皇太子が、華燭《かしょく》の典を挙げたのである。お相手はスペンサ伯爵家の令嬢ダイアナだった。午前一一時過ぎにダイアナが大聖堂に姿をあらわすと、人々はあっと驚かされた。彼女が身にまとう裾（トレイン）はなんと七・六メートルの長さにも達し、大聖堂の長い身廊《しんろう》を父

チャールズ皇太子とダイアナ妃

ともに行進する姿に世界中の人々が息をのんだ。

式のあとで、新郎新婦は馬車でロンドンを横断してバッキンガム宮殿へと戻り、宮殿のバルコニーで二人は数十万人の人々が見つめるなか、熱いキスを交わした。世紀のロイヤル・ウエディングの模様はテレビで生中継され、世界中で七億五〇〇〇万人以上もの人々が見たとされている。

先に記したとおり、当時のイギリスでは失業率は一〇％にものぼり、企業の倒産も後を絶たなかった。こうした経済状況の犠牲になった若者たちが、各地で暴動を起こすようななかで、王室の慶賀は毎日を息が詰まるような思いで生活していた人々にとっては一服の清涼剤の役割を果たしてくれたのである。

そしてチャールズとダイアナの結婚式に沸いたロンドン市民は、この一年後に再び国の慶事を王室や政府とともに盛大に祝うこととなる。

フォークランド戦争

一九八二年四月二日、南大西洋に浮かぶイギリス領フォークランド諸島に突如アルゼンチン軍が侵攻し、全島の領有を宣言した。一八三〇年代からイギリス領となってきたこの諸島の領有をめぐっては、両国の間でしばしば対立が見られた。しかし一九六八年には、「スエズ以東からの撤退」を表明していたイギリスのことである。大英帝国の時代であればいざ知らず、もはや本国から一万二〇〇〇キロ以上も離れ、住民も一八〇〇人程度しかいない島々のことなどかまってはいられまい。事実この頃、イギリスはアルゼンチンとの共同統治案や、主権をアルゼンチンに渡したうえで、イギリスが行政権を一定の期間再移譲《リースバック》するなどの案が、アルゼンチンとの間で協議されていた。

この姿勢を「弱腰」と見たのが当時のアルゼンチンの軍事独裁政権だった。しかも首相は「女にすぎない」と甘く見ていたのかもしれない。ところがサッチャーは「鉄の女」であった。彼女はすぐさま撤退しなければ武力行使をも辞さないとアルゼンチン側に伝えた。土曜にもかかわらず議会が召集され、野党労働党もアルゼンチンの暴挙に激怒した。

このときサッチャーの頭に去来したのが「スエズの蹉跌《さてつ》」であった。国際的に孤立したがゆえに、本来は勝てた戦《いくさ》に負けたのがスエズ危機であった。サッチャーはすぐに国連大使に連絡を取り、緊急の安全保障理事会を開かせ、アルゼンチンの侵略を非難させた。さらにEC、NATO加盟国も順次イギリスを支持し、コモンウェルス諸国も今回はイギリスの味方となった。あとはアメリカだけである。

ロナルド・レーガン大統領は、イギリスとの「特別な関係」も大切ではあったが、共産主義勢力が南アメリカ大陸に入り込まないようにするためには、アルゼンチンとの関係も良好に保っておきたかった。四月八日にロンドンを訪れたヘイグ国務長官を前に、サッチャー首相は机を叩いてイギリスの正当性を力説した。ついにアメリカ政府もイギリスへの支持を固めることとなった。

すでに、空母二隻に率いられたイギリスの機動部隊は四月五日に出港しており、二五日にイギリス海兵隊がフォークランド諸島に上陸した。アメリカの支援のおかげで、NATOが軍需物資や情報などをイギリスに提供し、国際世論も味方につけたイギリスは、六月一四日にアルゼンチン軍を降伏させ、フォークランド諸島を奪回した。

この勝利は、将軍や提督たちの勝利ではなく、サッチャーの勝利となった。彼女自身の言葉を借りれば、「スエズ症候群《シンドローム》」に悩まされ続けてきた戦後のイギリスが、ようやく自信を取り戻した瞬間であったのだ。昨日までは不景気や失業者急増など諸悪の根源とされ、非難され続けてきたサッチャーは、一躍「英雄」となったのである。一〇月一二日には、帰国した機動部隊がパレードを繰り広げ、イギリス中がお祭り騒ぎとなった。その翌日に誕生日を迎えるサッチャーにとって、それは自分のための前夜祭のようなものだった。

フォークランド戦争前には、政権に対する満足度は二五%にまで落ち込んでいたのに、今や政権支持率は八〇%を超すまでに至っていた。この余勢を駆って、翌一九八三年にサッチャーは総選挙に打って出た。保守党は三九七議席を獲得し、労働党（二〇九議席）に対し圧勝した。こうして国民からの支持を取り付ける一方、サッチャーは保守党内での支持基盤も確固たるものとし、「ウェット派」を次々と政権から放逐して、「ドライ派」の閣僚で脇を固め、いよいよ彼女本来の「革命」を本格的に推進していくのである。

サッチャー革命の始動

一九八三年から二期目の政権に突入したサッチャー首相は、まずは年来から進めてきた基幹産業の民営化をさらに本格化させた。電信電話、ガス、水道、空港、航空、自動車、といった具合に、次々と民営化を進め、これまで温室状態だった企業は厳しい自由競争にさらされたことで、力をつけていった。失業率はすぐには下がらなかったが、八三年にはインフレがある程度抑制され、政権は幸先のよいスタートを切っていた。

ここに登場してきたのが全国炭鉱労組（NUM）だった。一九八四年に首相の意向を受けた石炭公社は、翌年度内に採算の合わない炭鉱を全国で二〇も廃坑にすると宣言し、二万人解雇による合理化案をNUMに示してきた。NUM側はもちろんこれに徹底抗戦し、全国にストライキを呼びかけた。しかし、すでにサッチャー政権はその対策を準備万端整えていたのである。

サッチャーは労働組合法を改正し、スト手当を労組から受け取った労働者の社会保障手当を削減するとともに、労組に対してもストをおこなうにあたっては事前に投票をおこなう等を義務づけ、労組による政治資金の規正なども法制化していた。さらに国内外から石炭の備蓄を進めるとともに、鉄道や道路輸送の同盟ストに備え、非組合員の輸送人員を確保し、石油や原子力などで発電においても石炭からの転換を進めていたのである。

このようにサッチャーに内堀も外堀も埋められてしまったNUMは、一九八四年三月からストは開始されたものの、これに反対する労働者によって石炭供給が続けられ、政府の備蓄も充分にあり、国民の多くは停電にも燃料不足にも悩まされることはなかったため、見るところがなかった。ほぼ一年にわたって続いたストは終結し、NUM側の完全敗北に終わったのである。

こうして第二次世界大戦後の歴代政府が譲歩を続けてきた労働組合運動は、サッチャーによって息の根を止められてしまった。これはその後、運動を衰退へと導く分水嶺になり、全国の労働組合員の数は九〇〇万人（一九八七年）へと減り、二〇世紀末（九九年）までには最盛期の半分以下の六〇〇万人にまで減少していく。同時にここに戦後に続いてきた「合意（コンセンサス）の政治」に終止符が打たれた。

サッチャーが基本理念に置いていたのが「自助」（self-help）であった。自由競争のなかで努力するものは、自社株を持ち、自分の持ち家にも住める。サッチャー政権期には市場価格よりかなり安値の住宅を人々に買い取らせる政策が進められ、その数は一九八七年までには一〇〇万戸以上に及んだとされる。

その一九八七年にサッチャーは三度目の総選挙に臨み、保守党は三七五議席を獲得して、労働党（二二九議議席）にまたも勝利をつかんだ。三期連続して総選挙で勝利したのは、戦後イギリス史上では彼女が初めてのことだった。

この三期目に、サッチャーは教育、医療、行政改革に取り組む一方、シティの金融証券業界に対してそれまでの規制を取り払って、海外からの資金が流入しやすいようにする「ビッグバン」を一九八六年から開始しており、金融市場として世界最大の取引量を誇るロンドンの地位を再び取り戻すことに成功した。

しかし同じく八六年に制定された社会保障法により、社会保障費は大幅に削減されていたのである。NUMの敗北により全国で多数の炭鉱が閉鎖され、イギリス社会は、シティで大儲けをする若者（ヤッピーと呼ばれた）があらわれる一方で、炭鉱街やかつての商工業地に失業者があふれかえるなど、貧富の格差が大幅に拡がってしまったのであった。

サッチャー外交と冷戦の終結

サッチャーがイギリス史上初の女性首相に就任した一九七九年の暮れ、ソ連がアフガニスタンに侵攻を開始し、それまで米ソの「緊張緩和」（デタント）と呼ばれていた平穏な期間が終わりを告げ、世は「第二次冷戦」といわれる時代に突入する。もともとが労働党に対する牽制の意味からも共産主義勢力に否定的で、ソ連の動きを警戒していた彼女は、八一年一月からアメリカ大統領に就任したレーガンとともに、対ソ強硬路線を採った。

今や「二つのサークル」となった戦後のイギリス外交の基軸のなかで、サッチャー首相がより重視したのは「アメリカとの特別な関係」であった。彼女は核抑止論を強く信奉し、アメリカの戦略核戦力がヨーロッパの自由を最終的に保障してくれると信じて疑わなかった。とはいえ、その彼女も、アメリカが別名「スターウォーズ作戦」とも呼ばれた「ＳＤＩ」（戦略防衛構想）を発表し、核ミサイルを大気圏外でレーザー光線によって破壊できる戦力を保有することには、否定的な立場をとった。

レーガンとサッチャーは、それぞれの国内政策でも「小さな政府」をめざし、国際政治ではまるで「夫婦」のように対ソ強硬路線を採っていたが、ここに変化がおとずれたのだ。一九八二年からソ連では高齢の指導者が相次いで他界し、世代交代が進もうとしていた。八四年にアンドロポフ

第10回先進国首脳会議のサッチャーとレーガン（1984年）

（共産党）書記長の葬儀のためモスクワに駆けつけたサッチャーは、後継のチェルネンコ書記長の次席に着いていたミハイル・ゴルバチョフ（サッチャーより六歳年下）と挨拶を交わし、それまでの長老指導者とは異なる輝きを感じ取り、その年の秋には彼をロンドンに招待した。ここでサッチャーは「彼となら話し合い（ビジネス）ができる」と直感し、盟友レーガンにも彼に会うように勧めたが、レーガンは懐疑的であった。

翌一九八五年にチェルネンコの死去でゴルバチョフが書記長に就くや、サッチャーは再びレーガンに会見を促し、ここに六年ぶりに米ソ首脳会談が実現する。レーガンはこの席で「マギー」（サッチャーの愛称）の意図を理解し、こののち両首脳は毎年会談を重ねて、相互の国を訪問し合う仲となった。サッチャー自身もアメリカを訪れてチャーチル以来、実に三三年ぶりにイギリス首相として米連邦議会で演説するという栄誉を浴する一方（一九八五年）、モスクワを訪問してゴルバチョフとの信頼関係をより緊密なものにした（八七年）。

しかし皮肉なことに、サッチャーの慧眼《けいがん》のおかげで米ソ首脳を結びつけることができたのだが、両国の信頼が増すや、米ソは次第にイギリスを加えずに二国だけで中距離核戦力（ＩＮＦ）全廃条約を結んでしまった。そしてレーガンの後を引き継いだジョージ・ブッシュ（父）大統領とゴルバチョフにより、一九八九年一二月のマルタ会談で、「米ソ冷戦の終結」が世界に向けて高らかに宣言された。

冷戦の歴史は「ヤルタからマルタまで」などと形容されたが、ヤルタ会談にチャーチル首相が出席していたのとは異なり、マルタ会談にサッチャー首相の姿はなかったのである。

アメリカ軍によるグレナダ（英連邦王国の一員で国家元首はエリザベス女王）侵攻の際、アメリカからいっさい事前に情報を知らされていなかった一件（一九八三年）を除いて、中東和平でもヨーロッパの軍事戦略でも、サッチャーはつねにアメリカとの「特別な関係」を重視して行動し、このイギリスによる支えがあったからこそ、レーガンさらにブッシュ政権下のアメリカは国際政治において一定の成果を収めることができたのであり、さらには冷戦の終結にも踏み切ることができたのであろう。

ヨーロッパ統合とブルージュ演説

しかしこちらを立てればあちらが立たずである。サッチャーがアメリカの側にばかり目を向けているうちに、イギリスとヨーロッパとの関係は次第に疎遠になっていった。そもそも現実主義的な政治家であるサッチャーは、イギリスとヨーロッパとの間の政治的・経済的な相互依存関係についてはしっかり認識していた。ところが彼女とECとの関係は最初から波乱含みの展開を見せていた。

一九七九年にアイルランドのダブリンで開かれたEC首脳会議では、サッチャーはEC予算の分担金がイギリスに不公平であるといきなり嚙みついた。彼女の論理はしごく正当なものではあったが、「外交性に欠けるふるまい」は首脳たちに愉快なものではなかった。サッチャーの言い分は五年後には解決を見るが、次に彼女が噛みつくことになるのが、ECの社会的・政治的統合に基づくヨーロッパの連邦化という問題であった。

サッチャー自身はアメリカとの「特別な関係」で結ばれたイギリスは、アメリカとECとの間を取り結ぶ調停者になりうる唯一の存在であり、たとえヨーロッパが統合されるとしてもそれは「大西洋共同体」とともにあるヨーロッパでなければならぬと考えていた。確かにイギリスはECに加盟した時点でヨーロッパの一員にはなっているが、大陸という内向きの狭い世界ではなく、大西洋というより広い枠組みから全世界的な役割を果たしていくべきであり、イギリスにはその点でも特別な位置づけがあると考えられた。

その点では、第二次世界大戦後にECSCやEDCにすぐに加わろうとはしなかった、チャーチルやイーデンのようにイギリスをいまだに「大国」と考える潜在意識が、サッチャーにも脈々と受け継がれていたのかもしれない。

しかしそれはすでに、チャーチルやイーデンの時代においてさえ「幻想」にすぎなかった。一九八五年にドル高を理由としてポンドが下落して以来、サッチャー政権の財務相ナイジェル・ローソンはドイツとの協調を第一に考え、EC加盟国の通貨の変動幅を一定の範囲内にとどめ、さらにより強力な通貨統合の環境整備のために作られた「為替相場安定制度」（ERM）への加盟を、ハウ外相と協力して進めようとしていた。ところが政府介入による通貨協力政策に反対し、市場の原理を優先するサッチャーはこれに頑強に反対した。

とはいえ一九八〇年代も終わりに近づこうとしていた当時、ECでは経済・通貨統合と政治統合という二本の柱を礎《いしずえ》に、ヨーロッパ統合の道は着々と進んでいたのである。

こうしたなかで、一九八八年にベルギーの水の都ブルージュで開かれたEC首脳会議でサッチャーは「ヨーロッパ統合」に水を差すかのような演説をおこなった。各国が固有の習慣、伝統、同一性を保持するときに「ヨーロッパはまさに強力になる」のであり、「独立した主権国家間の自由意志と積極協力」によってのみECは成り立つのであると彼女は力説した。ブリュッセル（EC本部）がヨーロッパの経済を集権的に支配し、超国家的なヨーロッパ連邦が登場することにサッチャーは反対であり、以後は彼女の主張に同調する一派は「ブルージュ・グループ」と呼ばれ、国内で欧州懐疑派の中心的存在となっていく。

しかし当時のイギリスはECとの取引だけで貿易総額の四〇％を超えており、経済界や官僚たちにもサッチャーの強硬な姿勢は危険に映った。しかも皮肉なことに、サッチャー自身が協力した冷戦の終結で、二つのベルリンはひとつに（一九八九年）、二つのドイツもひとつとなり（九〇年）、今や二つのヨーロッパはひとつにまとまろうとしていたのだ。

サッチャー退陣

こうしたサッチャーの強硬な姿勢は、まずは彼女自身の足下を揺るがすことになった。ERMを中核に据えていたヨーロッパ通貨制度（EMS）への加盟を求め、単一欧州議定書への調印を迫ったハウ外相とローソン財務相は、一九八九年夏以降に相次いでその座を追われた。イギリスの経済界ではEMS加盟を必定《ひつじょう》とする考えが大勢を占めていたため、サッチャー首相のこの態度を見て、財界人の政府に対する不信感は強まった。

さらに一九九〇年一〇月の議会で、ヨーロッパ統合へのいかなる動きに対しても絶対に反対するというサッチャーの強い姿勢に怒り、副首相に転じていたハウが辞任を表明した。政権発足時から側近として支えてくれたハウが、首相を強く非難する演説とともに政権を去ってしまうと、サッチャーの支持基盤は急速に脆弱《ぜいじゃく》となっていく。

折しもイギリス国内では「人頭税」（正式名称はCommunity Charge）導入をめぐって政権に対する風当たりが強くなっていた。イギリスは元来、個々人が支払う住民税はなく、地主や家主が固定資産税のかたちで地方税《レント》を払っていた。サッチャー政権はこれを廃止し、収入に関係なく地域ごとに一律の住民税を成人住居者に課すことにした。低所得者や学生の場合には戻し税の措置が講じられていたにもかかわらず、この新税は「人頭税」と名づけられ、各地で暴動が生じた。ロンドンではこれに対する大規模な抗議デモがおこなわれ、騎馬警官隊と激しく衝突する事態にまで発展した（一九九〇年三月）。

この年の夏には中東でイラクがクウェートに侵攻する「湾岸危機」が生じ、外交指導者としてのサッチャーの積極的な活躍が見られたが（後述）、政権内外での一連の騒動の後、一九九〇年一一月には保守党党首選挙が実施されることになった。最盛期のサッチャーに挑むような強者《つわもの》はあらわれず、ここ何年も実質的に党首選挙はおこなわれてこなかったが、この年はかつてサッチャーと対立して辞任した元国防相マイケル・ヘーゼルタインが立候補した。第一回投票で、サッチャー（二〇四票）はヘーゼルタイン（一五二票）に勝利を収めたが、規程では一五％の票差をつけなければならなかった（それには四票足りなかった）。

そこで第二回投票が実施されることになった。ここでは単独過半数を得た候補者が当選することになっていた。サッチャーは出馬する気満々であったが、ここで待ったをかけたのがなんと閣僚たちだったのだ。彼らの考えでは、サッチャーは第二回投票では勝てないか、もし勝ったとしてもその後の党内の結束を維持するのは困難になるとのことであった。一一月二二日、ついにサッチャーは首相からの辞任を表明した。ダウニング街一〇番地の首相官邸に入ってから実に一一年半もの歳月が流れていた。それは二〇世紀で最長の在任記録を誇った「鉄の女」の最後でもあった。辞任が決まり、首相官邸を夫デニスとともに自動車で去る彼女の目には涙が浮かんでいた。

それから五日後の第二回投票では、ヘーゼルタインに加え、外相のダグラス・ハード、そしてローソンの後任の財務相となっていたジョン・メイジャーが立候補した。ここではメイジャーは規程にある単独過半数に二票足りない票数で第一位となったが、他のふたりが第三回投票への立候補を見送ったため、ここにメイジャーが当選を果たした。

こうしてサッチャー長期政権の後には、彼女の「秘蔵《ひぞ》っ子」で外相なども歴任した、当時まだ四七歳という若さのメイジャーが政権を担うことになった。それはかつてのウィルソンの記録を抜いて、戦後最年少での政権担当となったのである。

メイジャー政権と湾岸戦争――まとわりつくサッチャーの影

下層中産階級出身のサッチャーも苦労して首相の座をつかんだが、メイジャーの場合にはイギリスでも最下層に位置するような出自から身を起こした真の苦労人であった。父はサーカス芸人で、その後は事業に手を出すが失敗し、メイジャー自身も高校を中退した。様々な職を転々とし、失業経験のある首相というのは初めての事例かもしれない。努力をして銀行業務資格を獲得し、銀行に就職したのち、三六歳で庶民院議員に初当選した。

誠実、勤勉、禁欲を絵に描いたようなメイジャーは、サッチャー女史のいう「自助」の精神そのものをあらわした存在だった。彼女の引きで、政務次官や閣外相を歴任し、外相、そして財務相を経て、首相の座を射止めた。庶民院議員初当選から首相就任までがわずか一一年半というのも史上最速の「出世」である。

頭脳明晰で優れた指導力を発揮できるものの、アクが強く、独善的な態度が多いサッチャーとは異なり、メイジャーは人柄も温厚で合意形成を重視するスタイルの政治家だった。何よりメイジャーはサッチャーが重視したイデオロギーや理念を前面に出すことを嫌った。しかし彼の政治信条は、公共支出の削減を基調とし、自由市場経済を尊重し、ECの統合にも懐疑的で、連合王国の統一性を重視するあたりは、サッチャーのそれと変わらなかった。そして政権に就いたメイジャーは早速「サッチャーの影」に覆われることになる。

イギリスが「人頭税」問題で揺れていた一九九〇年八月、イラン＝イラク戦争の終結でアメリカ

ジョン・メイジャー

から見放されたイラクは突如隣国クウェートに侵攻する。ちょうどアメリカでの会議のさなかにこの報に接したサッチャーは、すぐさまペルシャ湾岸地域の近隣に停泊していたイギリス軍艦に出港を命じるとともに、ブッシュ大統領に侵略を許してはならないと力説した。当初は及び腰だったブッシュもサッチャーの気迫に押され、国連を活用するかたちで多国籍軍によるイラク侵攻の準備を国防省に進めさせることになる。

ところがアメリカ世論は、かつてのベトナムよりもさらに遠いクウェート救援のために軍事作戦を展開することに懐疑的であり、ブッシュは再び及び腰になっていた。ここで手を差し延べたのがサッチャーであった。一一月二二日にイギリスはペルシャ湾岸地域への派兵を発表したのである。そしてまさにその日に閣僚たちからの説得を受けたサッチャーは首相からの辞任を発表したのであった。「鉄の女」による最後の後押しを受けて、アメリカ政府は国連の安全保障理事会を動かし、翌九一年一月半ばまでにイラクが撤退しない場合には多国籍軍の派兵をも辞さないという決議を採択させた。

一九九一年一月一七日、クウェートから撤退しないイラクに対する「湾岸戦争」は、こうして始まった。米英を中心とする多国籍軍に対しイラク軍はなすすべがなく、四二日間で撤退する。政権に就いて二ヶ月足らずで戦争に携わったメイジャーは、ブッシュ政権とも良好な関係を築き、アメリカとの「特別な関係」は続いたかに見えた。しかし湾岸戦争での勝利はメイジャーというよりも、明らかにサッチャーの功績によるものであった。

メイジャーに逆風が吹いたのは、一九九二年のアメリカ大統領選挙以降のことだった。この選挙で彼はブッシュ陣営を支援すると約束した「密約」がのちに暴露され、当選したビル・クリントン新大統領との仲が険悪となった。クリントンは、イラク政策ではメイジャーと歩調を合わせたが、ボスニア紛争や北アイルランド紛争などをめぐってはたびたびイギリスの頭越しに独自の政策を推進し、メイジャーから不興を買うことになる。

マーストリヒト条約――EUへの参加

メイジャーが「サッチャーの影」から逃れるためには、彼女の足をすくったヨーロッパ政策で新境地を開拓する必要があった。湾岸戦争終結直後の一九九一年三月、メイジャーは訪問先のドイツで「イギリスがまさにヨーロッパの中心に位置することを望む」と演説し、ヨーロッパさらにはドイツとの共同歩調を重視する姿勢を示した。

さらに同年の一二月にはオランダのマーストリヒトでEC理事会が開かれ、EC議会の権限の拡大やさらなる通貨統合の推進、ヨーロッパ市民権の規定などが新たな条約として結ばれることになった。イギリスは、欧州中央銀行を創設し単一通貨を導入する条項と、共通の社会政策に関わる議定書（労働条件や労使関係に関わる）からは「適用除外《オプト・アウト》」を認めてもらうことを条件に、マーストリヒト条約への参加を決めた。このオプト・アウトはEC統合への足並みを乱すものとして各国から批判も出されたが、メイジャーによる粘り強い交渉により、ついに認められることになった。

この一連の交渉はイギリス議会からも絶賛された。さらにメイジャー政権はサッチャーの足をすくったもうひとつの政策「人頭税」についても、一九九三年三月で廃止し、新税（Council Tax）の導入も決定する。九二年四月にはメイジャー政権下での初めての総選挙がおこなわれた。景気が後退し、様々な問題が山積していたなかにあって、当初の予想を覆し保守党（三三六議席）が労働党（二七一議席）に勝利し、政権は存続した。とはいえ、与野党間の議席差は二一議席にまで縮まっており、その後の政権運営は厳しくなった。

総選挙後のメイジャーをまず襲ったのが、デンマークでの国民投票の結果であった。マーストリヒト条約に調印した各国は、条約をそれぞれに持ち帰り、批准しなければならない。条約を発効するにはすべての加盟国の批准が必要だったのだ。ところが九二年六月にデンマークでおこなわれた国民投票でこれが僅差で否決され、ヨーロッパ統合への動きは停滞してしまう。それは九月の「ポンド危機」（後述）にも発展し、イギリス国内ではマーストリヒト条約に反対する保守党内の欧州懐疑派の勢力を強める可能性も高まった。

イギリスは、デンマークのように国民投票にかけるのではなく、議会で批准を決定する。一九九三年五月にデンマークで再度の国民投票が実施され、政府の説得策が功を奏して、今回は条約は批准された。これが追い風となり、イギリスでの議会審議も順調に進みつつあった。ところが共通社会政策からのオプト・アウトをめぐり、保守党内の造反に遭ったメイジャー政権は窮地に陥った。

七月にメイジャーは政府の信任投票に持ち込み、勝利を得た。ここで造反組を押さえ込んだ政府は、八月ついに条約の批准にこぎ着けた。

こうして一九九三年一一月にマーストリヒト条約は発効され、ECは新たに「EU」（ヨーロッパ連合）として改組されたのである。

とはいえメイジャーもこれでひと安心できたわけではない。条約批准をめぐる議会での審議からもわかるとおり、保守党は一枚岩ではないどころか、欧州懐疑派の存在がきわめて厄介となっていた。メイジャーが七月に政府の信任投票を持ち出したのは、ここで政府が負ければ解散・総選挙となり、今度は保守党の敗北もあり得たからである。その結末を恐れた欧州懐疑派が政府に票を入れたため、信任投票という峠を越えることもできたのだ。

しかも欧州懐疑派の後ろには、今や貴族院に議席を持つサッチャー男爵の影がちらほらと見えていた。メイジャーの前途はいまだ多難であった。

通貨危機と欧州懐疑派の台頭

その保守党内の欧州懐疑派が勢力を伸ばすきっかけとなったのが、一九九二年秋にイギリスを襲ったポンド危機であった。

サッチャー政権の末期、一九九〇年一〇月に当時財務相だったメイジャーは首相を粘り強く説得し、イギリスをERM（為替相場安定制度）へ加盟させた。メイジャー自身も単一通貨への参加には否定的であったが、イギリス経済に財政的な規律を課すためにも、加盟は必至と考えていたのだ。

ところが一九九二年六月に、デンマークの国民投票でマーストリヒト条約の批准が否決されると、ヨーロッパはもとより世界全体に通貨統合の実現可能性に対する不安が広がり、ＥＲＭ加盟国のなかで特に通貨が安定していなかったイタリアのリラやイギリスのポンドが売りに出されることになってしまったのである。とりわけデンマークの結果を受けて、フランスが国民投票で条約の批准を決することとなった九月、ここで再び否決されるのではないかとの不安が広まり、ポンドはＥＲＭの変動幅の限界まで下落していった。

そもそもＥＲＭは、加盟国の通貨の間に見られる為替相場の変動を抑制し、通貨の安定を目的とした制度である。この場合に基軸通貨とされたのはドイツのマルクであり、一九九〇年一〇月にイギリスがＥＲＭに加盟した際からマルクが基準となっていた。ところがちょうど同時期に実現した東西ドイツの統一により、連邦政府の支出が急激に拡大して、ドイツではインフレが生じた。その引き締め策として九二年七月にドイツ連邦銀行が金利を引き上げ、為替相場で大幅なマルク高につながったのである。

このあおりを最も受けたのがリラとポンドであった。一九九二年九月一六日（水曜日）、朝からポンドは国際的な投機筋の圧力を受けて投げ売りの状態に置かれた。メイジャーとノーマン・ラモント蔵相はその日のうちに金利を一気に五％上げたが、ポンドの下落を阻止することはできなかった。ポンドはＥＲＭで定めていた変動幅の下限を割り込んでしまい、その日の夕刻にはイギリスはＥＲＭから離脱することを表明せざる得なくなった。

「暗黒の水曜日」と呼ばれることになったこの事件は、イギリスをＥＲＭに加盟させた張本人であるメイジャー首相自身に重くのしかかってきた。のちの回想によれば、メイジャーはこの日辞任をも覚悟していたようである。この日以降の政府は、金利の引き下げによる景気拡大へと経済政策を大きく転換していく。

こうした不運もあり、翌一九九三年の議会審議における欧州懐疑派の造反は活発化した。マーストリヒト条約の批准には成功を収めたものの、九四年からは欧州懐疑派の議員らが議会内で公然とメイジャーに退陣を要求していく。特に九三年五月に財務相から更迭されたラモントが欧州懐疑派に加わり、メイジャー批判の先頭に立っていった。

一九九五年にスペインのマドリードで開かれたＥＵ理事会では、欧州単一通貨「ユーロ」の導入が本格化し、これに参加するか否かがイギリスでも焦点となっていく。欧州懐疑派はこれに反対した。さらにイギリスの肉牛に脳の神経細胞の病気に起因する「狂牛病」が見つかり、九六年三月にはＥＵがイギリス産牛肉の全面輸入禁止に踏み切った。イギリスはこの禁輸措置を解除しなければ、ＥＵで全会一致を必要とする決議のすべてに拒否権を行使すると宣言し、実際に七〇件近くもの妨害行動に出た。ＥＣ予算問題をめぐるかつてのイギリスの姿を彷彿《ほうふつ》させるような姿に、ＥＵ首脳は「サッチャーの影」を思い起こしていた。

香港返還と帝国の終焉

苦渋の選択としてＥＲＭからの離脱を決めたイギリスではあったが、逆に経済政策ではＥＵからの制約がなくなり、一九九四年以降に徐々に景気は回復していくこととなった。ところがこのような実態にもかかわらず、「暗黒の水曜日」の印象が強烈であったこともあり、保守党政権の経済運営能力に対する国民の評価は低いままであった。特にEU問題をめぐる党内の激しい対立に、国民は飽き飽きしていた。

また一九九〇年代が終わりを迎えようとする頃、スコットランドやウェールズで、国民主義《ナシヨナリズム》の台頭が見られるようになっていた。一九七九年にキャラハン労働党政権が住民投票を実施したときには盛り上がりを見せなかったスコットランドへの独自議会の設置に、住民たちの多くが必要を感じるようになっていた。これに対して、サッチャー同様に、連合王国の維持を強く主張するメイジャーは「権限委譲」（devolution）に反対していた。

こうしたなかで一九九七年五月に総選挙がおこなわれた。結果は与党保守党が一六五議席とまさかの惨敗を喫し、野党労働党は四一九議席とまさに地滑り的な大勝利をつかんだ。特にスコットランドとウェールズでは保守党はすべての議席を失った。権限委譲に頑なに反対を続けたメイジャーの姿勢が仇《あだ》になってしまったのかもしれない。

トニー・ブレア

メイジャー首相はすぐさまバッキンガム宮殿に向かい、女王に辞任を表明し、労働党の党首トニー・ブレアが首相に就任した。メイジャー自身が七年ほど前に塗り替えた四七歳という記録をさらに更新し、二〇世紀で最も若い四三歳の首相がここに誕生した。

香港返還記念式典。左から、江沢民国家主席、チャールズ皇太子、トニー・ブレア首相

その翌月の末に世界の目はイギリスから遠く離れた極東に浮かぶ小さな島へと注がれていた。若き首相が登場したイギリスはすでに「老大国」に落ちぶれて久しかったが、まだかすかに残っていた「帝国」の威光の最後の灯《ともしび》が消えようとしていた。一九九七年七月一日をもって香港を中国に返還することになったのである。

実は、サッチャー政権期の一九八二年に、イギリスは九九年間の租借条約の期限が切れるのを前に、香港島の主権を中国に返す代わりに、一定期間はイギリスが引き続き香港の管理にあたることを中国に要請していたのだが、中国はいっさいの妥協を拒否していた。話し合いは平行線をたどり続けたが八四年に英中間で香港返還に関する合意が成立した。

その後、一九九二年から保守党の大物政治家クリストファー・パッテンが最後の総督となり、立法評議会（議会に相当）における民主化を進めたが、中国側からは強い反発が見られた。それは当時、「去りゆく支配者の最後の悪あがき」のように受け止められたが、返還から四半世紀も経たない二〇二〇年頃から中国が香港に示し始めた非民主的で強引な介入策を見れば、まさに「先見の明」だったようにも思われる。

一九九七年六月三〇日に香港返還の記念式典がおこなわれた。イギリスからは女王の名代としてチャールズ皇太子が出席した。その皇太子を現地に運んだのが、イギリス王室のヨット「ブリタニア号」だった。長さ一二五メートル、重さ六〇〇〇トンに近いロイヤル・ヨットは、女工の戴冠式がおこなわれた一九五三年から四〇年以上にわたって王室の人々を世界に運んだ。九八六回の航海で、六〇〇以上の港、一三五もの国々を廻った。

しかし折からの経費節減のため、一九九七年一二月をもって「退役」が決まっていた。香港を往復する今回の旅がまさに最後のお務めだったのである。香港の返還とブリタニア号の退役は、二〇世紀も終わりを迎えようとするこの頃、大英帝国の余光が完全に消えてしまったことを象徴する出来事だったのかもしれない。

第12章

ブレグジットへの道

ブレア政権の成立――「新しい労働党《ニューレイバー》」の登場

一九九七年五月に総選挙で圧勝した労働党のトニー・ブレア首相は、上層中産階級出身で、パブリック・スクールからオクスフォード大学に進んだエリートだった。その後、妻となるシェリーとの出会いで労働党に入党し、フォークランド戦争後の一九八三年の総選挙で初当選を果たした。前述のとおり（三四二頁）、この総選挙で労働党は大敗を喫し、その後も二度続けて保守党に敗退するが、若きブレアはこの敗因を党と労働組合の癒着《ゆちゃく》にあると分析し、労働党をより広い支持基盤へと開く組織改革へと乗り出していく。

一九九四年に党首選挙を制したブレアは、所得の再分配を重視し「大きな政府」による福祉国家の維持に努めたそれまでの労働党の路線とも、「小さな政府」をめざし社会福祉の縮減を進めたサッチャー保守党の路線とも異なる、「第三の道」を模索し、各種の税収により貧困緩和のための再分配をおこなう一方で、失業者のすべてを救済するのではなく、労働意欲があり努力する失業者のみに就労支援をおこなう、新しいかたちの社会民主主義を標榜した。それは「新しい労働党」（New Labour）として有権者の心をつかんでいった。

しかしこうした政策を実際に主導したのはブレア政権に財務相として入閣していたゴードン・ブラウンだった。彼はブレアと同じく一九八三年の総選挙で初当選し、九四年の党首選にも立候補したが、ブレアとの「密約」で、時機がきたら政権を禅譲されることでブレアに全面協力を約束していたとされる。実務型のブラウンに対し、派手なパフォーマンスが得意なブレアは選挙戦も巧みで、こののち労働党の黄金時代を形成していく。

ブレア政権が成立するや、首相は経済運営についてはブラウン財務相に一任し、外交やその他の政策を自身のブレーンともいうべき少人数の側近たちとの相談だけで次々と決めていった。特にブレアは、国民からの人気をフルに活用するタイプの政治家であり、メディア戦略を担った側近のアラステア・キャンベルとともに、各種の広報を展開していく。閣僚らに諮《はか》らずに政策を進めていく彼のスタイルは「大統領型」の首相とも形容された。

そのブレアが政権に就くや早速に取り組んだのが、スコットランドとウェールズに対する「権限委譲《デヴォリューション》」であった。ブレア自身がスコットランド出身であったことも関係したが、一九九七年七月には両地方で住民投票をおこない、分権化が決まったのだ。一七〇七年以来、スコットランドに実に二九〇年ぶりに独自議会が設置されることになった。ウェールズに独自の議会が作られたのは、史上初めてである。いずれも一九九九年から審議が始まった。

次にブレアが狙いを定めたのが貴族院であった。一九一一年の議会法（二五三頁）により、すでに貴族院の権限は弱められていたが、五八年には保守党政権により貴族院の活性化を図り、「一代貴族」（Life Peer）が導入されるようになっていた。経済界、官界はもとより、学術や芸術、社会福祉などの功労者たちを一代に限って男爵に叙し、その知見を立法へといかしてもらうのである。この制度のおかげで貴族院の出席率も審議も活性化されたが、ブレアはさらに一歩踏み込み、世襲貴族たちから議員資格を剝奪しようと試みたのだ。

これにはさすがに保守党側から強い反発があがり、慎重な討議の結果、当時七五九名もいた世襲貴族が互選で九〇議席を選び、これに儀礼上必要な二議席を加えた九二名だけが世襲貴族からの議員とされた。創設当初の一代貴族は貴族院の三%程度にすぎなかったが、これで議院全体の九〇%近くが一代貴族で占められるようになったのである。

ダイアナ事件の衝撃

ブレア労働党政権が成立し、イギリスに新たな改革の波が押し寄せてきた一九九七年という年は、王室にとっても重要な転機となる一年であった。

一九七〇年代から八〇年代初頭にかけて、イギリスで景気が落ち込み街中でストやテロが横行していた頃には、王室は国民を元気づける存在となっていたが（三三八頁）、九〇年代にはいると相次ぐスキャンダルで逆に国民からの信頼を失いつつあった。特に一九九二年は、長男チャールズとダイアナ、次男アンドリューとセーラの別居、長女アンの離婚などが続き、おまけに一一月にはウィンザー城で火災が起こり、エリザベス女王は晩餐会の席で「今年はひどい年（ラテン語でAnnus Horribilis）でした」と嘆かざるを得なかった。

それから五年後の一九九七年八月三一日、前年にチャールズと正式に離婚したダイアナがパリで恋人とともに自動車事故で突然この世を去った。それからの一週間はイギリス中が熱病に冒《おか》されたかのごとく、人々はバッキンガム宮殿やケンジントン宮殿（ダイアナの住居）の前に集まり、花束やカードを門の前に置いて追悼した。機を見るに敏なブレア首相が「彼女は民衆の皇太子妃《プリンセス》だった」と即座にコメントを寄せたのに対し、もはや王室の人間ではないとしてダイアナの死に追悼の言葉を出さなかった女王は国民から強く非難された。

　滞在先のスコットランドから葬儀の前日に慌ててロンドンに戻ってきた女王は、すぐにＢＢＣのテレビを通じて国民に追悼の意を表し、翌日の葬儀にも出席して、国民の怒りも少しは収まったが、王室の支持率は急激に低下していった。

　エリザベス二世は今や国民の感情を完全に見誤っていた。彼女がダイアナの葬儀の際に接した国民は、二〇年前にジュビリーを祝った国民とは完全に別物になっていたのである。ジュビリーの二年後（一九七九年）から始まった「サッチャー革命」により、イギリスの経済は奇跡的な回復を遂げたものの、貧富の格差はさらに拡がった。巷にはこの革命から「置き去りにされた人々《レフト・ビハインド》」も大勢いたのである。こうした人々がダイアナのために一日中、宮殿の前に集まり、記帳のために何時間

現在の英国王室系図

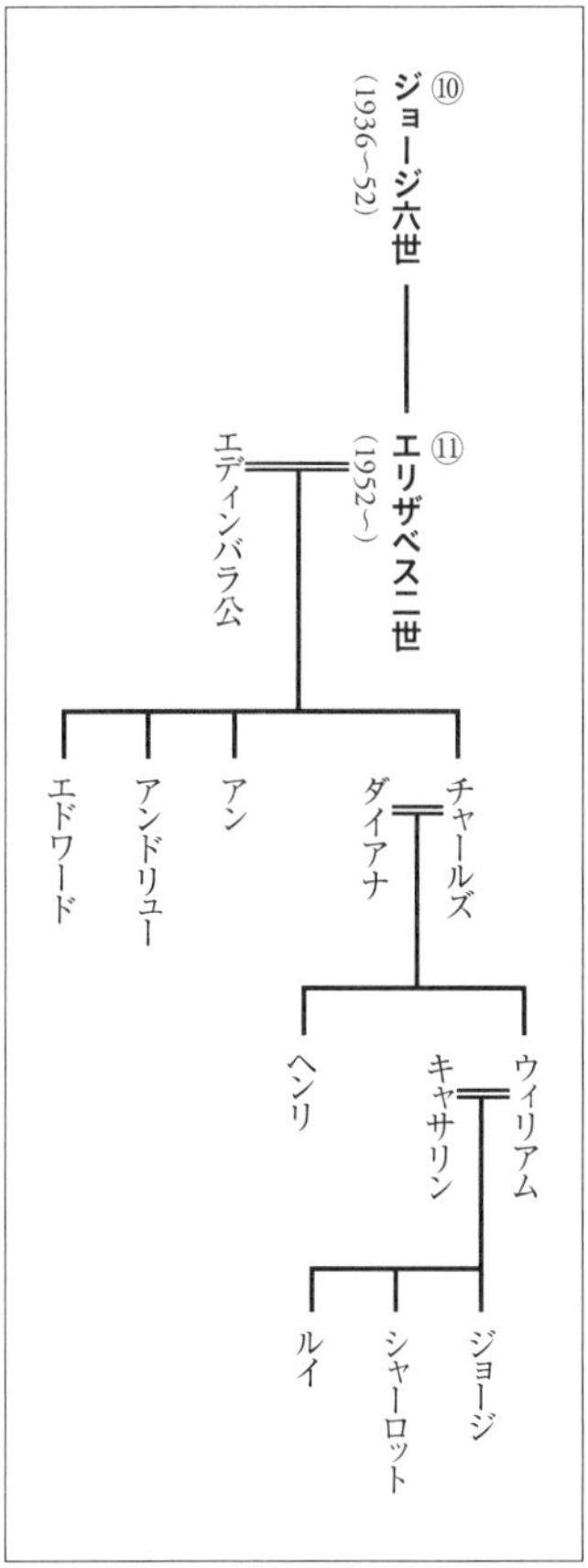

ダイアナ元王妃の葬儀

も列を成して並んでいたのだった。

イギリス王室に対する風当たりは、地球の反対側でいまだに「女王陛下」を国家元首に戴くオーストラリアでも強まっていた。一八世紀には犯罪者の流刑地、一九世紀半ばにはジャガイモ飢饉（二一七頁）を逃れようとするアイルランドの人々の移民先となっていたオーストラリアには、もともと「反イギリス（ブリテン）」という風土が拡がっていたが、それでも女王が即位した一九五二年頃には国民の六〇％が君主制を支持していた。

しかし前記の「ひどい年」（一九九二年）を境に、王室のスキャンダルが相次いで報道されるや、君主制の支持者は四〇％を切り、逆に共和制支持者が五〇％以上に達した。かつてはイギリスとオーストラリアの支配者層は政治的・経済的に密接な関係を保ち、オーストラリアの通商も防衛もイギリスに依存していたが、それも一九七〇年代にはまったく様相を異にしていた。今やオーストラリアの主要な取引相手はアジア・太平洋の国々であり、軍事的に最も重要な同盟相手はアメリカとなっていたのである。

こうした背景から、オーストラリアでは一九九九年一一月には共和制への移行の是非を問う国民投票が実施されたが、賛成四五％に対して反対五五％で君主制は維持された。とはいえ、イギリスの国内外で信頼を失いつつあった王室の声望を回復するためには、女王も王室改革の必要性を強く感じるようになっていたのである。

北アイルランド紛争の終結

ブレア政権の登場によってさらに一歩進んだ改革が、第二次世界大戦後のイギリス全体を悩ませてきた北アイルランド和平問題であった。

イギリスと同じく一九七三年にＥＣに加盟したアイルランド共和国（エール）ではあったが、八〇年代になってからも「ヨーロッパの最貧国」と呼ばれ、経済は停滞していた。それが一九九九年にＥＵが単一通貨ユーロを導入し、これに参加を決めていたエールに、アメリカなど外国系の企業が次々と投資を始めたことから状況は変わっていく。情報通信や医薬、金融など高い付加価値をもった企業がユーロ圏と英語圏に同時に属するエールに拠点を築いたのである。こうしたエールの経済成長も和平への追い風となっていく。

とはいえ紛争の中心地である北アイルランド（アルスタ）では、相変わらず景気は悪く、一九九〇年代にはいってからも内戦状態が続いた。こうしたなかで一九九三年一二月にはイギリスのメイジャー首相とアイルランドのアルバート・レノルズ首相が共同声明（ダウニング街宣言）を発表した。民族自決権を承認し、アルスタの分離に最も反対するシン・フェイン（二六二頁）に協議に参加することを呼びかけた。この後、ＩＲＡ（暫定派）は翌年には停戦を宣言し、九六年にはアメリカのクリントン大統領が来訪し、イギリス・アイルランド双方のすべての党派を招いての協議へと弾みがつけられた。ところが党派間の対立は根深く、交渉は難航した。ＩＲＡは再び停戦を破棄して、爆破事件まで引き起こした。

一九九七年五月に政権に就《つ》くやブレア首相はすぐさまベルファストに飛び、シン・フェイン幹部に和平協議と武装解除とを切り離すことを条件に、協議に参加するよう促した。これを受けてＩＲＡは再び停戦を宣言し、シン・フェインも含めた全党会議が九月から始まった。しかしここで南北統一に反対するユニオニストが退席し、協議は平行線をたどる。

一九九八年に入り事態はさらに悪化を見せたが、ブレア政権の北アイルランド担当相モー・モーラムらの粘り強い交渉も奏功し、各地に広がりを見せていた和平を望む市民集会の力も受けながら、四月一〇日ついに北アイルランド和平合意が成立した。その日はこの年のイースター前の金曜日（イエスが磔《はりつけ》にされた記念日）であったため「聖金曜日の合意」（Good Friday Agreement）と名づけられた。

この合意により、それまで交渉の基本原則となってきた「アイルランドの特性尊重」と「権力分有」（三二〇頁）がより具体化され、武装解除、警察改革、受刑者釈放などが進められた。シン・フェインをはじめ各党派がそれぞれの党大会でこの合意を承認した。これに反対する党派ももちろんあったが、ベルファストで開かれたロック・コンサートではアイルランドを代表するＵ２のボノ（ボーカリスト）が、アルスタ統一党（ユニオニスト）のデイヴィッド・トリンブルと社会民主労働党（南北統一派：ナショナリスト）のジョン・ヒュームという長年の宿敵同士を握手させ、合意への賛成キャンペーンにひと役買った。

五月に実施された住民投票では、エール（九四％）とアルスタ（七一％）の双方で賛成票が勝利を収め、翌六月の北アイルランド議会選挙でも合意に賛成した諸党派が得票を伸ばし、トリンブルを首班とする政権が成立した。それでも合意に反対するプロテスタント勢力による暴動も生じたが、この年のノーベル平和賞がトリンブルとヒュームに与えられ、翌一九九九年には北アイルランド権力分有行政府が成立した。こののち一時混乱が生じたが、最終的には二〇〇七年に再び行政府が設置され、イギリスによる統治は終結した。

ヨーロッパへの歩み寄り

ブレア労働党政権が、外交の分野でそれまでの保守党政権と最も異なる方針を示したのが、対ヨーロッパ政策であった。政権に就いた半年後の一九九七年一一月には、ブレアは早くも二〇年にわたる孤立を終わらせ、イギリスはヨーロッパの主要なパートナーになると演説し、翌九八年からはまずは防衛政策で歩み寄りを見せていった。さらにはそれまで適用除外《オプト・アウト》を受けていたヨーロッパ社会憲章も批准し、ブレアはEUでも主導権を握ろうと奔走する。

そのような彼の目標となったのがユーロへの加盟だった。ただしこれについては経済を任されたブラウン財務相が待ったをかけたのである。一九九七年一〇月の段階でブラウン財務相は、①景気循環と経済構造がユーロ圏と一致するか、②外的な問題に充分に対応しうる経済の柔軟性があるか、③イギリスに投資する企業の長期的経営判断に好影響が及ぶか、④シティの金融業の競争力にとってプラスとなるか、⑤安定的な経済成長と雇用を促すか、という五つの条件が満たされなければ、ユーロには加盟できないと明言していた。

ユーロ加盟を何としても実現したかったブレア首相だが、この問題はブラウンに握られてしまう。しかし逆に言えば、この五つの条件がすべて満たされさえすれば、いつでもイギリスはユーロに参加しうるとの可能性を残したわけである。

ユーロは、一九九九年一月から決済通貨としての使用が開始され、二〇〇二年一月からは紙幣と貨幣の流通も始まった。これにともなってイギリス国内ではユーロへの参加をめぐる議論も活発化していく。ブレアは保守党でもヨーロッパ寄りのヘーゼルタインや自由民主党党首のチャールズ・ケネディらと「ヨーロッパのなかのイギリス」というグループを結成し、世論を喚起しようと試みたが、イギリスの世論は概して加盟には消極的だった。

他方ですでに述べたとおり、ブレア政権によってスコットランドやウェールズへの権限委譲がおこなわれ、それぞれの地域がブリテン島という枠組みだけではなく、ヨーロッパという枠組みとも結びつくようになっていた。また和平の合意が成り立ったアイルランドでもエールとアルスタの境界線は厳然として存在したものの、これもヨーロッパ（EU）という枠組みのなかでは明確に規定しなくて済むという見方を残してくれたのである。

しかしこの点は、のちにイギリスが「ブレグジット」へと踏み切る際に、大きな問題を突きつけてくることとなる（後述）。

今や「二つのサークル」となったもうひとつのアメリカとの「特別な関係」においては、クリントンと大統領就任時から肌の合わなかったメイジャーとは異なり、ブレアはすぐにクリントンと良好な関係を築いた。一九九八年には、アメリカによるアフガニスタン、スーダンへの空爆を擁護し、イラク攻撃（砂漠の狐作戦）にも参加し、九九年のNATO軍によるユーゴ攻撃（コソボ空爆）の際にもアメリカと緊密な連携を取っていく。

こうしてブレアとクリントンとのあいだで英米の「特別な関係」が再び強固なものとなり、それは一九九八年四月の「聖金曜日の合意」の際にも、アメリカ政府からの全面的な支援を取り付けていく背景となっていった。

二〇〇一年六月の総選挙で、労働党は再び四一二議席という圧倒的な多数を獲得した。保守党は前回より一議席多いだけの一六六議席にとどまった。ブラウン財務相による経済政策のおかげで景気は好調となり、国際政治でもヨーロッパ連合のなかでも一定の強い発言力を持つようになったブレア政権に対する国民の信頼は高まりを見せていた。

イラク戦争とブレアの孤立

ところがここにブレアにとって思いがけない大事件が発生する。二〇〇一年九月一一日、アメリカで同時多発テロが起こったのである。首謀者（イスラーム原理主義組織）の背後には、アフガニスタンのタリバン政権がいることが判明し、アメリカのジョージ・ブッシュ（子）大統領はアフガンへの侵攻を決定する。ここでブレアはすぐさま動いた。ブレアにとってはアメリカを国際的に孤立させないことが第一であった。わずか八週間で五四回も各国首脳との会談を重ね、アフガンへの侵攻は多国籍軍によって決行された。

タリバン政権がわずか一ヶ月で陥落すると、ブッシュ大統領の次なる野望は父の時代に止めを刺せなかったフセイン政権下のイラクへの侵攻となった。イラクが生物・化学兵器等の大量破壊兵器を所有しており、そのうちのいくつかは「四五分以内に配備可能」という調査結果に基づく判断であるとされた。この調査は確固たる証拠に基づくものではなく、閣僚たちからでさえ異論が出されたが、ブレアは今回もアメリカを孤立させてはならないとの見解から、またもや側近たちへの相談だけでアメリカとの共同歩調を決意したのだ。

このときばかりは世界中から非難の声があがり、二〇〇三年二月にはイギリス史上でも未曾有《みぞう》の反戦デモが起こり一〇〇万人以上が参加したとされている。

それでもアメリカとの「特別な関係」を重視するとともに、先のアフガン戦争とは異なり、アメリカだけでイラク攻撃をおこなえばそのまま暴走する可能性をも考慮したブレア首相は、あくまでもアメリカとともに行動する姿勢を崩さなかった。開戦を前に、庶民院では一〇時間以上にわたる審議がおこなわれ、賛成多数で参戦は承認されたものの、労働党では一三九人もの議員が造反した。二〇〇三年三月二〇日についにイラク戦争は勃発した。このときもわずか一ヶ月ほどでフセイン政権は倒壊し、戦争は終結した。

ところが問題はそれからだった。開戦理由となった大量破壊兵器など、実はなかったのだ。情報提供者の科学者が自殺に追い込まれ、議会内に設けられた調査委員会による大量破壊兵器に関する政府報告書に深刻な欠陥が見られたものの、特定の人物に責任を帰する問題ではないとする結論に落ち着いた。とはいえブレア首相の責任は大きいものだった。

さらにイラク戦争参戦で傷ついてしまったのがヨーロッパとの関係であった。ブッシュ政権による強硬な姿勢に、フランスやドイツが開戦反対の立場を貫いたが、そのあおりを受けてイギリスと両国との関係は悪化していく。また二一世紀にはいり、サッチャー革命の成果がようやく出始めたことと、ブラウン財務相の巧みな財政手腕とにより、イギリスの経済成長はめざましくなっていた。それはユーロ圏諸国の成長率を上回るものとなった。このため、二〇〇一年の選挙公約に入れられていたユーロ参加に関わる国民投票は見送られることとなり（〇三年六月）、EUの政治的権限を強化するEU憲法の制定にあたっても、イギリスは税制や外交・防衛に関わる制限を設けさせ、しこりを残すこととなったのだ。

このように国内外で孤立する状況になったとはいえ、未曾有の好景気を背景に、二〇〇五年の総選挙で労働党は前回より五〇以上も減らしたとはいえ、それでも三五六議席を獲得して政権を維持した（保守党は一九八議席）。その年の七月にスコットランドのグレンイーグルズでブレアを議長にG8（サミット）が開催されたが、同時期にロンドンの地下鉄やバスで同時多発テロが生じ、五〇人以上の死者を出してしまった。二〇〇七年六月にブレア首相は一〇年に及ぶ政権に幕を閉じ、ブラウンに政権は譲られた。

ブレアからブラウンへ——労働党政権の終焉

一〇年以上に及んだブレア政権の成功の秘密は、めざましい経済成長と国民から人気を博したブレア型の政治スタイルとにあった。ブレアに比較すると、実務型のブラウン首相はあまり目立つタイプではなく、国民へのアピール度も低いものであった。しかし、経済成長を実質的にもたらしていたのが財務相だったブラウンであり、その点はブレア自身も認識していた。こうしてブラウンはようやく自ら政権運営を進められる立場に立った。

ブラウンはまずはブレアが進めた「大統領型」の政治に終止符を打った。ブレアが時として閣僚たちの意見を聞かず、側近たちだけとで重要な決定を下すことにブラ

ゴードン・ブラウン

ウン自身も内心忸怩《じくじ》たる思いをしていたのである。特にイラク戦争開戦の際の教訓をもとに、対外開戦については首相の決定権を制限・放棄し、議会を重視することが約束された。

こうした合意型の政治は、なるべく敵を作らないブラウンらしい手法ではあったが、彼が長年ブレアの影のような存在に置かれてきたのは、ブラウンにはブレアのような決断力や指導力に欠けているのではないかとの懸念が見られたからである。実際に同じ党内での「禅譲」とはいえ、政権の顔が交替したのであるから国民に信を問うために解散・総選挙をおこなうというのが、これまでのイギリス議会政治の常道であったが、いつまでも解散・総選挙に打って出られないブラウンの姿勢は、国民には「優柔不断」と映っていた。

さらにブラウンにとって不運とも言うべき事態が生じた。政権成立からわずか一年ほど後の二〇〇八年九月に、アメリカの大手金融会社の経営破綻に端を発する巨大な金融危機が世界を襲ったの

である。世にいう「リーマン・ショック」である。特にサッチャー政権による「ビッグバン」以来、金融部門でめざましい成長を遂げてきたイギリスにとっては金融危機の衝撃は大きなものとなってしまった。

とはいえもともと経済政策の手腕で知られた首相である。ブラウンはピンチをチャンスに換えようと、一〇月には他国に先がけて公的資金を金融機関に投入することを発表し、さらに先進各国の首脳らと頻繁に協議し、各国で一致団結して財政出動をおこなうことの重要性を説いたのである。こうした国際的な指導力は、それまでの「優柔不断」な印象を払拭《ふっしょく》し、ブラウンと労働党に対する国民からの信頼度は一気に上がっていった。

ところが事態は一変する。初動で素早い指導力を発揮したブラウンであったが、翌二〇〇九年になってからも経済は回復せず、混迷は深まるばかりとなったのである。これまで金融業を中心としたイギリスの経済成長を支えてきた産業構造が、とりわけ金融危機に対する脆弱性を露呈する結末となったのであろう。世界的にも金融・経済危機が終息しないなかで、再びブラウンも労働党も国内で評価を下げることとなった。

こうしたなかで二〇一〇年四月に議会は解散され、五月に総選挙が実施された。この頃までには金融危機も少しは終息し、ブラウンとしては満を持しての解散となった。しかし対する保守党ではブラウンより一五歳も若く、「ブレア型」の積極的なアピールで国民を惹きつけていたデイヴィッド・キャメロンが着実に支持率を伸ばしていた。選挙結果は、保守党が三〇七議席、労働党が二五八議席となり、いずれの政党も単独過半数を制することのできない「宙ぶらりん議会」（hung parliament）の状態となった。このの ち第三党の自由民主党（五七議席）が保守党との連立案に合意し、キャメロンが政権を担うこととなった。こうして労働党による一三年にも及んだ政権は終焉を迎えることとなった。

ロンドンオリンピック開会式でのエリザベス女王の開会祝辞

ダイヤモンド・ジュビリーとロンドン・オリンピック

二〇一〇年五月にキャメロンはバッキンガム宮殿に参内し、エリザベス女王から首相の大命を降下されることになった。キャメロンは女王にとって一二人目の首相であった。このキャメロンとともに、女王は二年後に世紀の大典を二つ続けて挙行することとなった。自身の「在位六〇周年記念式典」（Diamond Jubilee）とロンドンでのオリンピックである。

一九九七年夏の「ダイアナ事件」（三六六頁）を機に、王室は各種の改革に乗り出していた。まずは国民の多くが「王室は国民の税金で賄われている」という誤った認識を抱いていることを解くことから始めた。イギリスの王室は清教徒革命と名誉革命（第5章）の後から、莫大な所領収入をすべて議会に預け、その一部を「王室費」として毎年支給されている経緯を説明した。さらに「国民のために慈善事業に精を出していたのはダイアナ妃だけ」という誤解も解いていく。ダイアナがチャリティに関わったのは最晩年の少しの期間だけだった。しかしイギリス王室はヴィクトリア女王の時代（一九世紀半ば）からチャリティを牽引し、王族だけで三〇〇〇もの団体の総裁・会長を務め日夜尽力してきたのである。

しかしそれはこれまでのように「慎ましく」やっていてはダメである。一九九七年から立ち上げたホームページをはじめ、YouTube、Twitter、Instagramなど各種のSNS（Social Networking Service）を通じて喧伝する必要があった。こうした地道な努力が実を結び、ダイアナ事件から一五年もの歳月を経た二〇一二年六月に、国民総出で女王の慶事を四日間にわたって祝うことになったのだ。これに先立ち、女王の子どもたちや孫たちが世界に拡がるコモンウェルス諸国を歴訪し、各国とも友好を温めた。

さらにこの年の七月からは、ロンドンで三度目（一九〇八、四八年に次ぐ）のオリンピックが開催された。二〇四の国と地域から一万一〇〇〇人のアスリートたちが集まり、二六競技三〇二種目でその力を競い合った。七月二七日の開会式では、映画監督のダニー・ボイルが演出を担当し、数多くの名優たちが出演するイギリスの歴史を題材とした音楽劇が上演された。さらに突如巨大スクリーンにバッキンガム宮殿があらわれ、ダニエル・クレイグ演ずるジェームズ・ボンド（映画『007』）がエリザベス女王とともにヘリコプターで会場に駆けつけスカイダイブする場面から切り替わり、会場に本物の女王陛下が登場して、世界中をあっと言わせた。さらにサー・サイモン・ラトルが指揮するロンドン交響楽団の『炎のランナー』のテーマ曲演奏にイギリスのコメディ界を代表するローワン・アトキンソンが、彼の代表作のキャラクター「ミスター・ビーン」として出演するなど、会場を大いに沸かせた。

一七日間にわたる競技で、イギリスはアメリカ、中国に次ぐ第三位の金メダル（二九個）を獲得した。そのなかには、この翌年（二〇一三年）のウィンブルドン選手権でイギリス選手として実に七七年ぶりに優勝を飾る、テニスのアンディ・マリーも含まれていた。

さらに八月末からは同じくロンドンでパラリンピックが開幕し、一六四の国と地域から四三〇二人のアスリートが集結し、二〇競技五〇三種目に出場した。ここでも開会式には女王夫妻やこの前年に結婚した女王の孫ウィリアム王子とキャサリン妃の夫妻が出席し、名優サー・イアン・マッケランらがやはり見事な音楽劇を演じて、人々を魅了した。

このパラリンピックでも一一日間にわたる競技で、イギリスは中国、ロシアに次ぐ第三位の数の金メダルを獲得している。二〇一二年は王室の慶賀と世界的な競技大会によって、イギリスの不況からの回復を印象づけたかのような一年となった。

スコットランド独立の機運

オリンピック競技では団結を見せた「イギリス（ブリテン）」であったが、サッカーやラグビーが示すように、ブリテン島の内部には一九九九年以来、スコットランドとウェールズにも独自議会が設置されていた。九七年の住民投票ではわずかな差で議会設立が決まったウェールズとは異なり、スコットランドでは賛成七四・三%、反対二五・七%という圧倒的な大差で独自議会が設置された。ただし議会はあくまでも地域に関する立法のみに限定され、王権や外交、防衛や財政、通貨や社会保障など多岐にわたる「留保条項」（Reserved Matters）が設けられ、それらはウェストミンスターの議会のみに決定権が委ねられていた。

議会の設立当初は、こうした留保条項に掲げられた権限をさらに委譲させる要求はなく、それは労働党や自由民主党が議会（全一二九議席）内の多数派を占めていたことによっていた。ところが二〇一一年の議会選挙では、さらなる権限委譲を求めるスコットランド国民党（ＳＮＰ）が六九議席を獲得し、単独過半数を制したのである。スコットランド独立を掲げて結成されたＳＮＰは一九三四年の創設当初は弱小政党にすぎなかったが、七〇年代からの国民主義《ナショナリズム》の潮流に乗って、国政選挙で徐々に勢力を拡大していた。

特に一九七〇年代半ばになると、北海油田の発見・開発により北東部のアバディーンは一大拠点へと発展した。ところがその利権の多くはロンドン（シティ）の石油資本に吸い上げられ、現地の人々の怒りを誘発した。とはいえ北海油田の収益は確実に上がり、八〇年代からは情報通信（ＩＴ）産業の拠点もスコットランドに置かれるようになり、人々は次第に「イギリスからの独立」を真剣に考えるようになっていく。

こうしたなかでスコットランドの人々の心をとらえるようになったのがＳＮＰだった。二〇一一年の議会選挙ではイギリス（ブリテン）からの分離独立を問う住民投票の実施を公約に掲げており、単独過半数を得たスコットランド首相（正式には第一大臣）アレックス・サモンドはロンドン・パラリンピックが終了した翌月（二〇一二年一〇月）にキャメロン首相とエディンバラ協定を結び、分離独立への賛否を問う住民投票（レファレンダム）を二〇一四年内に実施することで合意した。

スコットランドのニコラ・スタージョン首相と会見する女王

二〇一四年といえば、バノックバーンの戦いでロバート一世がスコットランドの独立を事実上勝ち取ってから七〇〇周年にあたっていた（九七頁）。九月一八日に実施された投票には、なんと有権者の八四・六％が票を投ずるという前代未聞の投票率となった。しかし結果は、分離独立に賛成が四四・七％で反対が五五・三％となり、分立独立は否決された。敗北の責任を取るかたちでサモンドは辞任し、新たにニコラ・スタージョンがSNP党首と首相に選ばれた。スコットランドで初の女性首相の誕生である。

住民投票では敗れたものの、スタージョンは人々を惹きつけた。二〇一五年の総選挙と一六年の議会選挙の双方で、SNPは勝利をつかんだのだ。さらに一六年六月のEU離脱をめぐる国民投票（後述）では、イギリス全体では離脱派が勝利を収めたが、スコットランドでは六二％がEU残留に票を投じていた。スコットランドの主要産業の取引相手はEU諸国に集中しており、この結果に不満を抱いたスコットランドでは再び分離独立の機運が高まったかに見えている。二〇二一年五月の議会選挙でSNPは六四議席を獲得し、同じ独立派の緑の党と連立を組んで、再度の住民投票を実施するよう議会に諮《はか》ることとなった。

運命の国民投票――二〇一六年六月二三日

一九七五年にＥＣ残留の是非を問う国民投票がおこなわれて以来、イギリスでは地域での住民投票や国民投票という手段が頻繁に用いられるようになった。これはウェストミンスタの国会議員に対する国民からの不信感も反映してか、国民の側から投票を要求する声が高まりを見せていったこととも関係していた。そのような流れのなかで実施されたのが、二〇一六年六月二三日のＥＵ離脱の是非を問いかけた国民投票であった。

ブレグジットの分布地図

第10章以降で見てきたとおり、そもそもイギリスではＥＣに加盟した当初から分担金の問題などで、ＥＣ加盟国であることへの賛否両論が国内に併存していた。ＥＵへと変貌を遂げさらに加盟国が東欧諸国にも一気に広がり、ＥＵの規程に基づき東欧諸国からイギリスに大量の移民が流れ込むようになると、国民の不満はさらに高まりを見せていく。

保守党内で一定の勢力を築くよう

になっていた欧州懐疑派への懐柔策もあり、キャメロン首相は二〇一五年の選挙綱領《マニフェスト》にEUとの間で加盟条件の再交渉をおこない、その新たな条件でEUに残留するのか、離脱するのかを問う国民投票を実施するとの公約を掲げた。EUとの再交渉では、非ユーロ圏としての正当な利益の尊重や、イギリスが保有する各種問題に関わる主権、EU加盟国からの労働移民の問題がやはり争点となり、キャメロンは福祉、移民、金融に関する一定の権限をEUから取り戻すと宣言していた。

この頃までにイギリス政界で侮りがたい存在となっていたのが、保守党内の欧州懐疑派だけではなく、EU成立とともに結成されたイギリス独立党（UKIP）であった。特に独特のカリスマ性を持つ党首ナイジェル・ファラージが、EU残留と移民問題とを巧みに絡めて、大々的な離脱キャンペーンを展開したのも大きなインパクトをもった。

こうした党内の欧州懐疑派とUKIPの動きを緩和し、EUへの残留を確固たるものにするためには「国民投票」しかないとキャメロンは確信した。彼はたとえ僅差となっても残留派が勝利を収めると信じて疑わなかった。ところがそれが落とし穴となってしまった。

二〇一五年の総選挙で保守党は三三一議席を獲得し、単独過半数を制した。選挙綱領での約束どおり、翌一六年六月に国民投票が実施されたが、離脱票（五一・九％）が残留票（四八・一％）をわずかに上回り、EU離脱が多数となってしまった。特に地方に住む高齢者に離脱派が多かったとされるが、彼らは「英国病」の時代から経済衰退の犠牲者となり、リーマン・ショックと移民急増に特に危機感を募らせていたとされている。また離脱派は総じて学歴が低い人たちが多く、文化的に多様性や多文化主義を受け入れられない層だったようだ。彼らはUKIPや大衆紙による離脱運動に共鳴するところが多かったのであろう。

これに対して高学歴者が多い都市部の若者層は、多文化共生を是とする教育を受けてきており、イギリス経済がEUなしには立ちゆかないことも充分認識していた。しかし彼らにはキャメロン首相と同じく、最後は残留派が勝利するに違いないという傲慢さや自信過剰が見られた。六五歳以上の高齢者の投票率が九〇%だったのに対し、若者層（一八～三四歳）の投票率は六五%であった。彼らが高齢者と同じくらい投票所に駆けつけていたら大勢は変わったかもしれない。

それと同時に二一世紀のイギリスでは有権者と国会議員との認識のズレも大きくなっていた。議員に占める大卒者の割合は八割を超え、労働者階級出身の議員は三%に減少した。サッチャー革命以後の経済成長から「置き去りにされた人々」はもはや議員を信用しなくなっていた。ちなみに国会議員の大半はEU残留に票を投じたとされている。

離脱交渉の難航――イギリス議会政治の限界？

国民投票の直後にキャメロン首相は責任を取って辞任し、二〇一六年七月に保守党党首ならびに首相に選出されたのが前内相のテリーザ・メイであった。サッチャーに次ぐイギリスで二番目の女性首相である。メイ首相は当初、離脱を強硬に進める姿勢を示し、主要閣僚も離脱派で固めていたが、もともとが残留派だった彼女には最初から限界があった。

彼女は離脱申請をおこない協定が合意されるまでは政府が責任を持ち、議会は最終段階でその可否を決すればよいと、あくまでも政府主導で離脱交渉を進めようとした。さらに翌一七年一月には

「合意なき離脱は悪い合意よりまし」という不退転の決意も示していた。しかし保守党内の左右両派から突き上げを受けていく。離脱派からすればメイは残留派であり信用ができない。残留派からすればメイは裏切り者となった。党内や議会内での基盤を確固たるものにしようと、メイは六月に総選挙に打って出ることにした。

イギリス議会では、二〇一一年に制定の「議会任期固定法」により総選挙は五年ごとにおこなわれることが決められたが、庶民院の三分の二以上の賛同を得れば議会は解散できた。このときは野党労働党も同意し総選挙となったが、保守党は三一七議席にとどまり、過半数を制することができなかった。これがメイ政権の立場を逆に弱めてしまった。

この間に二〇一七年三月に離脱交渉が進められ、二年以内にイギリスはEUから離脱することが正式に決まる。ここで特に問題となったのが、①イギリス在住のEU市民とEU在住のイギリス国民の権利、②イギリスが支払う離脱清算金、③イギリス領北アイルランド（アルスタ）とアイルランド共和国（エール）の国境問題、の三つである。

特にアイルランドにおける国境問題は、一九九八年の「聖金曜日の合意」（三七〇頁）にも関わっており、こののち北アイルランド紛争が再燃する危険性も伴っていた。ここで最終合意が見られない場合には、北アイルランドのみをEU単一市場と関税同盟に残すという「バックストップ」という提案も出されたが、メイ政権に協力する北アイルランドの民主統一党（ユニオニスト）からすれば、それは北アイルランドとブリテンとを事実上は分けてしまう「裏切り」にほかならなかった。メイの立場はきわめて弱かった。

しかしこのバックストップを盛り込んだ離脱協定案は、二〇一九年一月に庶民院にかけられ、賛成二〇二票、反対四三二票で否決される。保守党からは一一八名という大量の造反者が出ていた。微修正がおこなわれた次の協定案も三月にやはり否決されたが、その翌日には庶民院で「合意なき離脱」には反対する修正案が可決される結果となった。こうした庶民院の曖昧な態度には、メイ首相だけでなく国民全体が呆れかえり、イギリス議会政治も地に堕ちたことを印象づけることとなる。

さらに三度目の採決でも協定案は否決され、メイ政権は野党労働党との直接交渉に切り替えるが、一ヶ月にわたった交渉でもついに合意に達することはできなかった。二〇一九年五月にメイ首相は首相官邸前で涙ながらに退陣表明をおこなった。当初はEUとの間で巧みに交渉を展開したメイであったが、もともと党内に強固な基盤を有しておらず、左右両派を懐柔できなかったのが仇となってしまった。党内に基盤がなければ議会をおさえることはできず、議会をおさえられなければEUとの交渉もうまくは進まない。

七月の保守党党首選挙では離脱派の代表的な存在であったボリス・ジョンソンが選ばれた。国民はこの毀誉褒貶《きよほうへん》の激しい特異な政治家にその後の進路を託すこととなった。

EU離脱の実現とコロナ禍の襲来

イギリス議会内の混迷により、すでにEUからの離脱期限は二〇一九年一〇月三一日に延期されていたが、最後には優柔不断に陥ったメイ首相とは異なり、期日を守るためにはジョンソン首相は「合意なき離脱」をも辞さない態度を最初から鮮明に打ち出していた。そのため彼はいきなり手段

ボリス・ジョンソン

を選ばない方策に出る。首相就任から一ヶ月ほど後、八月末にジョンソンはスコットランドで休暇中のエリザベス女王の許《もと》に特使を送り、議会を五週間閉会したいと承認を求めた。ところが九月にはこの女王への進言は違法であるとの判決が最高裁判所で下されてしまう。女王を巻き込んだこの事件は幸先の悪いスタートとなった。

ところが「辣腕宰相ボリス」は、争点となっていたアイルランドでのバックストップに換え輸出入に関わる検査等は北アイルランドとブリテンの間でおこない、北アイルランドには商品に関するＥＵの規制を一部適用させ、ＥＵ単一市場への入口とするが、四年後には北アイルランド議会での投票でＥＵ規制適用の継続を決定できるといった議定書がイギリスとＥＵとの間で合意を見た。「合意なき離脱」をも辞さないジョンソンにはＥＵ首脳らも警戒しており、できる限りの混乱を避けるために議定書に合意したと言われている。

民主統一党はこれにも反発したがジョンソンは彼らを見限っていた。保守党欧州懐疑派の支持も取り付け、議会内の審議では敗れたものの、ジョンソンは早期の解散・総選挙を狙った。再び庶民院の多数の支持を得た政府は、ＥＵ離脱期限を二〇二〇年一月三一日に延期してもらい、一九年一二月に総選挙となった。結果は保守党の圧勝だった。三六五議席という単独過半数を制したジョンソン保守党が、明確な態度を出せなかったコービン労働党（二〇三議席）に勝利したのである。全野党に対し八〇議席以上の多数を得た政府は、二〇二〇年一月にEU離脱協定法を成立させ、ここに離脱は実現したのである。

ところがこのジョンソンの「快挙」と同時期にイギリスは次なる災禍に悩まされることとなった。離脱のその日二〇二〇年一月三一日にはすでに世界を席巻するようになっていた新型コロナウイルス（COVID-19）の感染者がイギリスでも確認されたのである。未知のウイルスの登場に対し、イギリスでは当初、大多数の国民をわざと感染させて感染の連鎖を断ち切ろうとする「集団免疫」政策を採ったがこれが裏目に出た。ジョンソン首相自身も感染し、一時は重篤となった。のちに政府自身も失敗を認めて謝罪したが、この初動の誤りで一〇月末までにはイギリスで一〇〇万人を超す感染者を出してしまう。

ここですぐさまイギリスはワクチンの開発と接種で切り抜けていく対策に変換していく。それまでの「緩和」から「封じ込め」に切り替えられたのだ。飲食店や娯楽施設は閉鎖され、外出は生活必需品の購入などに限られる「ロックダウン」の実施である。ロンドンをはじめ、主要都市はすべて封鎖され、まるでゴーストタウンのように静まりかえった。

この間にイギリスではワクチンの開発が急ピッチで進められた。二〇二〇年九月までには、西欧で初めてのワクチン開発に成功した。ただし一二月になると、今度は「変異株」と呼ばれる、より感染力の強いウイルスが拡がった。その後ワクチンはイギリス国民の多くに接種され、二〇二一年四月までには地方都市から徐々に封鎖が解除されていった。

しかし一年以上のあいだに、イギリスでは四四〇万人以上が感染し、一二万人を超える人々が命を落とした。さらにロックダウンは経済にも暗い影を落とし、新型コロナウイルスはイギリスのみならず世界中が大きな衝撃を受ける事態となった。

プラチナ・ジュビリーへ

ジョンソン首相が新型コロナウイルスに倒れ、ロンドンの病院に入院した二〇二〇年四月五日の夕刻、イギリス国民の多くがひとりの女性の姿に感銘を受けていた。この四月で満九四歳の誕生日を迎えるエリザベス二世女王だった。ロンドンが封鎖されるなか、女王も大事を取って郊外のウィンザー城に移り、この日BBCのテレビを通じて国民にメッセージを寄せたのである。それはこれよりちょうど八〇年前、一四歳の王女がBBCラジオを通じドイツ空軍の攻撃に耐える全国の少年少女を激励した姿を彷彿《ほうふつ》させるものだった。

この日の放映を生《なま》で視聴した国民は二四〇〇万人を超え、ユーチューブを通じて視た人まで加えればほぼ全国民といってもいい数に達したとされている。

二〇一二年に国民と「在位六〇周年記念式典《ダイヤモンド・ジュビリー》」を盛大に祝ったエリザベス女王は、その後も八面《はちめん》六臂《ろっぴ》の活躍で国を支えた。その前年の二〇一一年には、イギリスの君主としては初めてエール（アイルランド共和国）を公式訪問した。女王訪問に際しては反対活動も見られたが、彼女が追悼の庭園で独立の闘士たちに花輪を捧げて黙禱するや、反対の声は消えた。三年後には女王はエールのヒギンズ大統領を初めてイギリスに迎え入れた。また夫フィリップの叔父マウントバッテン暗殺（三三一頁）の首謀者たちとも、一二年の北アイルランド訪問時に固い握手を交わし、北アイルランド紛争後の和解にも尽力した。

そしてイギリスによるEU離脱が明確となった二〇一七年三月からは、メイ政権による要請もあり、王室は一家総出でEU加盟国への親善の旅に出ることとなった。トップバッターは王室一の人気を誇るウィリアム王子とキャサリン妃であり、二人はオランド大統領の待つパリへ向かった。また同年七月には二人はジョージ王子とシャーロット王女の幼子を連れてドイツを訪れ、メルケル首相から大歓待を受けている。彼らにはもちろん職業外交官らが随行し、相手国との交渉によりEU離脱をスムーズに運ぼうと努力した。

さらに二〇一八年五月に結婚したハリー王子とメーガン妃も、七月にはエールを訪れて大歓迎を受けた。また、九〇歳を過ぎた高齢の女王は、スペイン国王（一七年）やオランダ国王（一八年）などを国賓として歓待するとともに、EU離脱後に関係をさらに強化する必要のあるアメリカのトランプ大統領（一九年）や日本の今上天皇（二〇年春の予定であったがコロナ禍で延期）も歓待し、政府に全面的に協力していった。

ところがそのような「王室外交」の一翼を担ったハリー王子とメーガン妃が二〇二〇年一月に突如王室を離れ、アメリカで生活することを発表した。女王は王子に一年間の猶予を与え再考を促したが、二一年二月にハリー夫妻はすべての公務や「殿下」の称号を手離し、アメリカでの生活を続けた。そればかりかテレビのインタビュー番組では自分たちが王室を離れたのは人種差別があったからだと答え、世界中に大きな衝撃を与えた。

その矢先の二〇二一年四月には、女王の最愛の夫であるフィリップが一〇〇歳を目前に大往生を

フィリップ殿下の葬儀（左側手前がエリザベス女王）

遂げた。殿下の生前からの希望とコロナ禍の影響もあり、葬儀はウィンザー城のセント・ジョージ礼拝堂で親族だけでひっそりとおこなわれた。コロナ禍のための「社会距離」（ソーシャル・ディスタンス）を取る必要性もあったが、礼拝堂でひとりぽつんと寂しく着席する女王の姿は人々の涙を誘った。

しかしその女王も二〇二二年にはイギリス史上初めての「在位七〇周年記念」（Platinum Jubilee）を迎える予定である。コロナ禍の国民を励まし、フィリップ没後もすぐに公務に復帰した九五歳の女王とともに、イギリスの歴史は新たな局面を迎えていく。

それはなんといってもイギリスの王室を訪問したことでありまして、そのイギリスの王室はちょうど私の年頃の前後の人が多くって、じつに私の第二の家庭ともいうべきような状況であったせいもあって、イギリスのキング・ジョージ五世が、ご親切に私に話をした。その題目は、いわゆるイギリスの立憲政治のありかたというものについてであった。その伺ったことが、そのとき以来、ずっと私の頭にあり、つねに立憲君主制の君主はどうなくちゃならないかを終始考えていたのであります。

これは昭和天皇が一九七九（昭和五四）年の記者会見で、これより半世紀以上前の一九二一（大正一〇）年にヨーロッパを歴訪した際、特に印象に残っていることについて記者たちに語ったひとこまである。このヨーロッパ訪問時に、当時の皇太子裕仁はフランスにも立ち寄り、いまだ第一次世界大戦の傷跡が癒やされていなかった戦場も訪れ、総力戦の悲惨さを目のあたりにしている。それにもかかわらず当時二〇歳だった彼の関心は、戦後の大衆民主政治の時代にあってもたくましく生き続けている、イギリス立憲君主制のほうに惹きつけられたのかもしれない。

裕仁が訪英した当時の日本とイギリスとは、一九〇二（明治三五）年に締結された日英同盟によって結びつけられていたが、第一次大戦後に大国の地位を確立したアメリカ合衆国がこれを嫌ったことも関係して、裕仁訪英のわずか半年後に開幕したワシントン会議で日英同盟はあえなく消滅する運命にあった（同盟の公式な失効は一九二三年八月）。

それから二〇年も経たない一九四一（昭和一六）年一二月、日英両国は戦闘状態に入り、敵味方へと分かれてしまった。

裕仁の祖父である明治天皇の時代に「文明開化」「富国強兵」を推し進めた近代日本にとって真っ先にお手本にすべき国がイギリスであったことは、本書の「はじめに」でも述べたとおりである。しかし第二次世界大戦後の日本にとっては、イギリスをはじめとするヨーロッパはもはや学ぶところのない「過去の大国」にすぎず、現代世界において圧倒的な勢力を誇るアメリカこそが、政治や経済、文化や社会などあらゆる分野で学ぶべきお手本となっていた。日本とイギリスは戦後に和解は果たしたものの、両者の距離は戦前と比べると遠のいてしまった感が強い。

それがまた二一世紀の現在において変化を見せつつある。本書第12章でも解説した「ブレグジット」の影響で、イギリスはヨーロッパに偏っていたそれまでの姿勢を変え、コモンウェルスや日本に積極的に近づくようになっている。

たとえば、日本が重要なメンバー国でもある「CPTPP」（環太平洋パートナーシップに関する包括的及び先進的な協定）という経済提携に、イギリスは二〇二一年六月から加入交渉を開始した。しかも現加盟国一一ヶ国のうち、実に半数以上の六ヶ国がコモンウェルスのメンバー国でもあり、これまで太平洋には縁遠かった感の強いイギリスの加入もあながち非現実的なことではないのだ。

さらに二〇二一年九月には、中華人民共和国による周辺海域への拡張を牽制する意味も込めて、イギリスはその海軍史上最大の航空母艦「クイーン・エリザベス」を日本へ派遣し、その雄姿が横須賀などで見られたことは記憶に新しい。

そして本書の最後（三九一頁）でも言及したとおり、次にエリザベス二世女王が「国賓」としてイギリスに招こうと予定しているのが、日本の天皇皇后両陛下なのである。今からちょうど一世紀ほど前、今上天皇の祖父にあたる昭和天皇の時代に消滅した日英同盟は、かたちを変えて復活する兆しまで見せている。現代の私たちにとっても「イギリス」は、いまだにいろいろなことを教えてくれる存在なのかもしれない。

こうしたなかで本書が、日本の読者たちにとって少しでも「イギリス」について知るすべとなってくれることを祈念してやまない。

本書を執筆するにあたり、数々の先行研究を参考にさせていただいたことは言うまでもない。その一端は巻末の「主要参考文献」に記しておいた。また本書の刊行にあたり、株式会社ゴーシュの五島洪さんに大変お世話になった。記して感謝したい。

二〇二一年一二月二五日

今年の女王陛下のクリスマス・メッセージを視聴しながら

君塚直隆

主要人物索引

あ行
アーサー王　29, 114
アイゼンハワー（ドワイト・）　285, 310, 312
アウグスト（エルンスト・）　179
アスキス（ハーバート・ヘンリ・）　253, 254, 258, 259, 261
アゼルスタン　49, 53 ～ 55, 61
アトリー（クレメント・）　288, 290, 291, 293, 294, 298, 305, 310, 336
アラゴン（キャサリン・オブ・）　117, 119 ～ 121, 125
アリエノール　80, 83, 84
アルバート　218, 219, 225 ～ 227
アルフレッド大王　49, 51 ～ 53, 56, 61, 62, 80
アレクサンデル２世　65, 68, 95
アンリ３世　132
アン女王　147, 171 ～ 174, 178
イーデン（アンソニー・）　288, 307, 308, 311, 312, 315, 348
イサベラ　83, 85
ヴィクトリア女王　1, 3, 218 ～ 220, 225, 232, 237, 244, 245, 260, 379
ウィリアム１世（征服王）　65 ～ 67, 68, 70, 71, 83, 87, 94
ウィリアム２世（赤顔王）　66, 71, 72, 76
ウィリアム３世　147, 167, 170, 171, 173 ～ 175, 192
ウィリアム４世　218, 219
ウィルクス（ジョン・）　189
ウィルソン（ハロルド・）　317 ～ 320, 325, 334, 338
ウエストウッド（ヴィヴィアン・）　323
ウェリントン公爵　199
ウェルズ（ハーバート・ジョージ・）　265, 300
ウォリック伯　107, 108, 115
ウォルシンガム（フランシス・）　131
ウォルトン（ウィリアム・）　267
ウォルポール（ロバート・）　179, 180 ～ 183, 196, 335
ヴォーン・ウィリアムズ（レイフ・）　235, 267
ウルジー（トマス・）　120 ～ 122
エグバード　36, 37, 48, 50
エゼルフレダ　51, 53
エゼルレッド（未熟王）　49, 52, 56 ～ 58, 60 ～ 62
エドガー　49, 55, 56, 58
エドワード（ジェームズ・）　147, 166, 178, 183
エドワード１世　89, 90 ～ 96, 98, 100, 103
エドワード２世　96 ～ 98, 103
エドワード３世　29, 97 ～ 105, 110, 115
エドワード４世　107 ～ 109, 115, 118
エドワード５世　108, 115
エドワード６世　117, 121, 123 ～ 127, 139
エドワード７世　219, 245, 250, 252, 253
エドワード８世　263, 276 ～ 279, 295, 309
エドワード黒太子　102, 103
エドワード証聖王　49, 60, 62 ～ 65, 71, 73
エドワード長兄王　49, 53
エマ　49, 58, 60, 62
エリオット（ジョージ・）　236
エリザベス１世　3, 117, 121, 129 ～ 144, 146, 151
エリザベス２世　267, 276, 299, 308, 309, 313, 338, 339, 347, 366 ～ 369, 378 ～ 380, 388, 390 ～ 392
エルガー（エドワード・）　4, 235, 267
オーウェル（ジョージ・）　301
オースティン（ジェーン・）　236
オファ王　35 ～ 37, 52, 53, 61
オリヴィエ（ローレンス・）　266, 300

か行
カール１世　36, 37
カール５世　120, 121, 123 ～ 125, 127, 131, 132, 146
カエサル（ユリウス・）　20, 21

カトリーヌ（ド・メディシス） 134
カヌート 49, 58～61, 63, 65, 114
カワード（ノエル・） 266
ガンディー（マハトマ・） 264, 295
キーツ（ジョン・） 235
キャメロン（デイヴィッド・） 377, 378, 381, 384, 385
キャラハン（ジム・） 334, 335, 338, 359
キャロル（ルイス・） 265
ギヨーム 64～67
ギルバート（ウィリアム・S・） 235
クック（トマス・） 226
グラッドストン（ウィリアム・） 231～234, 245～248, 261
グリーン（グレアム・） 301
クリスティ（アガサ・） 266
クリントン（ビル・） 354, 369, 372, 373
グレイ（伯爵） 213～215
クロムウェル（オリヴァー・） 154, 156～161, 169, 173, 175
クロムウェル（トマス・） 122～124
ケインズ（ジョン・メイナード・） 291, 292
ゲインズバラ（トマス・） 206
ゲルドフ（ボブ・） 324
ゴドウィン 60, 63, 64
ゴルバチョフ（ミハイル・） 346

さ行

サウェリン（グリフィズ・アプ・） 41, 42, 64
サッチャー 331, 335～338, 341～356, 358～360, 364, 367, 375, 377, 385
サマセット公 117, 124～126
サリバン（アーサー・） 235
シェイクスピア（ウィリアム・） 110, 140, 141, 148, 157, 266, 300, 335
ジェームズ1世 135, 136, 144, 146～151, 156, 160, 163, 179
ジェームズ2世 147, 164～168, 171, 174, 178, 183
ジェームズ6世（スコットランド王）→ジェームズ1世
ジェフリ 83, 85
ジャガー（ミック・） 323
シャルル4世 98, 103
ジョージ（クラレンス公） 107, 115
ジョージ1世 178, 179, 181, 206
ジョージ2世 179, 181, 183, 187, 188
ジョージ3世（愛国王） 179, 184, 187, 188, 190, 195, 197, 203, 206, 218, 219
ジョージ4世 197, 218～220
ジョージ5世 253, 259, 270, 276, 278, 299, 309
ジョージ6世 267, 276～279, 286, 308, 309, 367
ジョン（欠地王、腰抜け王） 83～88, 99
ジョン（エルトン・） 323
ジョン（・ベイリアル） 95
ジョンソン（サミュエル・） 207
ジョンソン（ベン・） 140
ジョンソン（ボリス・） 2, 387～390
スウィフト（ジョナサン・） 207
スヴェン一世 49, 57, 58, 62
スコット（ウォルター・） 235
スターリン（ヨシフ・） 285, 286, 304, 310
スタナップ伯爵 179, 180
スティーヴン 66, 76～78, 80
スティーヴンソン（ジョージ・） 191, 226
スティーヴンソン（ロバート・ルイス・） 236
スペンサ（エドマンド・） 141
スペンサ（ハーバート・） 240, 339
スミス（アダム・） 205, 221
セシル（ウィリアム・） 130, 131
ゾフィー 147, 174, 178, 179

た行
ダーウィン（チャールズ・） 205, 239 ～ 241
ターナー（ジョセフ・マロウド・ウィリアム・） 206, 234
ダービ伯爵 230, 231
ダイアナ 339, 340, 366, 367, 378, 379
タイラー（ワット・） 102
タリス（トマス・） 139, 157
チェンバレン（ネヴィル・） 279 ～ 281
チャーチル 281 ～ 289, 300, 304, 306 ～ 308, 310, 311, 315
チャールズ1世 139, 147, 151 ～ 153, 155, 158, 160, 164, 166, 179
チャールズ2世 147, 156, 161 ～ 166, 204
チャールズ皇太子 95, 339, 340, 366, 367
チャップリン（チャーリー・） 266
ディケンズ（チャールズ・） 214, 236
ディズレーリ（ベンジャミン・） 231 ～ 233, 244, 245
ディラン（ボブ・） 323
デ・ヴァレラ（エイモン・） 262 ～ 264, 295, 296
デフォー（ダニエル・） 175, 207
ドイル（コナン・） 266
ド・ゴール（シャルル・） 282, 300, 317 ～ 319, 325
トルーマン（ハリー・） 286, 298, 304, 305, 307, 320
ドレーク（フランシス・） 133, 136

な行
ナイティンゲール（フローレンス・） 228
ナセル（ガマル・） 311, 312
ナポレオン1世 197 ～ 199, 201, 204, 210, 227, 300
ナポレオン3世 227 ～ 229
ニュートン（アイザック・） 204
ネルー（ジャワハルラル・） 265, 293, 312
ネルソン（ホレーショ） 199, 300

は行
パーセル（ヘンリ・） 206, 235
ハーディ（ケア・） 251
ハーディ（トマス・） 236
ハーディカヌート 49, 60
バード（ウィリアム・） 139, 140, 157
バーナード・ショウ（ジョージ・） 251, 266
パーマストン子爵 215, 224, 229, 230
ハーラル（デンマーク王） 49, 57, 58
ハーラル3世 65, 66
バーリン（アイザイア・） 301
バーン（デイヴィッド・） 324
バイロン（ジョージ・ゴードン・） 235
ハインリヒ5世 66, 73
バリー（ジェームズ・） 265
ハロルド1世 49, 63
ハロルド2世 64 ～ 67
ビアズリー（オーブリー・） 236
ヒース（エドワード・） 325, 326, 330, 337
ビーチャム（トーマス・） 300
ピール（ロバート・） 213, 216, 217, 230, 231
ビスマルク（オットー・フォン・） 229, 244 ～ 246, 248, 249
ヒッチコック（アルフレッド・） 266
ピット（小） 195 ～ 199, 202, 203
ピット（大） 184, 188, 189, 195
ヒトラー（アドルフ・） 274, 275, 279 ～ 282, 300
ビュート伯爵 188, 189
ヒューム（ジョン・） 317, 370, 371
フィリップ（エディンバラ公） 309, 331, 390, 391
フィリップ2世 84 ～ 87,
フィリップ4世 98, 103

ブーリン（アン・） 117, 121, 122, 129, 134
フェリーペ２世　117, 127 ～ 129, 132, 133, 135, 136, 138
フォックス（チャールズ・ジェームズ・） 197, 199, 213
ブッシュ（ジョージ・）父 346, 353, 354
ブッシュ（ジョージ・）子 373 ～ 375
ブラウン（ゴードン・） 364, 365, 371 ～ 373, 375 ～ 377
フランソワ１世　120, 124
フリードリヒ２世　183 ～ 185
フリードリヒ５世（プファルツ伯） 147, 150, 174, 179
ブリテン（ベンジャミン・） 267
ブレア（トニー・） 359, 364 ～ 366, 369 ～ 377
ブレイク（ウィリアム・） 207
フレデリック・ルイス　179, 188
フレミング（イアン・） 301
ブロンテ（エミリー・） 236
ブロンテ（シャーロット・） 236
ベヴァリッジ（ウィリアム・） 289
ベーコン（フランシス・） 301
ヘンデル（ゲオルク・フリードリヒ・） 206
ヘンリ１世　41, 66, 72 ～ 77, 91
ヘンリ２世　44, 66, 78, 80 ～ 84, 86, 89, 110
ヘンリ３世　40, 83, 88 ～ 91, 93, 98
ヘンリ４世　104, 105, 115, 141
ヘンリ５世　105, 115, 141
ヘンリ６世　105, 107, 115
ヘンリ７世　29, 30, 110, 114 ～ 119, 124, 134, 141
ヘンリ８世　115, 117, 119, 120 ～ 125, 129, 130, 138, 139, 142, 146
ホーキンズ（ジョン・） 133, 136
ボールト（エイドリアン・） 300
ホガース（ウィリアム・） 206
ポター（ビアトリクス・） 265
ホッブズ（トマス・） 205
ホルスト（グスタフ・） 235, 267

ま行

マーロウ（クリストファ・） 140
マウントバッテン（ルイス・） 294, 331, 390
マクドナルド（ラムゼイ・） 259, 270
マクミラン（ハロルド・） 312 ～ 314, 316, 317
マクラーレン（マルコム・） 323
マッカーサー（ダグラス・） 285
マッカートニー（ポール・） 322
マティルダ　65, 73, 75 ～ 78, 80, 83
マリア・テレジア　183 ～ 185
ムーア（ヘンリ・） 301
ムッソリーニ（ベニート・） 274, 275, 281
メアリ１世　117, 120, 126 ～ 130, 132, 134, 140
メアリ２世　147, 166, 167, 173
メアリ（・ステュアート） 117, 123, 125, 132, 134 ～ 136, 144
メイ（テリーザ・） 385 ～ 387, 391
メイジャー（ジョン・） 351 ～ 359, 369, 372
モア（トマス・） 122
モーム（サマセット・） 301
モリス（ウィリアム・） 235
モンフォール（シモン・ド・） 83, 90, 91

や・ら・わ行

ヨーゼフ２世　195
ラスキン（ジョン・） 234, 235
ラッセル（ジョン・） 230, 231
リーチ（バーナード・） 301

リーン（デイヴィッド・）
300
リチャード（ヨーク公爵）
106, 107, 115
リチャード1世　83～85
リチャード2世　102～104
リチャード3世（グロウスタ公爵）　108～110, 115, 118, 141
ルイ14世（太陽王）　162～166, 168～170, 174, 200
ルイ16世　197, 198
ルター（マルティン・）　120
レイノルズ（ジョシュア・）
206
レーガン（ロナルド・）
341, 345, 346
レノン（ジョン・）　322
ロイド＝ジョージ（デイヴィッド・）　252, 254, 258, 259, 262, 283
ローズヴェルト(フランクリン・）　270, 283, 284, 286
ローリー（サー・ウォルタ・）
142
ロセッティ（ダンテ・ゲイブリエル・）　234
ロック（ジョン・）　205
ロベール1世　66, 71～73
ロレンス（トマス・エドワード・）　255
ワーズワース（ウィリアム・）
235
ワイルド（オスカー・）　236
ワット（ジェームズ・）
191, 205

イギリスの歴史 関連年表

年	出来事
B.C.21～26世紀頃	イングランド南部にストーンヘンジが建設される
B.C.7世紀頃	ケルト系の部族がグレート・ブリテン島に到来
B.C.55～54	カエサルがブリタニアに遠征
A.D.122	「ハドリアヌスの長城」建設始まる（～132）
5～7世紀	アングロ・サクソン諸族がブリタニアに侵入し征服
757	マーシアでオファ王が即位（～796）
871	ウェセックスでアルフレッド大王が即位（～899）
924	アゼルスタンが全イングランドの王として即位（～939）
973	エドガーがイングランド王としてバースで戴冠式を挙行
1016	カヌートがイングランド王に。デーン王朝開始（～1042）
1066	ウィリアム1世即位。ノルマン王朝開始（～1154）
1085	『ドゥームズデイ・ブック』（土地台帳）の作成（～1086）
1087	ウィリアム2世即位。兄ロベールとの抗争始まる
1100	ウィリアム2世が狩猟中に事故死し、ヘンリ1世即位
1135	スティーヴンが国王に即位。内乱へ（～1153）
1154	ヘンリ2世の即位。プランタジネット王朝開始（～1399）。「アンジュー帝国」を形成
1189	リチャード1世即位。第3回十字軍遠征に参加（～1194）
1199	ジョンが国王に即位
1215	ジョン王、「マグナ・カルタ」（大憲章）を承認
1216	ヘンリ3世即位。諸侯との内乱も終息へ（～1217）
1258	改革派の諸侯が「オクスフォード条款」を作成
1265	シモン・ド・モンフォールの議会が招集される
1272	エドワード1世即位
1282	エドワード1世がウェールズ遠征。サウェリン・アプ・グリフィズが戦死。ウェールズ大公が空位に（～1283）
1284	エドワード1世が皇太子エドワードをウェールズ大公に任命（正式な叙任は1301年）
1295	エドワード1世が「模範議会」を招集
1296	イングランド・スコットランド戦争。「スクーンの石」がイングランド軍により持ち去られる（1996年にスコットランドに返還）
1327	エドワード2世が議会で廃位。エドワード3世が即位
1330	エドワード3世が親政を開始。この頃から議会が「貴族院」と「庶民院」の二院制に移行

イギリスの歴史 関連年表

年	出来事
1337	英仏百年戦争開始（～1453）
1356	ポワティエの戦いでエドワード皇太子（黒太子）が勝利
1376	エドワード皇太子急死
1377	リチャード2世即位
1381	人頭税に反対するワット・タイラーの乱
1399	リチャード2世廃位。ランカスタ公爵ヘンリがヘンリ4世に即位。ランカスタ王朝成立（～1471）
1413	ヘンリ5世即位
1415	ヘンリ5世がフランス遠征。アジンコートの戦いで大勝利（10月）
1420	トロワ条約締結
1422	ヘンリ6世即位。アンリ2世としてフランス王位も兼任
1429	シャルル7世がジャンヌ・ダルクに導かれ、ランス大聖堂で戴冠式を挙行
1453	ボルドー陥落。英仏百年戦争の終結。ヘンリ6世が精神錯乱に陥る
1455	ランカスタ派とヨーク派の抗争「バラ戦争」始まる（～1485）
1471	ヘンリ6世処刑。エドワード4世復位（～1483）
1483	リチャード3世がエドワード5世を廃し、即位。バッキンガム公爵が反旗を翻し、処刑
1485	ボズワースの戦いでリチャード3世戦死。ヘンリ7世即位。テューダー王朝開始（～1603）
1491	パーキン・ウォーベックの反乱（～1499）
1501	皇太子アーサーとスペイン王女カタリーナ（キャサリン）結婚。5ヶ月後にアーサー急死
1509	ヘンリ8世即位。キャサリンと結婚
1517	マルティン・ルターによる宗教改革が始まる
1529	ヘンリ8世が宗教改革議会を開催（～1536）
1533	ヘンリ8世がアン・ブーリンと極秘結婚。キャサリンとの離婚成立。アンとの間にエリザベス誕生
1534	国王をイングランド教会の唯一最高の首長と規定する「国王至上法」が制定される
1536	アンがヘンリ8世に処刑される
1547	エドワード6世即位
1553	エドワード6世死去。メアリ1世即位
1554	メアリ1世がスペイン皇太子フェリーペと結婚。イングランド国教会を廃し、カトリックを復活へ
1558	メアリ1世死去。エリザベス1世即位
1559	国王至上法と礼拝統一法が議会を通過し、イングランド国教会が復活

年	出来事
1567	スコットランド王メアリ（ステュアート）が貴族らと衝突し、廃位。ジェームズ6世が即位（～1625）
1569	カトリック貴族らにより北部反乱開始。翌1570年に鎮圧される
1587	メアリ・ステュアート処刑
1588	スペイン無敵艦隊の襲来
1600	東インド会社設立（～1858）
1601	救貧法制定
1603	エリザベス1世死去。テューダー王朝が断絶し、スコットランド国王ジェームズ6世がイングランド国王ジェームズ1世に即位。ステュアート王朝開始（～1714）
1605	火薬陰謀事件
1610	「大契約」が議会の承認獲得に失敗
1625	チャールズ1世即位
1628	庶民院と貴族院が「権利の請願」を国王に提出
1629	チャールズ1世が議会を解散（～1640）
1640	チャールズ1世が議会召集（4～5月の短期議会）。11月に再度、長期議会を召集
1642	国王軍と議会軍の内乱「清教徒革命」勃発（～1649）
1649	チャールズ1世処刑。クロムウェル軍がアイルランド遠征（～1650）
1650	クロムウェル軍がスコットランド遠征（～1651）
1651	オランダによる中継貿易を事実上閉め出す「航海法」制定
1652	第一次英蘭戦争（～1654）
1653	クロムウェルが護国卿に就任
1657	議会が「謙虚な請願と勧告」を提出し、クロムウェルに王位を提示するもクロムウェルは固辞。二度目の護国卿就任式を挙行する
1658	クロムウェル死去
1660	チャールズ2世即位。王政復古
1665	第二次英蘭戦争（～1667）。ロンドンでペスト流行
1666	ロンドン大火
1670	ドーヴァの密約
1672	チャールズ2世が「信仰自由宣言」公布。第三次英蘭戦争（～1674）
1685	ジェームズ2世即位
1687～88	ジェームズ2世が二度にわたり「信仰自由宣言」公布
1688	オランダ総督ウィレムがイングランドに上陸
1689	ウィリアム3世とメアリ2世による共同統治。「権利の章典」の制定（名誉革命）
1694	メアリ2世死去
1697	ルイ14世がウィリアム3世の王位承認

年	出来事
1701	「王位継承法」が制定され、カトリック教徒による王位継承や、王族のカトリック教徒との結婚等が禁止される。スペイン継承戦争に参戦
1702	アン女王即位
1707	イングランドとスコットランドの合邦が成立
1714	アン女王が死去し、ステュアート王朝終結。ハノーファー侯爵（選帝侯）ゲオルクがジョージ1世に即位。ハノーヴァー王朝開始（～1901）
1715	第一次ジャコバイトの叛乱
1720	南海泡沫事件
1721	ロバート・ウォルポールが第一大蔵卿に就任
1727	ジョージ2世即位
1739	「ジェンキンスの耳戦争」勃発
1742	ウォルポール退陣。首相に就くものが第一大蔵卿を兼任する慣例につながる
1745	第二次ジャコバイトの叛乱
1759	世界各地でイギリスの大勝利が続く「奇跡の年」に
1760	ジョージ3世即位
1764	北アメリカ植民地に対して「砂糖税」、「印紙税」(1765年)を課税
1770	ボストン虐殺事件
1773	ボストン茶会事件
1775	アメリカ独立戦争（～1783）
1776	13植民地が「独立宣言」を公表
1783	パリ条約でアメリカ合衆国が独立。小ピットが首相に就任
1793	小ピットが列強間に第一次対仏大同盟を結成
1799	第二次対仏大同盟結成
1800	ナポレオン戦争開始（～1815）
1804	ナポレオン1世が皇帝に即位
1805	第三次対仏大同盟結成。トラファルガー沖でフランス艦隊を撃破
1806	小ピット急死
1807	奴隷貿易の禁止を決定
1810	ジョージ3世が発病し、皇太子ジョージを摂政とする法案が可決（11年2月）
1814	ウィーン会議開幕（11月～1815年6月）
1815	ナポレオン戦争終結。穀物法制定
1819	「ピータールーの虐殺」事件
1820	ジョージ4世即位
1829	カトリック教徒解放法が制定
1830	ウィリアム4世即位。マンチェスタとリヴァプール間に鉄道開通

年	出来事
1832	第一次選挙法改正成立し、下層中産階級（小売店主層）にまで選挙権が拡大
1833	工場法制定。イギリス帝国内における奴隷制度の全面廃止
1834	救貧法が改正される
1837	ヴィクトリア女王即位
1838	「人民憲章」が発表され、チャーティスト運動が高揚
1839	反穀物法同盟結成
1840	清国と東インド会社の間でアヘン戦争勃発（～1842）
1845	アイルランドでジャガイモ飢饉発生
1846	穀物法廃止により保守党分裂
1849	航海法廃止により、イギリス経済は自由貿易の黄金時代に突入
1851	第1回ロンドン万国博覧会開催
1854	英仏がトルコ側についてクリミア戦争に参戦
1856	清国との間にアロー号戦争（第二次アヘン戦争）勃発（～1860）
1857	インド大反乱勃発（～1859）。東インド会社解散
1859	ホイッグ・ピール派・急進派により「自由党」結成
1867	第二次選挙法改正成立
1869	アイルランド国教会廃止
1875	スエズ運河会社株買収
1876	ヴィクトリア女王が、「インド皇帝」に即位することが決まる
1877	インド帝国建国（～1947）
1879	グラッドストンが「ミドロージアン選挙運動」に乗り出す
1882	イギリス軍によるエジプト侵略
1883	腐敗および違法行為防止法制定により、選挙違反の取り締まり強化
1884	第三次選挙法改正成立
1886	グラッドストンによりアイルランド自治法案が提出されるが否決
1887	ヴィクトリア女王の在位50周年記念式典（第1回植民地会議も開催）
1893	ケア・ハーディが独立労働党結成
1897	ヴィクトリア女王の在位60周年記念式典（第2回植民地会議も開催）
1899	第二次ボーア戦争勃発（～1902）
1901	エドワード7世即位。サックス・コーバーグ・ゴータ王朝開始（～1917）
1902	日英同盟締結
1904	英仏協商締結。日露戦争勃発（～1905）
1906	軍拡競争「英独建艦競争」（～1912）激化。「労働党」結成
1907	英露協商締結
1910	ジョージ5世即位。「人民予算」成立

年	出来事
1911	貴族院の権限を大幅に縮減する「議会法」制定
1912	三度目のアイルランド自治法案が提出される（1914年に成立）
1914	第一次世界大戦勃発
1916	徴兵制度の導入。アイルランドで独立を求めるイースター蜂起勃発
1917	ウィンザー王朝に改名
1918	第四次選挙法改正により、男子普通選挙権と30歳以上の女子選挙権が実現。第一次世界大戦終結
1919	インド統治法制定。翌1920年より、ガンディーの不服従運動がインド全土で拡大
1921	アイルランド自由国成立。日英同盟消滅へ
1924	ラムゼイ・マクドナルドを首班とする初の労働党単独政権樹立
1925	ヨーロッパにおける安全保障を規定したロカルノ条約締結
1928	第五次選挙法改正成立により、女子普通選挙権も実現
1929	世界恐慌
1931	ジョージ5世の調整によりマクドナルドを首班とする挙国一致内閣成立
1932	ジョージ5世による帝国全土の臣民向けの「クリスマス・メッセージ」が、英国放送協会（BBC）のラジオを通じて放送される
1936	エドワード8世が「王冠を賭けた恋」により退位。ジョージ6世即位
1939	第二次世界大戦勃発
1940	チャーチルが首相就任
1941	チャーチルと米・ローズヴェルト大統領が大西洋上で会談。日英米開戦
1942	福祉国家形成に向けた「ベヴァリッジ報告書」が発表される
1945	ヤルタ会談。ポツダム会談。チャーチル辞任。クレメント・アトリーが労働党単独政権を樹立。第二次世界大戦の終結
1946	チャーチルの「鉄のカーテン」演説
1947	インド、パキスタンの独立
1951	チャーチル保守党政権成立
1952	エリザベス2世即位
1955	チャーチル首相引退。サー・アンソニー・イーデンが後任に
1956	スエズ戦争（10〜12月）
1957	ハロルド・マクミランが保守党政権の首相に就任
1960	アフリカ諸国がヨーロッパ各国から独立（アフリカの年）
1963	EEC（欧州経済共同体）加盟に失敗。マクミラン首相が辞任し、ヒューム政権に
1964	総選挙で労働党が勝利し、ハロルド・ウィルソンが首相に
1967	ポンド切り下げ。EC（欧州共同体）加盟に失敗

年	出来事
1968	ウィルソン首相がスエズ以東からの英軍撤退表明
1973	EC加盟。石油危機
1977	イギリス政府がIMF（国際通貨基金）に23億ポンドの借款を取り付ける
1979	総選挙で保守党が勝利し、マーガレット・サッチャー政権成立
1982	フォークランド戦争
1984〜87	電信電話、ガス、水道、空港、航空、自動車などの国有企業が民営化
1985〜89	サッチャーの仲介で米ソ首脳会談が実現。米ソ冷戦が終結へ
1988	サッチャーのブルージュ演説
1990	「人頭税」導入により各地で暴動が勃発。サッチャー退陣。ジョン・メイジャーが首相に
1991	湾岸戦争が勃発し、イギリスも参戦
1992	「暗黒の水曜日」。ポンドが急落し、ERM（為替相場安定制度）からイギリスが離脱
1993	EU（欧州連合）発足
1997	トニー・ブレア政権成立。ダイアナ元皇太子妃がパリで事故死。住民投票でスコットランド、ウェールズ議会設置が決定
1998	イギリス・アイルランド間で北アイルランド問題に関わる「聖金曜日の合意」成立
1999	貴族院で世襲貴族の議席大幅削減が決定
2001	アメリカで同時多発テロ
2002	エリザベス2世在位50周年記念式典
2003	イラク戦争が勃発し、イギリスも参戦
2005	ロンドンで同時多発テロ
2007	ブレア首相退陣。ゴードン・ブラウンが首相に
2008	リーマン・ショック
2010	総選挙で保守党が勝利し、自由民主党との連立によりデイヴィッド・キャメロン政権樹立
2012	エリザベス2世在位60周年記念式典。ロンドンでオリンピックとパラリンピックが開催
2014	スコットランドで「独立」をかけた住民投票がおこなわれ、分離独立は否決
2015	総選挙で保守党が勝利し、キャメロンが単独政権樹立
2016	EU離脱をかけた国民投票でEU離脱派が僅差で多数に。離脱票（51.9％）、残留票（48.1％）。キャメロン首相辞職。保守党テリーザ・メイが首相就任
2019	メイ首相退陣。ボリス・ジョンソンが首相就任
2020	EU離脱協定法成立により、イギリスがEUを離脱
2022	エリザベス女王がイギリス史上初の「在位70周年記念」を迎える

◉主要参考文献

＊ここでは、比較的手に入れやすい日本語の文献のみを紹介したい。

【全体に関わる文献（通史）】
青山吉信編『イギリス史1－先史▶中世－』（世界歴史大系）山川出版社、1991年
今井宏編『イギリス史2－近世－』（世界歴史大系）山川出版社、1990年
村岡健次・木畑洋一編『イギリス史3－近現代－』（世界歴史大系）山川出版社、1991年
川北稔編『イギリス史』（新版世界各国史11）山川出版社、1998年
近藤和彦編『イギリス史研究入門』山川出版社、2010年
近藤和彦『イギリス史10講』岩波新書、2013年
指昭博『図説イギリスの歴史（増補新版）』河出書房新社、2015年
君塚直隆『物語イギリスの歴史』上下巻、中公新書、2015年
ロザリン・ミチスン（富田理恵・家入葉子訳）『スコットランド史』未來社、1998年
上野格・森ありさ・勝田俊輔編『アイルランド史』（世界歴史大系）山川出版社、2018年
富沢霊岸『イギリス中世史 大陸国家から島国国家へ』ミネルヴァ書房、1988年
川北稔・木畑洋一編『イギリスの歴史 帝国＝コモンウェルスのあゆみ』有斐閣、2000年
村岡健次・川北稔編『イギリス近代史（改訂版）』ミネルヴァ書房、2003年
川北稔『イギリス近代史講義』講談社現代新書、2010年
木畑洋一・秋田茂編『近代イギリスの歴史』ミネルヴァ書房、2011年
梅川正美・阪野智一・力久昌幸編『現代イギリス政治［第2版］』成文堂、2014年
梅川正美・阪野智一・力久昌幸編『イギリス現代政治史［第2版］』ミネルヴァ書房、2016年
長谷川貴彦『イギリス現代史』岩波新書、2017年
君塚直隆『悪党たちの大英帝国』新潮選書、2020年
［特定分野に関わる通史］
朝治啓三・渡辺節夫・加藤玄編『中世英仏関係史1066-1500』創元社、2012年
佐々木雄太・木畑洋一編『イギリス外交史』有斐閣、2005年
河村貞枝・今井けい編『イギリス近現代女性史研究入門』青木書店、2006年
井野瀬久美惠編『イギリス文化史』昭和堂、2010年
秋田茂編『パクス・ブリタニカとイギリス帝国』ミネルヴァ書房、2004年
木村和男編『世紀転換期のイギリス帝国』ミネルヴァ書房、2004年
佐々木雄太編『世界戦争の時代とイギリス帝国』ミネルヴァ書房、2006年
北川勝彦編『脱植民地化とイギリス帝国』ミネルヴァ書房、2009年
木畑洋一編『現代世界とイギリス帝国』ミネルヴァ書房、2007年
金澤周作編『海のイギリス史』昭和堂、2013年
金澤周作『チャリティの帝国』岩波新書、2021年
［オックスフォードブリテン諸島の歴史シリーズ］慶應義塾大学出版会
ピーター・サルウェイ編『ローマ帝国時代のブリテン島』（南川高志監訳）2011年
トマス・チャールズ＝エドワーズ編『ポスト・ローマ』（常見信代監訳）2010年
ウェンディ・デイヴィズ編『ヴァイキングからノルマン人へ』（鶴島博和監訳）2015年
バーバラ・ハーヴー編『12・13世紀1066年-1280年頃』（吉武憲司監訳）2012年
ラルフ・グリフィス編『14・15世紀』（北野かほる監訳）2009年
パトリック・コリンソン編『16世紀1485年-1603年』（井内太郎監訳）2010年

著者略歴

君塚直隆（きみづか・なおたか）

1967年、東京生まれ。英国オックスフォード大学セント・アントニーズ・コレッジ留学。上智大学大学院文学研究科史学専攻博士後期課程修了。博士(史学)。東京大学客員助教授、神奈川県立外語短期大学教授などを経て、現在、関東学院大学国際文化学部教授。専攻はイギリス政治外交史、ヨーロッパ国際政治史。『立憲君主制の現在』(新潮選書／2018年サントリー学芸賞受賞)、『ヴィクトリア女王』(中公新書)、『エリザベス女王』(中公新書)、『物語 イギリスの歴史（上下）』(中公新書)、『ヨーロッパ近代史』(ちくま新書)、『悪党たちの大英帝国』(新潮選書)、『王室外交物語』(光文社新書)など多数の著書がある。

編集：株式会社ゴーシュ（五島洪、齋藤沙倉、阿部ななせ、髙田由莉）
装丁：Super Big BOMBER INC.
本文デザイン：星陽介
地図製作：株式会社周地社
写真：株式会社アフロ、ピクスタ株式会社

イギリスの歴史

二〇二二年三月二〇日　初版印刷
二〇二二年三月三〇日　初版発行

著者　君塚直隆
発行者　小野寺優
発行所　株式会社河出書房新社
〒一五一―〇〇五一
東京都渋谷区千駄ヶ谷二―三二―二
電話(〇三)三四〇四―一二〇一(営業)
(〇三)三四〇四―八六一一(編集)
https://www.kawade.co.jp/

組版　但馬園子
印刷・製本　三松堂株式会社

ISBN978-4-309-22848-8
Printed in Japan

李景珉・監修／水野俊平・著

韓国の歴史

長年韓国に親しんできた歴史家が、
古代から現代まで、平易な文章で綴る、
韓国通史の最新決定版。
2017年刊本に、文政権時代を増補。
隣国を正しく理解するための必携本。
写真・図版・年表も充実。

河出書房新社